PIERRE DUMONT

ABBEVILLE

IMPRIMERIE BRIEZ, C. PAILLART ET RETAUX.

PIERRE DUMONT

LIVRE DE LECTURE COURANTE

A L'USAGE

DES CLASSES ET DES FAMILLES

PAR

E. HOUËT

PARIS
LIBRAIRIE CH. DELAGRAVE
58, RUE DES ÉCOLES, 58

1873

PIERRE DUMONT

CHAPITRE PREMIER.

GABRIELLE DEMÉRANS.

Un garçon de onze ans très-pauvrement vêtu, ayant au bras un panier de jonc, suivait le chemin vicinal qui mène au petit village de Polhay.

Il paraissait accablé de fatigue et, de temps à autre, poussait un gros soupir ; de tristes pensées agitaient son cœur ; sa marche était lente et découragée. Enfin il s'arrêta, posa son panier par terre et s'assit sur un tronc d'arbre, ensuite il ôta ses souliers pour rafraîchir dans l'herbe ses pauvres pieds rouges et gonflés, puis cachant dans ses deux mains sa belle tête blonde, il se mit à pleurer.

Derrière lui les oiseaux chantaient dans le grand bois, et le printemps couvrait la terre de fleurs nouvelles. Le bois s'étendait au midi sur le flanc d'une colline abrupte et se terminait à l'est, entourant d'une ceinture verdoyante le plateau élevé sur lequel est bâti le village. De nombreuses allées coupaient çà et là les taillis et les hautes futaies et, de partout, sur la crête de la colline, on avait le spectacle de la vallée avec ses prairies et ses champs de blé. Le petit garçon pleurait toujours.

Tout à coup il entendit remuer dans le feuillage et se retourna pour regarder. C'était un grand chien de chasse qui s'arrêta court en l'apercevant. L'instant d'après les branches s'agitèrent encore et, cette fois, il aperçut la tête d'une petite fille qui s'échappait, non sans peine, d'une touffe de noisetiers en fleurs. Son chapeau était tombé sur ses épaules, ses cheveux en désordre livraient au vent leurs boucles soyeuses, elle était rouge et essoufflée en arrivant près de lui.

Un peu intimidée d'abord, elle s'enhardit et demanda :

— Comment t'appelles-tu ? Je t'ai vu pleurer du sommet de la colline et je suis venue tout de suite pour savoir la cause de ton chagrin. Est-ce que ton papa t'a grondé ?

— Non, mademoiselle, mais mon papa est malade et maman ne peut plus travailler parce qu'elle le soigne et qu'elle est encore obligée de garder mes deux petits frères. Alors elle m'a dit : Pierre, nous n'avons pas de pain, il faut en aller demander à ceux qui en ont, autrement nous mourrons de faim. Je suis donc allé mendier et pendant quelques jours je reçus d'assez grandes aumônes, mais aujourd'hui on m'a dit de méchantes paroles, et quoique j'aie visité plusieurs villages, mon panier est resté vide, on ne m'a rien donné. Voilà pourquoi je pleure. Ils vont pleurer tous à la maison en me voyant revenir ainsi. Je les aime tant, si vous saviez !

— Pauvre Pierre ! Et qui est-ce qui t'a dit de méchantes paroles?

— Une fermière m'a dit que je suis assez grand pour travailler et que si j'avais du cœur je gagnerais mon pain; une autre femme m'a appelé vagabond et puis j'ai rencontré des petits garçons de mon âge qui se sont moqués de moi et m'ont traité de lâche et de fainéant. Pourtant ce n'est point la paresse qui me fait faire ce vilain métier de mendiant, mais nous n'avons pas d'argent et nous sommes cinq à vivre.

— C'est bien triste ce que tu me dis là, Pierre, je ne savais pas qu'il pût y avoir des gens malheureux comme vous l'êtes.

La petite fille songea un moment, elle s'était assise aussi sur le tronc de l'arbre, sans avoir peur de chiffonner sa belle robe bleue à volants, elle tira de sa poche un sac de bonbons.

— Tiens, dit-elle, mange quelques chocolats, je suis sûre que tu as faim, puis ouvrant un porte-monnaie mignon, elle ajouta :

— Écoute, Pierre, je suis bien contente d'avoir été sage depuis quelque temps, car me voilà assez riche pour te consoler un peu. J'ai gagné vingt francs à apprendre mes leçons et je puis faire ce que je veux avec mon argent. J'avais eu l'idée d'acheter une belle poupée habillée en mariée, mais je sens aujourd'hui que la poupée ne m'amuserait plus. Je te donne ma pièce d'or pour nourrir ta maman et tes petits frères en attendant que je raconte ton histoire à papa qui nous donnera un bon conseil. Tiens, prends !

— Jamais ! oh ! jamais, mademoiselle, vous êtes beaucoup trop bonne, mais je ne puis accepter une si grosse somme, ce ne serait pas bien.

— Comment ! pas bien ! Ma pièce d'or est parfaitement à moi et je l'ai bien gagnée ! Je te dis que papa me l'a donnée pour la dépenser de la manière que je voudrai, et si je veux te la donner, moi, tu n'as rien à y voir, j'espère

— Oh ! mademoiselle, je vous en prie, gardez-la ; jamais on ne donne à un pauvre une aumône pareille....

— On donne ce qu'on veut, monsieur Pierre, et vous allez m'obéir !

— Je ne puis pas ! je ne puis pas ! s'écriait l'enfant, papa me gronderait si je la prenais, et je n'oserais jamais, non, je ne veux pas !... pardonnez-moi !

— Tu es un entêté, Pierre ! et tu ne mérites pas que je sois si bonne pour toi, reprit l'impétueuse petite fille en frappant du pied, tu vas prendre cette pièce tout de suite ou je me fâche contre toi ; c'est bien mal de me parler comme tu fais, à moi qui me suis déchiré les mains pour venir vite parce que tu pleurais...

A ce moment passa le garde-champêtre.

— Mlle Gabrielle, dit-il en ôtant respectueusement sa casquette, votre bonne vous cherche de tous les côtés.

— Je vais m'en aller quand j'aurai fait céder ce méchant petit Pierre.

— Est-ce que Pierre aurait manqué à Mademoiselle ! Je lui allongerais joliment les oreilles ! Allons ! vaurien ! Est-ce qu'on reste assis comme un fainéant devant mademoiselle Gabrielle ?

— Je veux qu'il reste assis car il est très-fatigué, mais il faut qu'il prenne ma pièce de vingt francs pour la porter à sa mère et il s'y refuse absolument. Allons, Pierre ! il me semble que ce n'est pas à moi de te céder ; si tu es le plus grand, je suis dans ce moment-ci la plus raisonnable, n'est-ce pas M. Vatou ?

— Une pièce de vingt francs ! murmura le garde, dame ! c'est pas peu de chose non plus, et je comprends que le gars n'ose pas la prendre. On pourrait bien croire qu'il l'a volée.

— Si quelqu'un accusait Pierre de l'avoir volée, il ne le répéterait pas deux fois, M. Vatou, car je vous assure que je prierais papa de le faire punir.

— Mademoiselle, dit enfin le garde-champêtre, le mieux serait peut-être de consulter M. Demérans. Vous êtes tout près du château. Que Pierre vous suive, moi je vais dire à votre bonne de vous rejoindre à la grille.

— Vous avez raison. Viens, Pierre, la porte est ouverte et papa ne doit pas être loin, car c'est l'heure du départ des ouvriers, et il se promène d'ordinaire de ce côté pour répondre à ceux qui ont besoin de lui parler.

Gabrielle disait vrai. *Mylord* agita la queue et bondit en avant à travers une charmille, il avait reconnu son maître.

Avant d'entrer dans le parc la petite fille se tourna vers son compagnon :

— Ne dis pas à mon père que je me suis mise en colère contre toi, Pierre, j'aime mieux lui avouer cela moi-même.

— Oh ! Mademoiselle, je lui dirai que vous êtes un ange du bon Dieu !

— Non, ne dis pas cela non plus ; les anges sont doux et bons, et moi je t'aurais bien battu tout à l'heure quand tu me contrariais si fort.

— Je vous assure que je ne le faisais pas exprès, Mademoiselle.

Monsieur Demérans, que les enfants n'apercevaient point s'était appuyé contre un arbre et regardait venir avec étonnement le camarade de sa fille.

Celle-ci ayant levé les yeux courut à son père.

— Eh bien ! mignonne, lui dit-il en l'embrassant, qu'as-tu fait de ta bonne et où as-tu trouvé le petit garçon que tu ramènes ?

Gabrielle raconta tout d'une haleine comment elle avait vu pleurer Pierre, sa pauvreté, son chagrin, les méchantes paroles qu'on lui avait dites et enfin l'histoire de la pièce d'or, la résistance obstinée du petit paysan, l'arrivée du garde-champêtre, sans laquelle, ajouta-t-elle avec candeur, je me serais probablement encore mise en colère, car je l'étais déjà un peu.

Le père sourit. Il lisait dans les grands yeux noirs de sa fille le vif désir qu'elle avait de lui voir achever sa bonne action. La franche et honnête physionomie de Pierre l'intéressait aussi.

— Tu as bien fait, mon enfant, dit-il, de refuser la pièce d'or de Gabrielle, quoiqu'elle ait eu le droit de te l'offrir. Cette somme étant importante, il ne fallait la recevoir qu'avec mon approbation. Je suis content de ton honnêteté. Reviens demain et nous verrons à quoi on pourra t'occuper pour te faire gagner honorablement ton pain. En attendant voici une pièce de vingt francs que je te donne au nom de ma fille. Va soulager et consoler tes pauvres parents, tu leur diras que tu as trouvé une protectrice en Mademoiselle Demérans.

Pierre, les yeux brillants de bonheur, remercia M. Demérans de son mieux, puis il se mit à courir comme un lièvre à travers la grande allée, bientôt il franchit la grille et disparut dans l'avenue de sapins. Comme ils vont être contents ! se disait-il, cette pensée lui donnait des ailes. En effet, la joie fut si grande dans l'humble chaumière qu'elle s'exprima par des larmes. N'est-il pas étrange que le contentement et la douleur quand ils arrivent à leur plus haut degré nous fassent tous deux pleurer ?

CHAPITRE II.

LES IDÉES D'UNE PETITE FILLE.

M. Demérans avait fait construire une filature non loin de son château, sur la rivière étroite mais profonde qui courait dans la vallée ; de plus, il dirigeait lui-même à l'aide d'un régisseur les travaux d'une ferme qui lui appartenait. De la sorte il se trouvait en relation continuelle avec les ouvriers et les paysans des environs.

Sa grande ambition était d'améliorer par un travail bien rétribué le sort des travailleurs, d'élever leur intelligence par une instruction solide et d'en faire d'honnêtes et heureux pères de famille, contents d'eux-mêmes et des autres. Dans ce dessein, M. Demérans avait fondé une école, une caisse de secours mutuels, et, pour le soir, un cours d'adultes qui seul restait sans succès. Il surveillait l'éducation de son fils Henri confié à un précepteur et faisait lui-même celle de sa fille. Cette enfant lui avait coûté la vie d'une épouse chérie. Elle avait la beauté de sa mère, sa taille svelte et élancée, une santé délicate; mais sous cette frêle enveloppe battait un grand cœur. On remarquait en elle une raison précoce, une volonté énergique, mais aussi l'impétuosité et les emportements d'une riche et ardente nature.

Dès le lendemain de sa rencontre avec Pierre, Gabrielle, la tête pleine de projets, alla trouver son père.

— Cher papa, dit-elle, en prenant son grand air sérieux, j'ai beaucoup réfléchi à ce que nous ferons de Pierre. D'abord il est très-mal habillé et vous dites toujours à Henri que le désordre de la toilette annonce un esprit mal réglé.

— C'est vrai, ma fille, mais la pauvreté de Pierre lui est une excuse. Henri a sans doute quelques vêtements trop petits qui feront l'affaire de ton protégé, mais comme ils sont trop élégants pour le village, nous lui ferons encore cadeau d'une blouse neuve.

— Cher papa ! comme il sera content !

— T'occuperas-tu seulement de sa toilette ?

— Oh ! non ; Pierre a envie d'apprendre à lire, je serai son professeur ; malheureusement il faut qu'il aille aux champs cueillir de l'herbe pour la chèvre, il faut encore qu'il garde son papa et les petits pendant que sa mère va au lavoir et puis, quand il ne mendie pas, il va ramasser du bois. C'est tout cela qui l'empêche d'aller à l'école et je ne vois pas bien quel temps il aura pour lire avec moi.

— Tu ne le feras lire qu'une demi-heure, ce sera assez s'il fait attention. Le temps, mignonne, sera le moindre des obstacles qui s'opposeront à ton projet, j'en connais un bien grand auquel tu ne résisteras point, je le crains.

— Lequel, papa ? et pourquoi riez-vous ?

— Mademoiselle *sans-patience* ne pourra jamais se contraindre assez pour recommencer toujours la même chose et développer lentement, jour à jour, l'intelligence peut-être très-épaisse d'un petit paysan.

— Oh ! si vous n'avez peur que de cela, cher père, rassurez-vous. Je me suis bien promis de réussir. C'est un devoir d'instruire les pauvres et j'ai mon idée.

— Confie-moi cette idée.

— Vous avez dit l'autre jour au maître d'école que tous nous avons des devoirs c'est-à-dire des obligations à l'égard les uns des autres, et qu'il faut enseigner cela aux enfants. Les plus riches, par exemple, doivent aux pauvres le secours de leur bourse et celui de leurs conseils ; les savants doivent partager leur science avec les ignorants ou les en faire profiter ; les forts doivent défendre les faibles ; les grands protéger les petits ; enfin tous doivent s'aimer et se servir réciproquement. J'avais lu cela dans mon *catéchisme* quoique ce soit moins expliqué et je le savais déjà, mais en vous l'entendant répéter j'ai encore mieux compris. Voilà pourquoi hier je n'ai pas voulu laisser pleurer Pierre sans le consoler. Aujourd'hui j'ai résolu d'être assez raisonnable pour lui donner une leçon au lieu de jouer à la poupée comme une petite fille ou de courir après les papillons, quoique cela m'amuse tout de même.

— Viens m'embrasser, mon enfant chérie, s'écria le père, et écoute-moi bien.

Tu viens de prononcer de grandes et bonnes paroles. Je les relis souvent moi-même dans un autre *catéchisme* écrit pour les hommes et qui s'appelle l'*Évangile*, mais il ne suffit point de savoir de belles paroles, il faut les mettre en pratique et je suis content de te voir décidée à t'y efforcer. Des paroles, vois-tu, ce n'est que du bruit, et les livres en sont pleins, les journaux aussi ; tout le monde sait en dire, mais les plus beaux discours du monde ne valent pas une bonne action. Des actions, ma fille, des actions justes, nobles, généreuses, il n'y a que les grands cœurs et les caractères forts qui sachent en faire. Les beaux parleurs ne font que du tapage et sont inutiles aux autres. Or, personne en ce monde n'a le droit d'être inutile aux autres.

Que comptes-tu faire de ton protégé quand il saura lire ?

— Ce qu'il voudra. Je lui dirai veux-tu être un militaire comme mon frère Henri, ou un ouvrier ou un laboureur, et après je demanderai à mon père ce qu'il convient de savoir pour réussir dans ces différents états.

— Et qui est-ce qui t'a appris à avoir tant de sagesse ?

— C'est Henri, ce matin. Il m'a dit : si tu veux me prêter quelquefois ton élève pour mes batailles, je te donnerai des conseils, et comme j'ai bien voulu, il est resté un peu avec moi et nous avons mis tout notre esprit en commun.

— Vous avez bien fait ; et où ton vaillant frère prend-il ses soldats pour livrer ainsi des batailles ?

— Il en manque toujours, mais le fils du jardinier, les enfants de la ferme, ceux du régisseur, sont très-exacts et ils en recrutent d'autres où ils peuvent ; aujourd'hui ils vont attaquer le fort d'Ivry j'irai les regarder avec Julie.

— C'est un *fort* redoutable ?...

— Oh ! oui ! Le garde les a aidés à faire une pyramide de fagots tout en haut de la butte où il y a tant de ronces. Les défenseurs peuvent se cacher dans l'intérieur et ils ont des boulets de terre glaise, des sabres en bois de cornouiller et surtout, dit Henri, du courage et des bras robustes. Au besoin ils feront sauter le *fort* dont tous les fagots s'ébouleront sur les assaillants. Si vous voulez voir, cher père, on donnera le signal par un coup de clairon. Mais il ne faut point y aller tout de suite; le premier signal c'est pour réunir les soldats, le second pour faire dépêcher les traînards et le troisième seulement pour commencer l'assaut.

Ils combattent Français contre....

— Contre Français, papa ; c'est la guerre civile de bonne amitié, parce que personne n'a voulu être *Prussien* ; ça faisait toujours des disputes et les *Prussiens* ne s'amusaient pas du tout, ils se rendaient tout de suite.

— Et ces soldats font sans doute quelquefois l'exercice ?

— Oh ! très-souvent ; et le jeudi les petits de l'école forment un régiment, les soldats d'Henri se partagent les grades et c'est alors qu'on fait l'exercice, et des marches et des contre-marches ! Henri est très-sévère ! l'autre jour il a mis à la salle de police le fils Julien qui avait perdu son fusil.

— Allons ! j'irai voir l'assaut du fort d'Ivry au troisième coup de clairon ; d'ici là tu auras sans doute le temps de recevoir ton petit Pierre....

— Et de lui donner ma première leçon là-bas devant la charmille où Julie a laissé son panier

— Adieu, ma fille, ou plutôt au revoir bientôt à la butte.... non, au *fort* d'Ivry.

— Oui, père !

CHAPITRE III.

L'HISTOIRE DU PRÉSIDENT LINCOLN.

Pierre étant venu au château selon qu'il avait été convenu, Gabrielle lui exposa son grand projet de l'instruire. Le pauvre enfant se montra plein de joie et on commença tout de suite la première leçon.

La petite maîtresse employa une méthode amusante dont on s'était servi pour elle avec succès. Cette méthode consiste en un grand tableau divisé en huit colonnes. Les quatre premières colonnes représentent les consonnes ; les quatre dernières les voyelles ou *sons*. On posa le tableau sur une chaise. Une corbeille, placée à côté, contenait des cartons sur lesquels toutes les consonnes simples ou composées ainsi que les voyelles se trouvaient imprimées. A l'aide d'une baguette, la petite fille fit apprendre à son élève, en les prononçant la première, toutes les articulations des quatre premières colonnes du tableau, puis elle prit une seconde baguette au bout de laquelle elle plaça un carton portant le son *a*, et, promenant ce carton de colonne en colonne elle fit lire à Pierre des syllabes, *ba da la*, etc. C'était aller beaucoup trop vite, mais l'élève avait bonne mémoire, et cette promenade du carton l'amusait (1).

La leçon réussit donc. Pierre d'ailleurs y mettait toute son attention, il avait un si vif désir d'apprendre et de témoigner sa reconnaissance !

Gabrielle, enchantée de son élève, se disposait à lui raconter une histoire comme récompense de son travail, lorsqu'un fort éternûment éclata presqu'à côté d'elle.

— Ah ! papa, s'écria-t-elle en sautant vers la charmille, c'est une trahison de nous écouter ainsi en cachette ! Pour la peine je vous condamne à raconter vous-même l'histoire. Voyons, une belle, celle du président Lincoln !

(1) Cette excellente méthode, adoptée pour les écoles communales de la ville de Paris, est de M. Chéron et se trouve à la librairie Ch. Delagrave, rue des Ecoles, 58.

— Puisque je me suis laissé prendre, dit M. Demérans en riant, je n'ai rien de mieux à faire que de m'exécuter de bonne grâce.

— Oui, mais auparavant il faut expliquer à Pierre le commencement. L'histoire se passe en Amérique, aux États-Unis. Je te les montrerai sur ma carte. Les États-Unis sont un grand pays ; mais la France est vieille et eux ils sont tout nouveaux. Ils forment une république et ont un président au lieu de roi. Maintenant, cher père, vous pouvez commencer.

— Je commence donc : Il y avait une fois un pauvre pionnier.....

— Qu'est-ce qu'un *pionnier*, papa ?

— C'est un homme qui abat des arbres. Le grand pays qu'on appelle les États-Unis était autrefois couvert de prairies et de forêts où l'on n'avait jamais coupé d'arbres ; à cause de cela, on les appelait des forêts *vierges*. Il fallut arracher ces forêts pour en faire des terres labourables, bâtir des villes, ouvrir des routes, et des multitudes d'hommes se mirent à l'œuvre. On les appela des *pionniers*.

L'homme dont je vous parle avait un garçon de sept ans nommé Lincoln qui, malgré sa jeunesse, aidait son père dans son rude travail.

Le visage de Pierre se colora subitement.

— Pourquoi rougis-tu, mon enfant, lui dit M. Demérans avec bonté.

— Ah ! Monsieur, je pense que j'ai onze ans, moi, et qu'hier encore je mendiais, tandis que ce petit là était bûcheron à sept ans. Je voudrais bien aussi travailler fort.

— Papa et moi te trouverons de l'ouvrage, Pierre, dit Gabrielle, sois content et écoute bien l'histoire.

— M. Demérans reprit : Lincoln fut successivement

batelier, charpentier, maître de poste, épicier, soldat. Tandis qu'il exerçait tous ces différents métiers pour gagner sa vie, il s'appliquait à l'étude avec ardeur, sachant bien qu'un ignorant, si courageux qu'il soit, ne parvient jamais à grand chose.

Trop pauvre pour acheter des livres, Lincoln en empruntait à ses amis. Il mit tant de courage à s'instruire qu'il se rendit capable lui-même d'instruire les autres. Il devint maître d'école, puis avocat, enfin, à l'âge de trente-huit ans, il eut l'honneur d'être nommé membre du *Congrès*, c'est-à-dire *député* de son pays. Plus tard son mérite le fit encore monter plus haut : il fut Président de la République.

En ce temps-là, mes enfants, il y avait aux États-Unis des *esclaves*, c'est-à-dire des hommes qui ne peuvent pas faire ce qu'ils veulent et n'ont aucune liberté, ils appartiennent à un maître pour lequel ils vivent et travaillent. Ce maître peut les vendre à un autre, les séparer pour toujours de leurs femmes et de leurs enfants, les battre pour les forcer d'obéir.

— Mais c'est affreux cela, papa ! et ces maîtres d'esclaves sont des monstres. Un homme n'a pas le droit d'en prendre un autre pour le forcer de travailler et le vendre comme une bête de somme.

— Le président Lincoln pensait comme toi, ma fille, et son grand désir était d'*affranchir* les esclaves, c'est-à-dire de leur donner à tous la liberté. Mais ce généreux projet rencontra de nombreuses difficultés. Les maîtres, accoutumés à vendre et à acheter leur marchandise humaine, ne consentirent point partout à s'en dépouiller. Les habitants du sud des États-Unis prirent les armes, ceux du nord aussi et on se fit une épouvantable guerre. Lincoln proclama dans toute la République l'émancipation des esclaves. Les pauvres nègres furent transportés de joie. Ils coururent en foule se ranger sous les drapeaux de l'armée du nord qui combattait pour leur délivrance et elle en reçut 40,000 dans ses rangs. Les villes du nord accueillirent les femmes et les enfants des esclaves qui s'échappaient des villes du sud comme on s'échappe d'une prison ; on leur apprit à lire et à écrire ; il y eut des écoles pour eux jusque dans l'armée du nord, au milieu des batailles, et lorsque la guerre finit, la plupart des esclaves savaient lire.

— Oh ! papa, Lincoln est un homme admirable ; c'est lui, bien sûr, qui a remporté la victoire. Le bon Dieu ne pouvait pas faire autrement que de la lui donner.

— Le bon Dieu pouvait faire autrement, mignonne, car il ne récompense point toutes les bonnes actions en ce monde, mais il donna la victoire à l'armée du nord. Cependant les vaincus ne pardonnèrent point cette victoire à Lincoln et ils s'en vengèrent par un crime.

Un jour que le président Lincoln assistait à la représentation d'une pièce, au théâtre de Washington, un misérable vendu à ses ennemis l'assassina en lui tirant un coup de pistolet presque à bout portant. Il tomba victime de son action généreuse et paya pour ainsi dire de son sang la liberté des esclaves.

Aujourd'hui Lincoln est un des grands hommes de l'histoire, son nom est connu de tout le monde et tout le monde l'estime et l'admire. Voilà comment a grandi le petit pionnier de sept ans. Voilà ce que peut devenir un enfant avec de l'instruction, du courage, surtout quand l'instruction et le courage sont joints aux fortes vertus qui font le bon citoyen, l'homme juste.

CHAPITRE IV.

RÉFLEXIONS.

— Eh ! bien, mon petit Pierre, que penses-tu, toi, du président Lincoln ? demanda le lendemain M. Demérans.

— D'abord, Monsieur, je suis bien heureux et bien reconnaissant de la peine que mademoiselle Gabrielle se donne pour m'apprendre à lire, et puis, je ne suis plus honteux d'être pauvre, puisque ce grand Président était pauvre aussi, même, je me dis que s'il avait été riche il ne serait peut-être pas devenu un homme si puissant.

— Et tu as raison, mon enfant, le riche n'a point, pour le pousser au travail, le fort stimulant du besoin, et comme l'homme est naturellement faible et porté à la paresse, il se dispense aisément du travail s'il n'y est point forcé. Voilà en quoi j'ai toujours considéré que la pauvreté est souvent un bien. Que de grands hommes, sans elle, seraient demeurés, comme tant d'autres, inconnus et inutiles, oubliant, dans la tranquillité d'une vie sans obstacles, de cultiver le génie que Dieu leur avait donné ! Le travail est une peine, il est vrai, mais une peine féconde ; elle fortifie le cœur de l'homme en même temps que ses bras.

Pour mieux comprendre, prenez pour exemple la leçon de tout à l'heure, elle vous a donné de la peine à tous deux. Voyons quel en est le profit. D'abord pour toi, Gabrielle ?

— Oh ! papa, je n'ai point eu beaucoup de peine, mais j'ai partagé mon petit savoir avec Pierre et accompli la loi de l'Évangile qui dit : « Aimez-vous les uns les autres comme des frères » ; je pense donc que le bon Dieu est content de moi et vous aussi.

— Et tu as raison de penser ainsi, mais il y a autre chose.

— Je ne sais pas quoi ?

— Eh ! bien, le voici : mon impatiente enfant est restée douce et calme pendant une longue demi-heure, répétant avec complaisance les choses qu'elle avait déjà dites plusieurs fois. Ce n'est point que cela lui semblât un plaisir, car j'ai vu à diverses reprises son regard s'allumer et sa main se serrer avec violence comme pour réprimer sans doute des mouvements de vivacité qui n'avaient plus le droit de se montrer. C'est là un bon exercice et le commencement d'une vertu. Second et admirable fruit d'un peu de travail.

— Et Pierre, papa, qu'a-t-il gagné ?

— Regarde en toi-même, Pierre, et dis-nous ce qu'a été pour toi le travail et quel fruit il t'a rapporté.

— Je crois, Monsieur, que mon travail a été une grande attention aux paroles de Mademoiselle; il y a des moments où je trouvais cela difficile, mais maintenant je penserai au président Lincoln dont le courage a délivré tant d'hommes de l'esclavage, et ce souvenir me viendra en aide.

Ensuite je sais quelque chose, et ce soir je vais écrire sur une ardoise les lettres que j'ai apprises et je les enseignerai à mes petits frères.

Ce sera le fruit de mon travail.

— Tu as une bonne idée, Pierre, s'écria Gabrielle, si je te prêtais mon tableau ?

— Non, répondit M. Demérans, laisse-le faire, tu diminuerais le travail et ton élève, donnant moins d'exercice à son intelligence, apprendrait moins vite. Donne-lui seulement un crayon et du papier, demain il te rapportera ce qu'il aura écrit et tu le corrigeras s'il y a lieu.

— Vous avez raison, cher papa. Tiens, Pierre, voici un cahier relié, ce sera plus commode. Je vais t'écrire toutes les lettres de l'alphabet et tu t'amuseras à les copier, autrement, papa, il serait capable de me dessiner des lettres imprimées !

— Ce ne serait pas étonnant. Il n'en connaît point d'autres, mais, qu'elles soient imprimées ou manuscrites, il ne faut pas moins qu'il fasse un effort de mémoire pour retrouver le nom et la figure des lettres, et cet effort est le meilleur moyen d'assurer le succès de la leçon d'aujourd'hui en préparant celui de la leçon de demain.

CHAPITRE V.

L'ATTAQUE DU FORT D'IVRY.

L'heure de la récréation venait de sonner, on avait deux heures pour dîner et jouer ; mais, ce jour-là, les écoliers mirent du pain dans leur poche, et prenant leurs jambes à leur cou, on les vit bientôt s'abattre comme une nuée de pigeons au pied de la butte où s'élevait le fort. Le clairon avait sonné une première fois. Un second coup retentit presque aussitôt. C'était pour rester fidèle à la consigne car tout le monde était présent. Henri revêtu d'un bel uniforme de capitaine et quelques gamins portant des képis assignèrent une place à chaque soldat et donnèrent leurs instructions. Les assiégés étaient à leur poste. Ils avaient fait une fenêtre en écartant les branches d'un gros genévrier et montraient leurs petites mines éveillées à travers le feuillage acéré de l'arbuste.

Pendant ces préparatifs, Julie et Gabrielle se hâtèrent d'arriver. M. Demérans allait au même endroit par un autre chemin, ils se rencontrèrent au troisième coup de clairon.

— Il était temps, papa, dit la petite fille, c'est toujours heure militaire avec Henri.

— Il y est bien forcé, mademoiselle, répondit M. André, le précepteur.

Henri a la grande armée aujourd'hui et l'école sonnera sans miséricorde à deux heures juste comme à l'ordinaire. Mais voyez, on commence :

En effet. On fit solennellement les trois sommations d'usage : le fort refusa de se rendre. Il fallut procéder à l'attaque.

L'escalade offrait des difficultés. La butte était haute et abrupte. Les ronces s'enchevêtraient sur ses flancs ; pas une brindille de bois à laquelle s'attacher pour monter, il ne restait çà et là que des racines à fleur de terre, ou des bouts de cépées perfidement cachés sous la mousse. La mousse elle-même, déracinée, glissait sous le pied le plus ferme et faisait rouler jusqu'en bas le malheureux assaillant.

Cependant on attaquait énergiquement par trois

côtés. Le fort se défendait bien. Il lançait à chaque instant toutes sortes de projectiles et plus d'un combattant gisait sur la poussière. Car il y avait une loi qui ordonnait à tous les soldats touchés à la tête ou à la poitrine d'être morts ou blessés.

— Voyez-vous, papa, ce petit garçon qui remonte pour la troisième fois, il a une branche de chêne à sa casquette, c'est Julien, le plus mauvais sujet de l'école et du village. Il est toujours puni, et si Henri était moins bon, il le renverrait, parce qu'il fait toujours des méchancetés aux autres.

— Il a en effet la figure hargneuse. Et ce hardi gamin qui s'appuie sur une canne et tend la main à ton frère ?

— C'est le lieutenant Émile dont le père est à la filature.

— Et le képi qui vient de tomber?

— Ah ! le pauvre Robert ! il est sergent ; il porte la main à sa tête, on dirait qu'il est réellement blessé.

Bon ! Les voilà maintenant corps à corps sur le haut de la butte ! Henri plante son drapeau. Mais qu'est-ce qu'ils ont donc à se secouer ainsi tous et à remuer les épaules comme s'ils étaient mordus par des puces. Voyez-vous, papa ?

— Je crois qu'ils ont en effet quelque chose dans le dos, du sable, peut-être. Ils sont nu bras et sans cravate. Tout leur bagage est éparpillé sur le terrain, les armes seules sont sauves.

— Monsieur, dit Julie qui s'était avancée en *éclaireur* jusqu'au lieu du combat. C'est bien autre chose qu'ils ont, allez! Ceux qui gardent les fagots...

— Oh ! Julie ! dis donc le *fort*, interrompit Gabrielle scandalisée.

— Le *fort* si vous voulez, Mademoiselle, ne se sont-ils pas avisés d'égrener des feuilles de genièvre et ils leur ont jeté cela avec du sable, aussi ils s'agitent comme des possédés, çà doit les piquer terriblement.

A ce moment les cris de victoire dominèrent la voix de Julie ; il y avait six assaillants sur la butte. Mais au même instant aussi les fagots perdirent l'équilibre et la pyramide s'écroula. Le *fort* venait de sauter. Une acclamation de triomphe accueillit cet acte désespéré et les vainqueurs, ayant pris possession de la place, on se mit à relever les blessés et à compter les morts.

Les morts ressuscitèrent, mais parmi les blessés le sergent Robert fut relevé le front sanglant et déchiré, il avait reçu un coup.... de *caillou*, arme prohibée.

Tout le monde accusa Julien, il s'était le matin querellé avec Robert.

— Messieurs, dit le capitaine d'une voix grave : Il y aura demain conseil de guerre. Maintenant rompez les rangs, l'école sonnera dans cinq minutes.

Chacun chercha cravate, blouse ou casquette et essuya son front ruisselant de sueur, mais la montre d'Henri retardait, la cloche de l'école se mit à sonner.

Aussitôt l'armée de se reprendre à courir.

— Par le parc ! mes enfants ! leur dit M. Demérans comme ils passaient près de lui ; la porte est ouverte et c'est plus court.

Ils firent le salut militaire en signe de remercîment et s'élancèrent en bon ordre au pas gymnastique. La cloche bourdonnait encore que l'avant-garde reprenait haleine sur le seuil de l'école.

Henri avait retenu Robert malgré les représentations de l'enfant qui avait peur d'être grondé par le maître d'école.

— M. André voudra bien te reconduire avec moi, Robert, tu ne seras pas grondé. Mais demain le coupable sera chassé de nos rangs, c'est une lâcheté, ce qu'il a fait. Il aurait pu te tuer en touchant à la tempe, j'en suis indigné !

Ils arrivèrent à l'endroit où se trouvait M. Demérans.

— Ah ! cher père, quel honneur vous me faites ! Comment ! vous étiez témoin du combat.

— Gabrielle m'y avait invité comme à un spectacle, et c'est bien le moins qu'un père soit témoin des exploits de son fils. Mais ce pauvre enfant est blessé ?

— Oui, et blessé par trahison. Je viens demander à Julie de venir à l'*ambulance* et de panser mon brave sergent.

— C'est toujours tout de même. Monsieur Henri, répondit Julie, vous ne faites que plaies et bosses et je n'ai presque plus d'*arnica*.

— M. André t'apprendra le nom des plantes qui peuvent le remplacer, ma bonne Julie, et je t'en apporterai une que je connais déjà ; mais le bandage, il faut une main adroite comme la tienne pour le bien poser.

— Oui, oui, vous savez bien tourner les petits compliments quand vous avez besoin de moi. Eh ! bien, venez tout de suite ; Monsieur voudra bien garder Mademoiselle pendant quelques minutes.

M. André, le capitaine et le sergent suivirent Julie, et M. Demérans resta avec sa fille qui venait de cueillir un gros bouquet de fleurs.

CHAPITRE VI.

UNE LEÇON DE BOTANIQUE.

— Connais-tu le nom de toutes ces jolies fleurs, ma fille ? dit M. Demérans qui ne perdait jamais l'occasion de placer un bon enseignement ?

— Non, cher papa, c'est-à-dire, je ne sais que leur nom vulgaire. Ainsi ce charmant *coucou*, dont l'odeur est si douce et qui forme à lui seul un bouquet, a sans doute un nom savant.

— Et un très-joli. On l'appelle primevère, en latin *prima veris* qui signifie la *première du printemps*. Cette plante a des propriétés douces comme son parfum.

— J'ai vu les enfants s'en faire des guirlandes et des balles pour jouer; je ne soupçonnais pas qu'elle pût servir à des usages plus sérieux.

— La médecine la dédaigne un peu, en effet, parce qu'elle a beaucoup d'autres ressources, mais cela n'empêche point la plante d'avoir des qualités médicinales. Elle fut autrefois beaucoup employée. Ainsi on l'appliquait sur les articulations affectées de la goutte et on dit qu'elle apaisait la douleur.

De nos jours on en fait une tisane calmante dont je préfère le goût à celui de la tisane de tilleul et qui produit à peu près les mêmes effets.

La primevère orne les jardins de plusieurs variétés roses, bleues, brunes, etc. On a obtenu des fleurs doubles par la culture.

— Alors ces jolies fleurs doubles d'un rouge bordé de blanc qui entourent la corbeille en face du château ce sont aussi des primevères comme celles-ci ?

— Oui, ma fille.

— Je ne m'en serais jamais doutée. Et cette pervenche d'un bleu si tendre qui per cela mousse de tous côtés et qui me semble une des plus jolies fleurs du parc, est-ce qu'elle aussi serait bonne à quelque autre chose qu'à nous faire plaisir en fleurissant ?

— Je croyais t'avoir entendu dire l'autre jour que le bon Dieu n'a rien fait d'*inutile*. Tu disais la vérité. Depuis le brin d'herbe jusqu'au chêne, depuis le plus petit insecte jusqu'à l'éléphant, tout a sa place utile et ordonnée dans la nature ; tout est créé pour atteindre un but, sert à quelque chose, et ne meurt qu'après avoir rempli sa mission.

— Oh ! papa, que cela est beau, que cela est grand aussi !

— C'est que Dieu, comme un ouvrier qui signe son ouvrage, a voulu marquer chacune de ses œuvres du sceau de sa toute-puissance. Partout, en effet, le regard qui sait voir reconnaît l'empreinte divine. Quelle perfection n'admire-t-on point dans ces fleurs mignonnes, si délicates, si fines ; dans ces insectes à peine visibles et cependant pourvus de tous les instruments nécessaires à la vie et ornés des couleurs les plus vives ? Regarde ces mouches dorées qui voltigent autour de nous ; aucune pierre précieuse ne les égale en éclat et pourtant ce ne sont que des mouches, un être insignifiant dans l'immense création. Si Dieu s'est plu à parer ce frêle insecte de toutes ces richesses, est-il étonnant qu'il ait prodigué tant d'amour à l'homme, son chef-d'œuvre, l'image de lui-même, l'Être intelligent à qui il a donné la nature ?

— C'est bien vrai, papa, et si on réfléchissait à cela on serait bon et heureux, et on aimerait Dieu de tout son cœur, et on aimerait aussi tous les hommes pour qui Dieu a fait tant de belles choses.

— Et on ferait son devoir pour obéir à Dieu comme les choses de la création, même quand ce devoir consisterait à apprendre des leçons ennuyeuses....

— Oh ! oui, cher papa, je vous le promets, s'écria la petite fille en se jetant dans les bras de son père, je ne serai plus paresseuse et vous m'apprendrez l'histoire des fleurs et des mouches brillantes, et de tout ce qu'il y a sur la terre.

— Tout, ce serait bien long, mais un peu, à la bonne heure ! Nous avons oublié la pervenche à propos de ses propriétés.

Il y avait, dit-on, en Belgique un usage charmant : celui de jeter des pervenches sous les pas des jeunes fiancées. De là sans doute est venu le nom flamand de cette fleur qui signifie *palme de la fiancée*. En Italie on en tresse des couronnes que l'on dépose sur le cercueil des jeunes filles et des jeunes garçons.

Voici maintenant à quoi on l'emploie :

On en fait un excellent gargarisme dans les inflammations de la gorge. Il faut pour cela faire bouillir une petite quantité de ses feuilles.

On l'a crue très-efficace autrefois contre les maladies de poitrine, et Mme de Sévigné recommandait souvent à sa fille *la bonne petite pervenche*.

On l'employait encore dans beaucoup d'autres maladies pour lesquelles la médecine actuelle a des remèdes plus actifs.

Il paraît qu'on se sert aussi de la pervenche pour améliorer les vins qui se détériorent.

— Ainsi elle est aussi belle que bonne, la jolie petite fleur. Et ce gros narcisse, papa, je ne sais quel sirop il a dans la queue, c'est comme de la gomme et j'en ai les mains toutes *poissées* ?

— Tu ne te trompes pas ; en analysant la plante, on y trouve de la gomme.

Un ancien naturaliste romain qui s'appelait *Pline* prétend que le mot narcisse vient d'un autre mot grec qui signifie *engourdissement* et voici pourquoi : c'est que l'odeur de ses fleurs porte, dit-on, à l'assoupissement ceux qui la respirent.

La racine de cette fleur est un oignon comme celui du lis; à cause de cela, elle fait partie d'une grande famille de plantes qu'on appelle *liliacées* et qui ont toutes des oignons pour racines. Celui du narcisse réduit en poudre et pris à la dose de deux à huit grammes sert de vomitif comme l'ipécacuanha et peut remplacer ce dernier, ce qui est très-commode pour les villages éloignés des villes et qui n'ont point de pharmacien. Si le temps presse, le malade mangera l'oignon de narcisse cuit ; ou bien on lui fera boire l'eau dans laquelle il a bouilli et qu'on appelle *décoction*, d'un mot latin encore.

On fait avec les fleurs sèches du narcisse une tisane qui est excellente pour la *coqueluche* et qui apaise la toux. Seulement il faut employer cette plante avec précaution, car à très-haute dose elle pourrait empoisonner.

— Ah ! voilà le malheur ! Comment savoir qu'on en met trop ou trop peu ?

— Cela s'apprend par l'expérience, mais il y a aussi des livres savants qui enseignent les doses et, en employant une petite balance comme celles qui servent à peser les lettres, on peut être sûr de ne pas se tromper.

Est-ce que tu aurais du goût pour la médecine, chère enfant ?

— Oh ! oui, papa, je voudrais pouvoir guérir tous ceux qui souffrent, et savoir la botanique comme vous, c'est si amusant !

— Tu es toujours disposée à apprendre tout, ma fille, mais...

— Ne dites plus *mais*, cher papa, c'est décidé, j'apprendrai mes leçons ; je veux devenir une grande savante afin d'être une personne utile, je ne serai pas moins qu'une plante, vous verrez !

— Voilà Julie qui revient, je vais te laisser avec elle.

— J'avais pourtant espéré que vous me parleriez aussi de ce gracieux muguet. Voyez comme ses petites clochettes sont fraîches et comme c'est joli de le voir çà et là se détacher dans le feuillage sombre qui fait encore ressortir son éclat.

— Il a aussi un bien joli nom : on l'appelle encore *lis de Mai*, *lis des vallées*. On emploie les fleurs du muguet en infusion contre les migraines. Quand elles sont fraîches, à la dose de un à deux grammes, elles forment un bon purgatif, mais moins doux pourtant que la limonade gazeuse. Séchées et réduites en poudre, les fleurs de muguet sont *sternutatoires*, c'est-à-dire qu'elles font éternuer comme le tabac.

— Comme il est très-désagréable d'éternuer, je pense, papa, que cette propriété du muguet est plutôt un défaut qu'une qualité.

— Excepté qu'avec certains maux de tête, il est quelquefois très-nécessaire de se moucher et qu'alors on est bien heureux d'avoir la poudre de muguet à défaut de tabac pour se procurer cet avantage.

— C'est pourtant très-ennuyeux de se moucher, aussi je déteste particulièrement les rhumes de cerveau.

— Ce qui ne t'empêche pas de courir le matin dans l'herbe malgré le brouillard et la rosée.

— C'est pour m'aguerrir. Henri me dit toujours qu'il serait honteux d'avoir pour sœur une petite maîtresse ayant peur des courants d'air, du vent, du soleil et s'il ne craignait de gâter mes robes et de me faire gronder par Julie, il me laisserait mouiller quand il pleut et il dit que j'aurais une santé plus robuste.

— Henri n'a pas tout à fait tort et j'admets que tu braves les courants d'air, le vent et le soleil au risque d'avoir le teint brun comme une créole, mais je t'engage à prendre un parapluie quand le temps n'est pas sûr, à moins que tu ne veuilles devenir une amazone et suivre ton frère à la guerre. Dans ce cas, il faudrait te mettre à son régime et t'habituer à tout comme il fait. C'est un garçon courageux et d'une énergique volonté. Cependant il ne saurait être pris pour modèle par une petite fille qui n'est point destinée à devenir maréchal de France. Maintenant laisse-moi partir, je suis très en retard.

M. Demérans embrassa Gabrielle et s'éloigna.

CHAPITRE VII.

MONSIEUR EDMOND.

Il y eut le lendemain de graves événements au château : Henri tint conseil de guerre, assisté de tous les sous-officiers du régiment. Il fut décidé à l'unanimité que Julien, *convaincu d'avoir traîtreusement tiré sur son camarade pendant la bataille et avec une arme prohibée*, était indigne de servir sous le drapeau français. En conséquence, on le condamna à l'exil. Quant au sergent Robert qui était bravement resté à son poste, c'est-à-dire par terre, jusqu'à la fin de l'assaut, malgré la douleur de sa blessure, il fut mis à l'ordre du jour comme un modèle de courage et de discipline militaire.

Tous les soldats réunis après l'école applaudirent à l'arrêt du conseil de guerre, on cria : vive Robert ! et Henri le décora du noble surnom de *Balafré.*

Ce même jour, comme M. André était à la ville, distante de Mérans de quatre lieues, Henri obtint la permission de faire une promenade militaire. Il partit donc avec sa troupe, et après avoir traversé le bois dans toute sa longueur, on monta la côte assez rapide qui mène à Polhay ; dès qu'on aperçut les premières maisons du village, Henri, qui à lui tout seul composait la musique, sonna une joyeuse fanfare. Le régiment entra ensuite fièrement, enseignes déployées ; les paysans se mettaient aux portes et riaient de tout leur cœur ; une troupe de bambins suivit les soldats, s'efforçant de les imiter, et on arriva ainsi avec une escorte toujours croissante à l'autre extrémité du village. Là, le gros de l'armée s'étant arrêté reçut les adieux d'Henri. Tous firent le salut militaire et crièrent d'une seule voix : vive le capitaine ! Les sous-officiers reconduisirent leur chef jusqu'au château et on se sépara pour se réunir bientôt. Il n'y avait pas de jeu comparable à celui-là pour les enfants de Polhay.

Il n'y en avait point non plus qu'Henri préférât. Quelquefois M. Vatou les rencontrait dans le bois marchant au pas, à grand bruit de tambours et drapeau en tête, comme une bande de conscrits. Le garde-champêtre se souvenait alors qu'il avait été soldat et il s'amusait à commander quelques exercices que la petite troupe exécutait avec empressement. Quand il était tout à fait de bonne humeur, il lui arrivait de raconter une histoire de guerre. Les enfants, assis autour de lui, l'écoutaient d'une oreille avide, et s'il ne paraissait point trop pressé, l'histoire finie, on amenait la conversation sur la chasse pour obtenir d'autres récits que le vieux garde faisait avec plaisir. Les renards, les lapins, même les loups et les sangliers se permettaient des excursions dans les bois de Polhay, et M. Vatou en savait long sur leur compte.

En plusieurs rencontres, il s'était signalé contre les loups, et les plus habiles chasseurs du canton n'entreprenaient jamais une battue sans lui.

C'était donc un homme d'importance que M. Vatou, aussi les enfants lui témoignaient un grand respect et, du plus loin qu'on l'apercevait, tout le régiment faisait le salut militaire.

Le plus grand nombre des soldats d'Henri étant de Polhay, les promenades avaient lieu presque toujours de ce côté-là, Après le jeu on causait ; les nouvelles du village, surtout celles qui intéressaient les familles de ses camarades, ne trouvaient point le jeune capitaine indifférent et M, Demérans fut obligé d'intervenir plus d'une fois dans les embarras des gens de Polhay, à la prière de son fils.

Un jour c'était Nicolas qui venait de perdre un cheval à la fin des semailles, il n'avait point d'argent pour le remplacer. Henri obtint qu'on lui prêtât quelques jours un cheval de la ferme et le brave homme put attendre ensuite jusqu'au printemps pour compléter son attelage.

Une autre fois c'était Paul Duraincy qui enviait les beaux fruits du jardin de la filature et à qui le jardinier refusait des greffes. M. Demérans, qui voyait avec plaisir le goût de l'horticulture se développer dans le village, envoya le garde-champêtre à Paul Duraincy avec des greffes de ses plus beaux arbres.

Ainsi entre le château et le village, il n'y avait que des relations amicales et Henri les resserrait chaque jour par sa familiarité avec les enfants des ouvriers et des cultivateurs qu'il traitait en camarades. Ceux-ci, en revanche, rendaient hommage à la supériorité de son éducation, se rangeaient volontiers à son avis et lui témoignaient en toute occasion une déférence que des allures plus fières n'eussent peut-être point obtenue.

Il n'en était pas ainsi d'Edmond, le fils aîné de M. Richard, le régisseur. Lui, se faisait appeler *monsieur Edmond* et trànchait du grand seigneur : affecté dans ses manières, recherché dans ses vêtements, il se tenait raide comme un Anglais, parlait d'un ton protecteur et croyait en cela montrer la réserve et la dignité qui convenaient à son rang. Il faut dire à sa décharge que cette sotte vanité avait pour stimulant la vanité de sa mère, fille d'un épicier du bourg, laquelle ayant épousé M. Richard, simple clerc notaire, aux appointements minimes, voyait aujourd'hui son mari régisseur de M. Demérans, avec des honoraires très-satisfaisants. Madame Richard s'était empressée d'oublier ses anciennes amies, elle avait remplacé son bonnet par un chapeau et s'efforçait de prendre le beau langage des domestiques. Elle disait *monsieur Richard* en parlant à son mari et *monsieur Edmond* en s'adressant à son fils aîné.

Monsieur Edmond essayait vainement de se mettre avec Henri sur le pied de l'intimité. Son caractère et ses prétentions inspiraient au jeune Demérans une invincible antipathie. Rarement Henri adressait la parole au fils du régisseur et lorsqu'il était forcé de le faire il l'appelait aussi *monsieur Edmond*, et lui disait *vous*, tandis qu'il tutoyait les autres enfants et leur parlait avec cette franche cordialité qui doit exister entre bons camarades.

Monsieur Edmond avait cependant un ami, s'il est permis de donner ce nom à Julien, le coupable renvoyé de l'armée d'Henri. Julien, fils d'un braconnier, accoutumé dès l'enfance à la maraude, passait sa vie à comploter de mauvaises actions. Sans cesse aux prises avec les paysans dont il ravageait les jardins, les vergers, les champs ; rudement châtié quand on parvenait à le saisir ; poursuivi de menaces et d'insultes lorsqu'il réussissait à s'échapper, il s'était endurci à l'injure, aux mépris, aux coups et la réprobation générale le trouvait non-seulement indifférent, mais frondeur. Toujours prêt pour le mal : astucieux, rusé, menteur, il se distinguait encore par des talents précoces très-dignes d'être signalés à la bienveillante attention de la police correctionnelle.

Julien savait déjà tendre des lacets aux lapins de garenne, attirer les poules, le soir, loin du poulailler où elles ne retournaient jamais ; prendre à la glu ou dans un piége les pigeons des voisins ; dépouiller cerisiers et pruniers avant la maturité complète de leurs fruits et quantité d'autres choses de ce genre qui promettaient que cet enfant serait plus tard tout le contraire d'un honnête homme.

Chassé de la société des autres écoliers quand Henri les réunissait, Julien s'attacha au fils du régisseur. Quelques flatteries suffirent à gagner l'orgueilleux Edmond, désœuvré par goût comme Julien l'était par habitude ; on les vit ensemble faire l'école buissonnière, courir le bois et la prairie sous mille prétextes, et comme on se lasse de tout, chercher à amuser leur vie vagabonde par de mauvais tours joués aux ouvriers, aux mendiants et à tous ceux qui se trouvaient sur leur chemin.

Tantôt c'était un cantonnier qui, après avoir conversé quelques minutes avec un passant, ne retrouvait plus ses outils, ou un bûcheron dont la cognée disparaissait en un clin d'œil sans qu'il fût possible de la retrouver, ou un ouvrier qui, l'heure du repas venue, cherchait vainement le panier qui renfermait son déjeuner. Après d'inutiles réflexions et d'inutiles démarches, les uns et les autres retournaient au village et, à leur retour, la première chose qui frappait leurs regards, c'était les objets enlevés. Un éclat de rire lointain répondait à leur colère et à leurs menaces et les auteurs du méfait, inconnus et joyeux, s'applaudissaient d'avoir réussi.

Des soupçons s'élevaient néanmoins contre *monsieur Edmond* et son complice, mais on n'osait point nommer le fils du régisseur, madame Richard se serait vengée, et puis, avant d'accuser, il faut être sûr de ce qu'on avance et avoir des témoins, et personne n'avait vu les coupables; le plus sage était donc d'attendre et de patienter.

CHAPITRE VIII.

UN INCIDENT.

Pendant ce temps, Pierre continuait d'apprendre à lire et faisait de rapides progrès. On lui avait trouvé un petit emploi à la ferme : il consistait à garder dans un pré voisin du bois quelques vaches d'une beauté remarquable destinées à disputer le prix dans les concours agricoles. Il fallait les ramener à la moindre pluie et les empêcher de jouer des cornes l'une contre l'autre si la fantaisie leur en prenait. Ces soins faciles permettaient à l'enfant d'écrire de mémoire sur son ardoise tous les mots qu'il avait appris et d'essayer d'en composer d'autres dont il ne connaissait point l'orthographe. Il avait aussi un petit livre dans lequel il s'efforçait de lire tout seul quoique ce fut encore difficile. Cependant, à force de regarder les lettres et d'en former des syllabes, il parvenait souvent à comprendre des mots nouveaux et, ceux-là, il était assuré de ne jamais les oublier, car ils lui avaient coûté beaucoup, mais il ne se souvenait point de la peine quand elle finissait par le plaisir de savoir quelque chose de plus, et le lendemain, la satisfaction de Gabrielle lui était une autre récompense bien douce aussi.

Un soir, Pierre revenait de la ferme, sa journée finie ; il chantait gaîment quelque joyeux refrain et s'amusait à cueillir un bouquet de fleurs pour sa petite sœur Ursule lorsqu'il entendit du bruit du côté de l'étang et quelqu'un qui semblait courir derrière le mur du parc, puis un clapotement d'eau comme si on ramait en se promenant dans la barque d'Henri. Il était tard pourtant et la présence d'Henri sur l'étang à cette heure-là semblait si extraordinaire au petit garçon que, la curiosité l'emportant, il monta sur un marronnier, se glissa dans les branches qui pendaient sur le mur du parc et, de cet observatoire, distingua clairement qu'un étranger était assis dans la barque et qu'il repoussait loin du rivage un pauvre chien à demi noyé auquel on jetait des cailloux de l'autre côté de l'étang.

— Mon Dieu ! s'écria tout à coup l'enfant, c'est le chien du pauvre Mathurin, l'aveugle, comment faire pour le sauver ?

D'un bond Pierre se trouva dans la grande allée du parc, ne se demandant point s'il avait le droit d'escalader ainsi la muraille. Il courut jusqu'à ce qu'il rencontrât quelqu'un. Ce quelqu'un fut précisément M. Demérans qui prenait le frais avec Henri.

En deux mots, l'enfant raconta ce qui se passait et Henri courut à l'étang.

— *Monsieur Edmond*, s'écria-t-il d'un ton où l'indignation le disputait au mépris, faites-moi le plaisir de me ramener ma barque à l'instant.

Pris en flagrant délit, *monsieur Edmond* obéit. Trop lâche pour faire des excuses, il touchait à peine le bord qu'il sauta à terre et s'enfuit.

Henri s'élança dans la barque avec Pierre, ils arrivèrent à temps pour sauver le chien de l'aveugle. La pauvre bête, froide et à demi morte, demeura immobile aux pieds de ses libérateurs, elle avait à son cou la corde qui lui servait à guider son malheureux maître.

Il faut le porter à la cuisine pour le réchauffer, dit Henri.

Pierre prit l'animal dans ses bras et quelques minutes après il le déposait devant un bon feu. M. Demérans, Gabrielle, Julie se joignirent aux deux enfants, et l'acte cruel du fils de monsieur Richard trouva une réprobation unanime.

— C'est lâche de faire du mal aux bêtes qui ne peuvent pas se défendre, n'est-ce pas, papa, dit Gabrielle.

— Oui, mon enfant, répondit M. Demérans, et cette méchanceté d'Edmond annonce un naturel bien dépravé. Il y a quelque chose d'odieux dans le choix qu'il a fait de sa victime. Le chien de l'aveugle inspire à tout le monde de l'amitié. On se sent touché à la vue de cet ami du pauvre, si attentif et si prudent, à l'intelligence et à la fidélité duquel un homme confie sa vie, et il faut avoir le cœur bien mal fait pour lui vouloir du mal.

Pendant ce temps, Julie avait essuyé la pauvre bête qui se ranimait lentement à la douce chaleur du foyer, on lui offrit un peu de soupe qui parut lui faire plaisir. Peu à peu, bien essuyé, séché, réconforté par une bonne nourriture, il se dressa sur ses pattes, se secoua, et s'apercevant enfin de la sollicitude qu'il inspirait, il agita la queue et lécha doucement les mains amies qui lui prodiguaient des caresses.

Pierre songea alors qu'il était temps de repartir. Il fut convenu que le chien resterait au château et que le lendemain son maître viendrait l'y chercher. C'est Gabrielle qui le voulait ainsi, elle désirait savoir s'il n'y aurait pas moyen de faire quelque chose pour l'aveugle. Mais pour que Mathurin ne fût point inquiet, Pierre se chargea de le prévenir le soir même qu'il retrouverait son guide chez M. Demérans...

A dater de ce jour-là M. Edmond voua une haine profonde au pauvre Pierre et madame Richard ne le nomma plus que le *vilain petit mouchard.*

CHAPITRE IX.

LE CHIEN DE L'AVEUGLE.

Quand Mathurin retrouva son compagnon chez M. Demérans et qu'il apprit des domestiques comment on lui avait sauvé la vie, le vieillard ne put retenir ses larmes; ils serrait dans ses bras le pauvre Médor qui témoignait, par ses caresses, combien il avait de plaisir à revoir son maître ; il lui parlait comme si le fidèle animal eût pu le comprendre :

— Je t'aurais donc perdu mon vieil ami, mon soutien, tu serais mort par les mains de ces petits misérables, si Pierre et M. Henri n'avaient eu pitié de l'aveugle ? Et moi, je serais resté seul et abandonné, n'ayant plus personne pour me conduire par les chemins, aux portes de ceux qui me font l'aumône, je me serais heurté contre toutes les pierres, jeté dans un trou et il m'aurait fallu mourir sans secours, sans un seul être vivant à côté de moi pour recevoir mon dernier soupir... Ah ! les vilains petits scélérats ! Dieu les punira, car il défend, lui, qu'on se joue ainsi de la vieillesse et de l'infirmité...

— M. Mathurin, dit une voix douce, ne souhaitez

pas de mal aux méchants, papa dit qu'ils sont déjà très-malheureux de n'être pas bons, personne ne les aime. Venez avec moi, nous avons tous à vous parler.

Et Gabrielle, la figure radieuse, prit la main de l'aveugle et le conduisit avec précaution jusqu'à un petit parloir où l'attendaient M. Demérans et Henri.

Mathurin ne savait comment exprimer sa reconnaissance, il se confondait en remercîments et Médor qui allait de Gabrielle à son frère semblait y joindre les siens par toutes sortes de tendres démonstrations.

— Mon brave homme, dit M. Demérans, ma fille vous propose de passer vos journées à Mérans, nous avons trouvé pour vous un petit travail à la filature ; il est si facile qu'un enfant s'en acquitterait, il ne demande qu'un poignet assez fort pour tourner un petit rouet. Vous recevrez le salaire d'un homme, et, quand il sera nécesssaire d'avoir des yeux, votre voisin Eloi, qui travaille dans le même atelier, vous viendra en aide; je lui en ai parlé ce matin, et si cet arrangement vous convient, c'est une affaire faite.

— Et, le soir, ajouta Gabrielle, Pierre vous reconduira chez vous, car c'est l'heure où il quitte la ferme et je lui dirai de vous prendre en s'en allant. Vous travailleriez donc à Mérans tout le jour et retourneriez le soir à Polhay.

— M. Demérans et vous, Mademoiselle, vous avez beaucoup trop de bonté pour un pauvre malheureux comme moi, mais avec mon infirmité je ne serai jamais bon à grand'chose et je ne gagnerai pas l'argent que vous m'offrez.

— Papa sait bien ce que vous pouvez faire, M. Mathurin, et si ce travail ne vous contrarie pas, il faut le prendre ; cela nous fera plaisir à tous, car nous voudrions vous voir content.

— Que le bon Dieu vous bénisse, pour vos bonnes paroles, Mademoiselle! J'accepte de tout mon cœur, et si je ne gagne pas ma journée, je dirai : l'argent qu'on me donne c'est l'aumône de M. Demérans et de ses chers enfants, et ça me rendra heureux de la recevoir et de vivre de vos bienfaits.

— Eh! bien, puisque c'est convenu, dit M. Demérans, vous allez, mon bon Mathurin, dîner à la cuisine et ensuite un domestique vous mènera à la filature, où Éloi vous installera.

Henri reconduisit l'aveugle à son tour et revint bientôt.

— Comme il est joyeux, ce pauvre homme ! dit-il.

— Et moi donc ! répondit Gabrielle.

— Tu as raison, ma fille, ajouta le père ; faire du bien aux autres nous procure la meilleure joie qu'on puisse goûter en ce monde et je suis sûr que si tous les riches la connaissaient, ils ne laisseraient souffrir personne autour d'eux.

— Sans compter reprit Henri, qu'on arrive ainsi à se faire aimer de tout le monde. Si vous saviez, cher papa, comme Gabrielle est chérie dans le village ! Quand nous le traversons, une foule de gens se mettent aux portes pour lui dire bonjour : Mademoiselle Gabrielle par ci, Mademoiselle Gabrielle par là; on nous arrête à chaque instant, c'est une adoration pour ma petite sœur, adoration qui ne laisse pas d'être quelquefois assez gênante.

— Tu en as bien ta part, Henri.

— Oh ! moi, je ne suis qu'un garçon dont on ne s'occupe point et n'ai guère par là d'amis que mes soldats et le vieux garde Vatou avec qui je vais quelquefois enfumer des renards, les autres me connaissent très-peu.

— Excepté Paul Durainey dont tu as rattrapé

l'autre jour, le cheval emporté et qui t'a proclamé le meilleur cavalier qu'il ait jamais vu.

— Je crois bien ! il a peur, lui, de son cheval.

— Je pense, mes enfants, dit le père, que vous avez tous deux bonne part dans l'amitié des gens du village, et cela parce que vous vous montrez polis, affables, toujours disposés à rendre service à chacun ; on vous rend ce que vous donnez, on vous rend même plus, car le souvenir de votre mère est pour beaucoup dans l'affection que vous recevez ; votre mère, mes enfants, était un ange de charité.

— Oh! je le sais, papa, on la considérait comme une sainte dans le village, et déjà plusieurs personnes m'ont raconté des histoires d'elle qui m'ont fait pleurer. Oh ! que je voudrais lui ressembler, la remplacer près de vous, cher papa, et près de ses pauvres, comme elle le souhaita quand elle me bénit avant de mourir.

Des larmes roulaient dans les yeux de M. Demérans; il attira ses deux enfants dans ses bras et leurs pieuses caresses apaisèrent la douleur du cruel souvenir qu'il venait d'évoquer.

Parlons encore d'elle, dit-il, ses exemples sont des leçons pour toute votre vie.

— Oh ! papa, laissez-moi raconter à Henri ce que m'a dit l'autre jour la blanchisseuse, Félicité.

CHAPITRE X.

L'ANGE DE MÉRANS.

Il y avait dans la petite maison à côté du puits une vieille femme dont le mari et les enfants étaient morts.

Elle vivait là toute seule d'un coin de terre où elle récoltait des légumes et du blé. Il lui vint à la poitrine un mal très-douloureux que pas un médecin ne put guérir. Il s'étendit peu à peu jusqu'à son cou, y fit une plaie, puis un trou, c'était si affreux à voir que les voisines n'eurent pas le courage de la panser, et puis, ce mal répandait une odeur infecte et la pauvre malade souffrait si horriblement qu'elle criait jour et nuit. M. le curé voyant qu'on l'abandonnait le dit à maman. Aussitôt maman fit préparer un petit paquet de linge fin bien doux, emmena ma nourrice, et étant entrée chez cette femme, elle lava son mal avec soin, le couvrit d'une pommade calmante, consola la malade et, depuis ce moment jusqu'à la mort de la pauvre femme, ma petite mère ne cessa de panser deux fois par jour ce mal dégoûtant et avec les précautions, les soins attentifs et délicats qu'elle aurait eus pour l'un de nous.

Félicité m'a dit que lorsque maman sortait de chez la malade pour revenir au château, sa figure pâle et douce avait une expression si angélique qu'on se serait mis à genoux devant elle dans la rue.

— Et tout cela est vrai, chère enfant, et je l'ai vue renoncer à bien des soirées pour ne pas priver cette malheureuse femme de ses soins journaliers. « Je ne m'amuse plus dans le monde, me disait-elle en souriant. Je suis attachée ici par le berceau de mon fils et par mes pauvres. Les autres plaisirs ont perdu leur nom. » Et nous prétextions la grande distance qui nous sépare de la ville pour ne point accepter d'invitations.

— Est-ce la maison de Lucien qu'habitait la pauvre malade ? demanda Henri.

— Je ne connais pas Lucien, mon enfant.

— Papa, c'est le fils de l'ancien bedeau qui renversait toujours le pain béni à l'église et qui marche plié en deux, vous savez, père Marc !

— Voilà qui est clair à présent. Oui, c'est la maison de Lucien qu'habitait la malade.

Père Marc l'a eue par héritage. Il était parent éloigné de la protégée de ta mère :

— Aussi, reprit Gabrielle pensive, maman n'avait pas de plus grand plaisir que d'aller voir et consoler des gens qui souffraient ?

— Voir des gens qui souffrent n'est pas un plaisir, ma fille, quoiqu'il y ait une joie très-douce à les soulager, mais ta mère faisait ces choses par d'autres motifs. C'était une vaillante chrétienne, elle ne se contentait pas de lire l'Evangile, elle en observait toutes les lois ; elle n'avait pas seulement pitié des pauvres, elle les aimait.

Elle était la confidente de leurs embarras, de leurs chagrins, leur bienfaitrice, leur conseil. On la vénérait comme une sainte et parce qu'elle était jeune, belle, ayant toujours de douces paroles sur les lèvres; parce qu'elle était bienveillante et pleine de charité pour tous, on l'avait surnommée l'*Ange* de Mérans.

— Papa, pourquoi Victor disait-il ce matin que s'il possède le petit clos près de son jardin, c'est à maman qu'il le doit. Est-ce qu'elle lui en a fait cadeau?

— Non, mon enfant. La mère de Victor s'appelait Rosalie; elle avait donné à Eugène, le charron, son fils aîné, une somme d'argent assez importante pour acheter des outils et réservé pour Victor le petit clos dont il parlait aujourd'hui.

Rosalie mourut. Eugène dont l'argent était dépensé voulut encore sa part du clos. Il parlait de plaider contre son frère.

— Mais cela eût été tout à fait injuste, papa.

Certainement, ma fille, et de plus il aurait fallu vendre le clos et peut-être davantage pour payer le procès. Ta mère entreprit d'apaiser la querelle. Elle parvint à rencontrer Eugène dans un bon moment, c'est-à-dire un jour qu'il n'était point allé au cabaret, car il avait un faible pour le vin, et le vin troublait sa raison et le rendait méchant. Madame Demérans le raisonna, lui fit comprendre qu'attaquer son frère en justice pour lui ravir un bien qui lui appartenait légitimement, ce serait commettre une mauvaise action indigne d'un honnête homme. Bref, Eugène a du cœur malgré ses défauts, il est fier. Cette considération le toucha. Il promit de renoncer à ses projets, mais pour ne point le laisser exposé à la tentation de se démentir, ta mère lui fit signer un désistement de ses prétentions au clos de son frère, et c'est ainsi que ce dernier doit ce coin de terre à madame Demérans.

— Chère, chère maman, s'écria Gabrielle, comme je voudrais te ressembler ! Papa, ne trouvez-vous pas que je ne me mets plus si souvent en colère qu'autrefois ?

— C'est vrai, chère enfant, cependant le calme n'est point encore ta principale qualité et je t'ai vue l'autre jour appliquer un vigoureux soufflet sur la joue d'une fillette qui battait la petite jardinière. Le père n'aurait pas mieux fait.

— Oh ! papa, dit Gabrielle en rougissant, comprend-on que la grosse Juliette qui a huit ans batte Marianne qui n'en a que cinq ?

— Elle avait tort assurément...

— Et moi aussi, cher papa, interrompit Gabrielle en se jetant au cou de M. Demérans, je deviendrai patiente, vous verrez !

— Comme moi, dit Henri en riant.

— Pas quand il s'agit de batailles, toujours, dit Gabrielle, tu mets tout en désordre dans le château et je t'aide de mon mieux.

— Adieu, mes enfants, dit le père, allez à vos études et travaillez bien ; moi, je vais à mes affaires.

CHAPITRE XI.

LE CADEAU DU JOUR DE NAISSANCE.

Pierre venait d'achever sa leçon de lecture avec Gabrielle, lorsqu'un domestique apporta une petite boîte blanche cachetée.

— Monsieur m'a ordonné de remettre cela à Mademoiselle, dit-il.

Gabrielle ouvrit la boîte et poussa un cri de joie.

— Oh ! les ravissantes boucles d'oreilles ! s'écria-t-elle, regarde, Pierre ! viens voir, Julie ! c'est mon cadeau de jour de naissance, j'ai onze ans depuis ce matin.

Deux mains saisirent la tête de la petite fille par derrière et elle sentit un baiser sur son front.

— Es-tu contente, ma petite sœur ? demanda Henri.

— Oh ! je suis ravie ! vois comme ces perles sont belles, il n'y a rien de si joli que des perles fines.

— Alors tu me permettras de t'offrir la bague pareille aux boucles d'oreilles ; la voici. Si tu savais avec quelle impatience j'attendais le courrier ! j'ai cru cent fois que le bijoutier avait oublié la commande.

M. Demérans parut en ce moment, il venait jouir de la joie de sa fille et lui proposer une promenade en voiture pour l'après-midi, car on avait congé en l'honneur de son jour de naissance.

Gabrielle remercia avec effusion son père et son frère, accepta de grand cœur la promenade offerte et allait courir s'habiller, lorsqu'un souvenir la retint.

— Je dois une histoire à Pierre, papa, voilà qu'il lit presque couramment. Si vous vouliez, vous, qui en savez de si belles, en conter une pour tout le monde ? Nous serions bien contents.

Le père s'assit au milieu des enfants.

— Voulez-vous, demanda-t-il, que je vous apprenne comment on se procure ces jolies perles ?

— Oh ! oui, papa, dirent à la fois Gabrielle et Henri tandis que les yeux de Pierre exprimaient le même désir.

— Les perles, mes enfants, dit M. Demérans, se trouvent dans la mer.

— Ah ! s'écria Henri, voilà pourquoi on dit qu'elles sont d'une *belle eau*.

— Oui, les joailliers appellent *eau* l'éclat des perles parce qu'on suppose qu'elles sont formées par l'eau. Quand elles sont grosses, rondes, polies et d'une éclatante blancheur, elles ont un grand prix. Celles que nous avons données à Gabrielle sont de petites perles ; cependant elles rendent encore les bijoux fort chers.

— Et vous n'avez pas trouvé, cher papa, que des perles *vraies* fussent un trop grand cadeau pour une petite fille comme moi ?

— Si, j'ai eu cette idée, mais je n'aime pas le faux, et il a bien fallu me décider à faire à ma fille un présent au dessus de son âge.

— Oh ! merci, papa ! Ainsi lorsque je serai grande il n'y aura rien que de vrai dans mon écrin, et mon cœur, vous verrez, sera encore plus vrai que mes bijoux.

— Embrasse-moi, mignonne, pour cette parole-là, et puis tu nous diras où se trouve la mer des Indes, qui est riche en perles, et l'île de Ceylan si renommée pour cette pêche.

— Pierre le sait, papa, permettez que je lui laisse l'honneur de cette réponse. Dis, Pierre !

— La mer des Indes est en Asie, Monsieur. Elle forme les golfes d'Oman et du Bengale qui baignent les deux Indes, et je crois que l'île de Ceylan est au sud-est de l'Hindoustan.

— C'est bien, mon enfant, dit M. Demérans, tu me parais plus fort en géographie qu'en lecture.

— Oh ! papa, il saura bientôt lire, dit Gabrielle, fière de son élève, et sa sœur et ses petits frères en savent autant que lui. Je lui ai donné mon vieil atlas, il s'amuse à le regarder et y prend autant de plaisir que j'en ai à voir des images.

— Eh ! bien, quand Pierre saura lire, je lui donnerai aussi une récompense.

— Oh ! merci, Monsieur, s'écria l'enfant plein de joie, je vais redoubler de courage et d'attention.

CHAPITRE XII.

LES PERLES FINES.

— Maintenant revenons à nos perles, reprit M. Demérans. Elles se forment dans une espèce d'huître plus grosse que les huîtres ordinaires et, ce qui vous étonnera, c'est que les perles sont le résultat d'une maladie de ce mollusque. Le plus difficile est de pêcher les huîtres qui sont au fond de la mer attachées au rocher. C'est un travail pénible et dangereux entrepris ordinairement par les nègres ou par de très-pauvres gens. Dès l'enfance, on habitue ces pêcheurs à retenir longtemps leur haleine et à ne respirer qu'à de longs intervalles. Quand l'âge les a rendus forts et robustes, ils se livrent à ce rude métier et deviennent *plongeurs*, c'est-à-dire qu'ils plongent jusqu'au fond de la mer pour aller chercher les précieux coquillages.

Voici comment ils s'y prennent : chaque plongeur porte un filet suspendu à son cou et destiné à recevoir les huîtres ; il a des gants pour éviter de se déchirer les mains aux rochers. Sa main droite tient une corde à laquelle est attachée un poids de cinquante livres, qui l'entraîne au fond; de la main gauche il se bouche le nez après avoir respiré longuement ; il a le pied passé dans une espèce d'étrier, c'est ainsi qu'il descend au fond; de l'abîme. Aussitôt arrivé, il donne un signal à ses compagnons restés dans la barque pour qu'ils remontent la pierre, puis il ramasse promptement les coquilles, de manière à remplir son filet aussi vite que possible, il fait alors un autre signal pour qu'on remonte le filet, puis un troisième pour qu'on le remonte lui-même, car il est pressé de reprendre haleine.

Quand les plongeurs ne se noient pas, qu'ils ne sont pas suffoqués sous l'eau ou dévorés par un requin, ils n'exercent guère leur métier plus de cinq ou six ans. Au bout de ce temps ils languissent ou meurent d'une maladie de poitrine.

— Ainsi, papa, dit Gabrielle, ces jolies perles coûtent la vie aux malheureux qui les vont chercher ? Cela est bien triste.

— On a inventé depuis quelque temps des appareils très-ingénieux au moyen desquels on peut respirer sous l'eau et même y travailler. Mais ces appareils coûtent fort cher. Espérons que la science en découvrira d'autres qui rendront moins pénible le métier des pêcheurs de perles.

— Mais les requins, papa, dit Henri, aucun appareil ne leur fera peur ; j'ai lu quelque part qu'une fois qu'ils ont goûté la chair humaine ils en deviennent très-friands.

— Cela est vrai. Le requin est une des puissances de la mer ; sa voracité et sa force le rendent redoutables aux plus grands monstres de l'Océan. Supposez un animal ayant cinq mètres de long, avec une gueule armée de cent trente-quatre dents pointues qui vous coupent un homme en deux d'un seul coup, vous n'aimeriez point, je suis sûr, à le rencontrer sur votre chemin, n'est-ce pas, Pierre ?

— Oh ! non, Monsieur.

— Le requin, étant avide de chair humaine, est l'ennemi particulier du pêcheur de perles. Aussi le plongeur est-il obligé de s'armer pour descendre dans la mer, car il lui faut quelquefois livrer, pour sauver sa vie, un terrible combat.

— Est-ce qu'il est possible de combattre une bête longue de cinq mètres et méchante comme un requin, demanda Gabrielle.

— Oui, mon enfant. D'abord, le requin, au lieu d'avoir la gueule placée à l'extrémité de la tête comme tous les poissons, l'a sur le côté, de sorte que, pour saisir sa proie, il est obligé de se coucher sur l'autre côté. Pendant ce temps, si sa victime est agile, elle peut lui échapper.

— Et quelles sont les armes du plongeur contre cette terrible bête ? dit Henri.

— C'est un simple couteau bien tranchant. Quant le plongeur aperçoit un requin, il descend précipitamment dans la mer, puis il remonte aussi vite et frappe plusieurs fois le ventre de son ennemi avec le couteau. Le requin est blessé à mort avant d'avoir eu le temps de se préparer à l'attaque.

— Oh ! mes jolies perles, dit Gabrielle, à quels périls il faut s'exposer pour vous dérober à la mer ! Si toutes les femmes pensaient comme moi, on laisserait les huîtres à perles se guérir en paix dans leurs profondes retraites.

— L'amour de la parure n'est point la seule cause du commerce des perles, l'amour de l'or surtout pousse les hommes à risquer leur vie et à l'abréger d'une manière notable dans ces rudes travaux. Je ne sais si le plongeur est payé en raison de sa peine, mais j'estime cette peine au dessus de tout salaire.

— Et moi aussi, Monsieur, dit Pierre, et j'aime mieux gagner ma vie par un modeste travail, humblement rétribué, que de m'enrichir par un commerce si dangereux.

— Je serais cependant fier de terrasser un requin, dit Henri.

— C'est grand dommage qu'il n'y en ait point dans l'étang, répondit Gabrielle, tu livrerais des combats navals, mon petit frère, et l'histoire raconterait tes exploits.

— En attendant, va t'habiller, ma fille, je vais faire atteler la voiture.

— C'est dommage que Pierre n'ait pas congé aussi, dit Henri, nous l'emmènerions.

— Je vous remercie, M. Henri, mais je suis trop

heureux d'être occupé pour désirer autre chose. M. le curé nous a dit hier au catéchisme qu'il faut aimer ses devoirs, je tâche d'aimer les miens et me trouve content.

— Et tu fais bien, mon enfant, dit M. Demérans, c'est la vraie sagesse et le vrai bonheur.

CHAPITRE XIII.

LA PREMIÈRE COMMUNION.

Cependant Baptiste, le père de Pierre, après une longue convalescence, avait enfin recouvré ses forces. Au lieu de reprendre son métier de journalier, il préféra travailler à la filature comme plusieurs de ses voisins. Là, l'ouvrage ne manquait jamais et la *paie* se faisait régulièrement chaque samedi. Marianne, de son côté, moins absorbée par ses enfants qui grandissaient, pouvait de temps à autre accepter des *journées* et on la demandait de préférence, car elle était bonne, laborieuse et toujours de belle humeur. Son salaire, celui de Baptiste ramenèrent enfin à la maison sinon l'abondance, du moins un peu de bien-être.

On commença de payer les petites dettes.

— Les dettes, se disait Marianne, c'est là mon plus grand chagrin, je suis toute honteuse quand je retourne chez l'épicier et chez le boulanger de ne pouvoir encore demander leur compte; et le médecin ? Mais, lui, ce sera le dernier, il n'attend point après cela pour vivre.

Aussi la plus stricte économie régnait-elle dans le pauvre ménage. Le garde-robe de Gabrielle fournissait des vêtements à la petite Ursule. Henri donnait les siens à Pierre, et comme le jeune Demérans était généreux, Marianne pouvait encore habiller ses deux petits Jacques et Lucien avec les objets de toilette qui ne servaient point à leur frère aîné.

Un soir Pierre revint à la maison, le front rayonnant de plaisir, il montra mystérieusement aux petits un gros nœud qu'il avait fait à son mouchoir pour y renfermer sans doute quelque chose de précieux. Sa mère sourit, car elle devina bien vite.

— On t'a payé plus tôt que d'habitude, mon garçon, dit-elle.

— Non, mère, c'est bien autre chose : ce matin, pendant que M. le curé nous faisait le catéchisme, M. Demérans est entré pour écouter comment nous répondions ; je savais très-bien ma leçon, mais j'avais peur de me tromper aux explications, heureusement M. le curé est revenu sur les commandements de Dieu que je sais très-bien, et M. Demérans a été si content de moi qu'il m'a donné trois belles pièces de vingt sous toutes neuves !

— Voyons ! voyons ! crièrent les petits.

Pierre leur montra les pièces blanches qu'ils admirèrent, puis il les remit à Marianne pour qu'elle les serrât dans l'armoire.

— M. Demérans est bien bon pour toi, mon Pierre, dit la brave femme, et tu as gagné plus que moi aujourd'hui, tâche, mon enfant, de mériter toujours par ta bonne conduite l'estime de ton bienfaiteur. Il y en a qui le trouvent sévère, moi, je déclare qu'il n'y a point sur la terre un homme meilleur ni plus charitable.

— M. Deméraus est sévère pour ceux qui font mal, maman, mais il aime celui qui remplit son devoir. Je l'ai entendu hier dire au garde-champêtre en parlant d'Éloi : « M. Vatou, pour moi, les pauvres sont autant que les riches, et j'estime un ouvrier honnête homme à l'égal d'un sénateur, voilà pourquoi je donne une poignée de main à Éloi avec autant de plaisir qu'à mon parent le général. » Il n'est pas fier M. Demérans ni M. Henri non plus, et Melle Gabrielle donc, comme elle parle à tout le monde, et avec tant d'amabilité et de grâce !

— C'est comme sa mère l'*Ange de Mérans*, aussi ils ne vivent pas ceux-là, ce serait trop de bonheur. Dire qu'elle est morte si jeune, elle qui faisait tant de bien ! Pauvre petite Melle Gabrielle ! N'avoir pas connu une mère comme celle-là ! Et Marianne se mit à raconter aux enfants tout ce qu'elle savait de Mme Demérans. C'était sa manière d'exprimer sa reconnaissance pour tous les bienfaits de cette généreuse famille.

Pierre voulut aussi témoigner sa gratitude à ses bienfaiteurs. On le vit un jour courir au château tenant à la main un beau *paroissien* doré sur tranches. C'était un prix de *catéchisme*, fruit de son application et de son succès.

— C'est bien, mon enfant, dit M. Demérans, en l'embrassant : je suis content de toi.

Deux mois après une foule immense se pressait dans l'église du village. Tous les habitants de Polhay et de Mérans étaient réunis ; l'autel, paré comme aux plus beaux jours, étincelait de mille lumières. Les pompiers, en grand uniforme, se tenaient debout dans la nef, et leur capitaine entouré de ses officiers avait pris place dans le chœur. Le banc de M. Demérans était au complet. C'était un grand jour en effet ; on célébrait la fête du Saint-Sacrement et on faisait les premières communions.

Les regards des mères ne quittaient point les enfants, chacune cherchait le sien dans les rangs pressés des petits garçons ou sous les voiles blancs des jeunes filles et d'ineffables émotions remplissaient les cœurs.

Marianne aperçut son Pierre, on l'avait mis le premier comme au catéchisme et il devait réciter les *Actes* avant la communion. La pauvre mère fière de cet honneur attendait le moment solennel avec impatience.

Pierre a été comblé de présents au château : M. Demérans lui a donné ses habits de première communion, Gabrielle et Henri y ajoutèrent le livre, le chapelet, jusqu'au cierge, Julie lui attacha au bras le nœud de ruban blanc. M. Demérans lui adressa quelques pieuses paroles et l'enfant les quitta comme une autre famille dont les vœux l'accompagneraient pendant l'auguste cérémonie. Marianne avait vu tout cela et maintenant elle regardait son fils à l'église, le modèle des autres par son recueillement et sa piété, elle était fière, elle était heureuse, cependant de nouvelles joies l'attendaient encore.

La messe continua et bientôt, au milieu du silence de la foule prosternée, une voix juvénile, grave, émue, prononça lentement les actes avant la communion. Le cœur de Marianne battit plus fort, elle était si touchante la voix de son enfant !

Puis, deux à deux, les jeunes communiants s'approchèrent de la table sainte pour y recevoir le Dieu qui se donne aux petits et aux faibles et des instants bénis s'écoulèrent dans le silence de l'adoration.

Les yeux des mères étaient pleins de larmes, la prière montait vers Dieu de toutes les âmes pour ces enfants si purs et si doux devant lesquels demain la vie s'ouvrira sérieuse avec ses fatigues, ses luttes, ses périls aussi. Car à la campagne, dans la famille du pauvre surtout, la première communion met souvent un terme à la liberté insouciante et joyeuse de l'enfance ; l'écolier d'hier devient presque un homme, il faut songer à l'apprentissage ou à quelque travail facile par lequel il puisse commencer à gagner sa vie. Quelques uns s'en vont loin du pays natal, d'autres quittent la maison paternelle pour entrer au service d'un maître exigeant, et ce n'est point toujours le bonheur qui les attend. Ces réflexions vinrent sans doute à l'esprit de plusieurs durant la sainte cérémonie et elles les ajoutèrent à leur émotion.

La messe achevée, chacun reprit son enfant et la foule se divisa pour suivre les chemins de Mérans et de Polhay.

CHAPITRE XIV.

LES FAMILIERS DE GABRIELLE.

Au sortir de l'église, Pierre aussi rejoignit ses parents et ils se disposaient à partir comme les autres, lorsque Henri et Gabrielle accoururent à leur rencontre.

— Madame, dit mademoiselle Demérans en s'adressant à Marianne, papa m'a permis de vous demander si vous voudriez bien nous donner Pierre pour le déjeuner, cela lui évitera la peine de faire deux fois le chemin de Polhay et nous aurons du plaisir à fêter sa première communion. Consentez-vous à nous le donner ?

— De tout mon cœur, Mademoiselle Gabrielle, s'écria Marianne toute confuse et toute fière de cette invitation. C'est bien trop d'honneur que vous nous faites et...

— Le bon Dieu lui a fait bien plus d'honneur encore ce matin, interrompit la vive Gabrielle; alors c'est convenu, bonne Marianne, je l'emmène et vous remercie.

Elle prit la main de son élève et tous trois partirent en courant vers la porte du parc où les attendait M. Demérans.

Pendant le repas, Gabrielle fut pleine d'attentions pour son protégé, elle veillait si bien à ce qu'on lui servît de bons morceaux qu'Henri s'écria :

— Voilà que tu deviens gourmande pour Pierre, ma petite sœur, laisse-le un peu tranquille. Il se croit obligé de manger pour te faire plaisir et quand viendra le dessert il n'aura plus faim.

M. Demérans sourit et observa qu'en effet, le dessert, commandé par sa fille, méritait que Pierre y fît honneur.

Après le déjeuner, comme il restait encore deux heures jusqu'aux vêpres, M. Demérans se dirigea vers un berceau couvert de chèvrefeuille où il aimait à s'asseoir et les enfants l'y suivirent.

Bientôt une volée de pigeons s'abattit autour d'eux, c'étaient les favoris de Gabrielle, elle leur distribua des miettes de pain préparées pour eux et prit plaisir à voir avec quelle rapidité ils les faisaient disparaître. Henri, de son côté partageait à quelques chiens de belle race des morceaux qui semblaient tout-à-fait de leur goût. Il chargea Pierre d'en donner une grande portion à un superbe *terre-neuve* de haute taille, dont la fière attitude et le regard scrutateur inspiraient plus de respect que de confiance à tous ceux qui n'étaient point ses amis.

— Il est bon que tu fasses quelque politesse à *Caro*, dit Henri, afin qu'il te prenne en amitié; malgré son air rébarbatif, c'est le meilleur animal que je connaisse, cependant il fait peur à tout le monde, à Julien surtout.

— Et à moi aussi, monsieur Henri ; est-ce qu'il a mordu Julien ?

— Je ne crois pas ; voici l'histoire : Julien, envoyé par M. Edmond chez le jardinier, entra par l'avenue au lieu de passer par le sentier derrière les massifs. *Caro* dormait sous la marquise, mais d'un œil seulement, car il aperçut Julien, ne fit qu'un bond jusqu'à lui, le saisit par ses vêtements et le jeta ou le traîna en une seconde jusqu'à la grille. Là il s'assit gravement comme s'il montait la garde, tandis que papa accourait au secours de Julien attiré par ses cris terribles et le croyant déjà à moitié étranglé. Nous avons bien ri de cette exécution. *Caro* est généreux, il attaque les gens armés de bâton et se borne à poursuivre les autres, n'est-ce pas, Caro ?

Le terre-neuve jeta une patte sur l'épaule de son jeune maître et lui prodigua plus de caresses que celui-ci n'en désirait. Pierre l'appela à son tour et passa la main plusieurs fois sur sa grosse tête velue. Caro se laissa faire et même poussa la familiarité jusqu'à se dresser tout grand devant lui en appuyant les pattes sur son bras, il le regarda, le flaira et finit par le lécher.

— Vous voilà amis, dit Gabrielle, mais ce que je

n'aurais pas cru, c'est qu'il est plus grand que toi de toute la tête quand il se tient debout. Allons ! Caro ! à bas ! c'est dimanche aujourd'hui et vous chiffonnez ma robe.

Les enfants rentrèrent sous le berceau où le terre-neuve les suivit. M. Demérans quitta son journal et leur demanda ce qu'ils voulaient faire.

— Moi, je veux bien rester là, dit Gabrielle, nous causerons.

— Ou nous écouterons, ajouta Henri.

— Ce qui veut dire que je parlerai, ajouta en riant M. Demérans, et toi, Pierre ?

— Oh ! Monsieur, j'aime tant les histoires vraies !

— Voilà le mot prononcé, encore une histoire ! Allons ! c'est fête, c'est la première communion, je ne m'y refuserai pas.

Les enfants se rapprochèrent et firent silence.

CHAPITRE XV.

HISTOIRE DU SIÉGE D'ORLÉANS.

— Le roi de France Charles VI venait de mourir après un règne désastreux. La guerre désolait notre pauvre pays. Les Anglais, maîtres du royaume, remplissaient de leurs soldats nos villes et nos campagnes. Partout on livrait des batailles, et presque partout les ennemis remportaient la victoire.

Pendant ce temps-là, le nouveau roi de France, Charles VII vivait tristement, entouré de quelques amis dans le château d'Espailly, près du Puy, C'est là que lui vinrent, presque à la fois, trois nouvelles qui l'accablèrent de chagrin : la première fut la mort de son père, la seconde, que le roi anglais venait d'être proclamé, à Paris, héritier de la couronne de France, enfin la troisième, que l'ennemi s'avançait vers Orléans pour achever de conquérir les provinces au-delà de la Loire qui étaient fidèles à Charles VII.

Qu'allait-il faire ce jeune roi de vingt ans, dépouillé, abandonné, sans armée, sans argent, trahi par le duc de Bourgogne qui s'entendait avec l'ennemi ?

Il ne lui restait plus qu'une seule ville ; aussi les Anglais, par dérision, l'appelaient le *roi de Bourges*. Tout semblait perdu. Orléans toutefois s'apprêtait à la résistance. La fleur de la chevalerie s'était jetée dans ses murs, les plus braves guerriers accouraient de toutes parts au secours de la ville menacée. Xaintrailles, Dunois, d'autres de grand renom portèrent le secours de leurs bras au gouverneur de la ville, le vaillant chevalier de Gaucourt.

Il faut pourtant vous avouer, mes enfants, que dans ces terribles moments le courage de Charles VII ne fut point toujours à la hauteur du péril. La douleur le poussait au découragement, et pour étourdir son chagrin, il donnait des fêtes. Heureusement, il avait autour de lui des amis fidèles qui ne craignirent point de le blesser par de sévères avis. Un de ceux-là, nommé La Hire, arriva chez le roi la veille d'une partie de plaisir. Charles lui montra ses préparatifs.

— Qu'en pensez-vous ? demanda-t-il au guerrier.

— Je pense, répondit La Hire, qu'il est impossible de perdre plus gaiement son royaume.

Une autre fois c'était Agnès Sorel, dame d'honneur de la reine et qui avait une grande influence sur le roi.

— Sire, lui dit-elle, je viens vous demander la permission de quitter la cour et de me retirer ailleurs.

— Et pourquoi, demanda Charles étonné, où voulez-vous aller ?

— Les astronomes m'ont assurée que je recevrai les hommages du plus grand roi de l'Europe, je vais donc aller trouver le roi d'Angleterre, puisque votre majesté renonce à ce glorieux titre.

Ces fières paroles, auxquelles se joignirent les conseils et les reproches de la reine, déterminèrent le roi à ne pas fuir dans le Dauphiné comme il l'avait résolu. Il fut décidé qu'on se défendrait pied à pied.

Mais il devenait chaque jour plus visible que la résistance serait impossible. Orléans assiégée depuis cinq mois allait manquer de vivres, les ennemis l'investissaient de toutes parts. Dunois, ayant essayé de surprendre un convoi de vivres destiné aux Anglais, avait été repoussé à la journée *des harengs*.

Le jeune roi, accablé de douleur, tourne les yeux vers le ciel, il se retire en son oratoire et là, prosterné :

« Seigneur, s'écrie-t-il, s'il est vrai que je suis l'hé-
« ritier légitime de la maison de France, et que selon
« la justice le royaume doive m'appartenir, qu'il vous
« plaise me le défendre et le garder ! »

En ce temps-là, mes enfants, il y avait au village de Domremy, sur les marches de la Champagne, une jeune fille nommée Jeanne d'Arc, destinée par Dieu à sauver son pays. Ses parents l'élevaient dans la piété ; elle avait une grande sagesse et un cœur généreux. Depuis sa naissance elle entendait parler des malheurs et de la misère du pauvre peuple de France ; ces récits lamentables lui inspiraient une profonde pitié et aussi une généreuse indignation contre les Anglais et les Bourguignons cause de tous ces maux.

Jeanne gardait les brebis de son père et grandissait dans la modestie et le silence. Son plaisir était de tresser des guirlandes de fleurs pour en couronner l'image de Notre-Dame de Domremy. Elle priait Dieu pour la France avec une grande farveur.

Dès l'âge de treize ans elle entendit des voix mystérieuses qui lui recommandaient d'être bonne et sage et lui révélaient des secrets d'avenir. L'humble bergère se consacra à Dieu et plus que jamais s'appliqua à le servir par l'accomplissement de tous ses devoirs. Aussi la jeune fille était le modèle du village.

Douce, charitable, pleine d'édification et de bon conseil, ses compagnes la chérissaient et les habitants du hameau répétaient en parlant d'elle : « C'est une « créature de Dieu ! »

Une vision extraordinaire apparut à Jeanne dans le jardin de son père. La voix lui disait de quitter les brebis et d'aller au secours du roi. Une autre fois plusieurs personnages vinrent à elle dans une prairie. C'était l'archange saint Michel avec des légions d'anges. Il lui ordonna de se préparer à faire lever le siége d'Orléans. Dieu voulait sauver la France et c'est elle qu'il avait choisie pour ce dessein.

Jeanne se mit à pleurer. Mais l'Archange la consola et lui recommanda qu'avant tout *elle fût bonne enfant et que Dieu lui aiderait*. Puis il lui raconta *la grande pitié qui était au royaume de France.*

Jeanne s'habitua à ces visions et à ces voix mystérieuses. Elle se laissa guider par elles et le jour vint où malgré sa timidité, ses répugnances, ses craintes aussi, malgré son père, qui *aurait mieux aimé la voir noyée que parmi les hommes d'armes*, elle partit pour obéir à l'ordre du ciel.

Jeanne s'adresse au capitaine de Baudricourt commandant de Vaucouleurs.

— Capitaine, Messire, lui dit-elle, sachez que Dieu m'a plusieurs fois commandé d'aller trouver le Dauphin qui est le vrai roi de France pour qu'il me donne des troupes et que je fasse lever le siége d'Orléans.

Baudricourt la traite de folle et ceux qui l'entourent commencent des railleries, mais la dignité de Jeanne impose le respect. Elle retourne à Baudricourt :

— Au nom de Dieu, lui dit-elle, vous tardez trop à m'envoyer, car aujourd'hui le Dauphin vient d'éprouver grand dommage auprès d'Orléans, et il en subira encore de plus grands si vous ne m'envoyez bientôt vers lui.

Jeanne faisait allusion à la journée *des harengs;* l'échec de Dunois fut annoncé peu après au commandant de Vaucouleurs. Il résolut de faire partir la jeune fille.

Déjà le peuple avait foi en sa mission. La ville de Vaucouleurs lui offrit une armure; Baudricourt lui donna un cheval et une épée. Elle partit avec une faible escorte.

Rien de plus merveilleux que ce voyage à travers cent cinquante lieues de pays ennemis. Mais dans les mauvaises rencontres la foi de Jeanne ranimait le courage de ses compagnons. Après onze jours de fatigues et de dangers la jeune fille arrive à Chinon et se présente au roi.

Charles s'était mêlé parmi les courtisans, aucun signe de majesté ne le distinguait. Elle va droit à lui, embrasse ses genoux selon la coutume du temps et le salue par ces mots:

— Dieu vous donne longue vie, gentil roi !

— Ce n'est pas moi, Jeanne, qui suis le roi, répond Charles pour l'éprouver.

— Eh ! mon Dieu, gentil prince, c'est vous et non un autre.

Puis elle lui expose la mission dont la première partie consistait à faire lever le siége d'Orléans.

Et afin que le roi n'hésitât point, elle ajoute :

— Je te dis de la part de Messire que tu es le vrai héritier de France et fils du roi.

C'était la réponse à la prière de l'oratoire, cette prière secrète qui de l'âme du roi avait monté vers Dieu.

Le peuple comme toujours se déclare le premier, il salue en Jeanne l'envoyée de Dieu. Les prélats et les docteurs l'interrogent en présence des princes. Les réponses de la jeune bergère les remplissent d'admiration. On la mène aux savants de l'université de Poitiers. Elle les confond par la sagesse de ses paroles.

— Si Dieu veut sauver la France, dit l'un d'eux, il n'a pas besoin de gens d'armes.

— Les gens d'armes batailleront et Dieu donnera la victoire, répond Jeanne.

— Quel langage parlent vos voix ? demande avec son accent limousin frère Séguin qui l'interrogeait d'un air malveillant.

— Meilleur que le vôtre, répondit-elle avec un peu d'impatience.

— Si vous ne donnez pas d'autres signes pour faire croire à vos paroles, le roi ne pourra vous confier ses hommes d'armes, car vous les mettrez en péril.

— Ce n'est pas à Poitiers que je suis envoyée, s'écria Jeanne, mais à Orléans. Le signe que je dois donner, c'est de faire lever le siége d'Orléans.

Enfin l'on céda. Et d'ailleurs, il était temps. Orléans

périssait. On fit à la jeune fille une armure complète. Elle ceignit une vieille épée marquée de cinq croix qu'on alla chercher par son ordre dans la chapelle de Sainte-Catherine-de-Vierbois. Elle portait un étendard blanc semé de fleurs de lis sur lequel était représenté le Sauveur du monde avec un globe dans ses mains. De l'autre côté de l'étendard, on voyait les noms: *Jésus, Maria.*

Elle partit pour Blois à la tête de 6.000 hommes. Autour d'elle se pressaient les chefs de guerre : Lahire, Gaucourt, d'autres vaillants chevaliers. On prend à Blois un convoi de vivres et la troupe se met en marche vers Orléans. Dunois fait une sortie pour protéger l'entrée des secours, et Jeanne arrive en triomphe dans la ville assiégée, aux acclamations de la multitude qui l'entoure et la bénit.

Dès lors tout change de face ; Jeanne et Dunois font des sorties victorieuses et ravitaillent la ville. D'autre part, on se bat avec acharnement, et quand la victoire est douteuse, Jeanne paraît et les ennemis reculent. Partout où s'avance la blanche bannière de la jeune fille, le triomphe est assuré.

Cependant les Anglais avaient construit de formidables ouvrages. Il y en avait un du côté du pont qui, de l'avis de tous, était imprenable. Il fallait cependant l'attaquer, le salut de la ville en dépendait. Les plus braves s'y précipitèrent. Au plus fort de l'attaque Jeanne fut blessée au cou. L'invincible guerrière vit son sang couler et pleura comme une jeune fille, mais ses voix la consolèrent elle revint de sa défaillance. Dunois voulait abandonner le combat; Jeanne le supplie de continuer et bientôt reparaît elle-même au milieu de la mêlée. Sa présence ranima le courage des troupes, on fit des prodiges de valeur.

Les Anglais furent chassés. Un de leurs chefs périt et le lendemain ils levèrent le siége.

La jeune héroïne rentra dans la ville au son des cloches, à la tête des troupes comme un général. Tout le monde lui attribua la victoire et le peuple rendit à Dieu de ferventes actions de grâces.

Le duc d'Alençon, général en chef de l'armée royale, étant arrivé sur ces entrefaites, voulut visiter les redoutes anglaises ; il ne put s'empêcher d'avouer que sans un miracle il eût été impossible de les prendre. Les autres chefs parlaient comme lui. L'intervention divine leur semblait manifeste et ils s'en réjouissaient.

Il fallait maintenant conduire le roi à Reims pour l'y faire sacrer ; c'était la seconde partie de la mission de Jeanne. Rien de plus impraticable en apparence que ce hardi projet : il fallait traverser quatre-vingts lieues de pays occupés par les Anglais. Aucun général n'approuva ce dessein. Charles VII ne résista point cependant aux instances de la jeune fille.

On partit de Gien le 28 juin avec 12,000 hommes, sans vivres, sans artillerie. Auxerre se soumit. Troyes, sommée de se rendre, s'y refusa. On s'arrêta six jours devant ses murailles. Le découragement s'emparait de l'armée.

— Donnez l'assaut, dit Jeanne appelée au conseil du roi ; demain vous aurez la ville.

Et elle-même prépara l'assaut, mais il n'eut point lieu. Troyes se rendit.

Châlons ouvrit ses portes, Reims chassa la garnison anglaise et arbora le drapeau royal. Le roi fit son entrée solennelle dans la ville de saint Remi le 17 juillet. Son voyage avait duré dix-neuf jours.

Alors Charles VII fut sacré en grande pompe et la puissance des Anglais commença de déchoir ; peu à peu, ils furent chassés de France et le peuple donna au roi le nom de *Victorieux*.

— Oh ! papa, quelle belle histoire, s'écria Gabrielle. Je suis bien contente de voir que Dieu protége notre pays et qu'il a donné tant de courage et de force à une jeune fille pour chasser ces vilains Anglais. Le souvenir de Jeanne d'Arc nous encouragera à prier pour la France, n'est-ce pas, Pierre ?

— Je vous assure, Mademoiselle, que je le ferai de tout mon cœur.

— Et moi, dit Henri, si elle a besoin de mon bras, je serai fier de la défendre et de la servir jusqu'à la mort.

— C'est notre devoir à tous, mon enfant, répondit M. Demérans. Mais comme les vêpres viennent de sonner, allez vite prendre vos chapeaux et vos livres et nous irons à l'église.

CHAPITRE XVI.

MONSIEUR PAUL.

Il y avait depuis trois semaines à Polhay un nouvel habitant. C'était le contre-maître de la filature venu de Paris, disait-on, et inconnu de tout le monde, même de M. Richard. Cet étranger se montrait peu communicatif : il vivait seul, prenait ses repas à l'auberge et ne liait conversation avec personne. On avait bien essayé de le faire parler, mais sans le moindre succès. D'ailleurs ses manières distinguées et je ne sais quoi de digne et de grave dans toute sa personne commandaient la réserve et inspiraient le respect. Force fut donc de se tenir à distance comme il semblait le désirer, et la curiosité, cette fois, ne fut aucunement satisfaite.

Pourquoi M. Paul demeurait-il à Polhay au lieu de se fixer à Mérans, ce qui eût été plus commode pour lui ? — Pourquoi avait-il l'air sévère et quelquefois si triste ? — Pourquoi ne prenait-il personne pour faire son ménage et avait-il loué une si modeste maison, lui qui devait avoir de gros appointements ? — Toutes ces questions restaient sans réponse et tourmentaient l'esprit des commères de l'endroit et des habitués du *Cheval-Rouge*, enseigne de l'auberge tenue par M. Arsène Grandguillot.

Madame Richard n'était pas la moins intriguée par le mystère qui paraissait entourer l'étranger. M. Demérans avait fait venir le contre-maître sans en parler à M. Richard, et ce manque de confiance avait médiocrement flatté la femme du régisseur. Il n'en fallait pas davantage pour l'indisposer contre le nouveau venu, et elle s'exprimait sur son compte avec aigreur : « — Quand on est honnête homme on ne se cache pas comme çà ! Tout le monde connaît les parents de M. Richard, nous pouvons marcher la tête haute sans qu'on ait le droit de nous rien dire. C'est un malheur quand on ne peut pas parler de sa famille ! »

Tels étaient les propos par lesquels madame Richard se vengeait d'ignorer autant que les autres les affaires du contre-maître. Il n'était pas impossible qu'un peu de dépit ne se mêlât aux déceptions de sa curiosité. On n'avait point manqué de remarquer la poignée de main que M. Demérans donnait à M. Paul chaque fois qu'il entrait à la filature, et la cordialité sympathique de ses paroles quand il s'adressait à lui. L'étranger abandonnait, avec M. Demérans, la froide réserve qu'il gardait avec les autres. Des conversations animées s'engageaient entre eux sur toutes sortes de sujets, principalement sur les moyens d'améliorer le sort des ouvriers, de les instruire, de les moraliser.

— C'est un homme savant, ce M. Paul, disait un jour les ouvriers en s'en retournant, il parle de tout en fin connaisseur et voilà M. Demérans qui ne fait plus rien sans le consulter.

— On voit qu'il n'en est pas à faire son apprentissage, ajoutaient-ils. Comme ça vous mène les ouvriers ! Jamais une parole de trop, et des ordres si précis, des mots si clairs ! Et avec cela quelle justice et quelle politesse ! on est toujours prêt à mettre la main à sa casquette.

— C'est peut-être quelque grand personnage ruiné et c'est pour cela qu'il ne veut pas frayer avec le pauvre monde.

— Quelques-uns disent que tous ses enfants ont péri dans l'expédition de Chine et qu'il a de grands chagrins.

— Au fond personne n'en sait rien, dit enfin un ouvrier plus sensé que les autres, et du moment qu'il fait notre affaire, je crois que le mieux est de le laisser tranquille. C'est bon pour les femmes tous ces commérages-là.

Notre société venait d'arriver au sommet de la montagne lors qu'un jeune garçon courant à toutes jambes passa comme une flèche à côté d'eux.

— Qu'y a-t-il donc, Tony ? cria-t-on.

Il n'entendit point; mais le maréchal, qui était sur le pas de sa porte, leur répondit :

— C'est Félicité qu'on vient de trouver morte dans sa maison. Tony va chercher M. le curé.

— Alors c'est qu'elle n'est pas morte tout-à-fait, j'y cours, dit un ouvrier proche parent de la blanchisseuse.

Ses camarades le suivirent. Il y avait déjà beaucoup

de monde autour de Félicité, entre autres Marianne et Baptiste ses voisins. M. Paul y était aussi, il faisait frictionner la malade, et dirigeait les secours ; par son ordre la foule, qui arrivait de tous côtés pour offrir ses services ou savoir des nouvelles, se tint dehors et dégagea la maison dont toutes les fenêtres furent ouvertes. Enfin après de longs moments d'anxiété Félicité ouvrit les yeux et se mit à respirer.

— Elle est sauvée, dit M. Paul.

En effet, elle revint bientôt complétement à elle et parut étonnée de se voir au milieu de tant de monde. Elle se souvenait de s'être endormie auprès de son poêle à repasser et n'avait aucune connaissance de ce qui lui était arrivé ensuite. M. le curé survint en ce moment et fut tout heureux d'apprendre qu'il ne perdrait point l'une de ses meilleures paroissiennes.

Pendant ce temps les voisins assis dans la cour sur des arbres causaient de l'événement.

— C'est toujours une drôle de chose, disait l'un qu'on se trouve mort comme ça tout d'un coup, on ne voit pas le mal venir, on ne peut pas crier : au secours ! Sans ma femme, qui est venue apporter un bonnet à blanchir à Félicité, la pauvre fille n'était plus de ce monde. Grâce encore à ce que M. Paul est aussi un médecin, car nous n'aurions pas su comment la traiter, et elle a eu du mal à revenir; mais lui, il s'est mis à genoux à côté d'elle et il lui a soufflé dans la bouche et dans les narines avec un tuyau de pipe et il a fait faire cinquante choses que je ne saurais dire.

— En ce cas, dit Grandguillot, je suis content que ce monsieur habite ici, car on ne sait pas ce qui peut arriver, et lorsqu'il faut aller chercher un médecin à la ville, le malade a le temps de mourir avant qu'il lui vienne du secours.

A ce moment, M. le curé passa pour s'en retourner, tout le monde ôta sa casquette et le premier interlocuteur s'adressant au prêtre répéta d'un air soucieux la phrase qui exprimait son idée fixe :

— C'est égal, M. le curé, c'est drôle tout de même qu'un accident pareil vous frappe si vite ! Moi qui dors pendant les soirées d'hiver avec mon poêle entre mes jambes, il m'arrivera malheur aussi, vous verrez ! Est-ce que vous comprenez qu'on tombe comme çà sans le sentir ?

— Oui, mon brave Nicolas, et ce serait facile à vous expliquer, si nous avions le temps.

— Ce serait de bon cœur que nous entendrions ça, M. le curé, dirent les autres ; avec votre permission, il y dans la rue un arbre assez long pour nous tous et Jean vous apportera une chaise.

On s'installa sur le banc improvisé, quelques gamins s'assirent par terre, Pierre voyant venir M. Paul, demanda une seconde chaise à Mme Grandguillot, et le contre-maître se plaça à côté de M. le curé ; plusieurs femmes grossirent le nombre des auditeurs et chacun prêta l'oreille.

CHAPITRE XVII.

CE QUE NOUS RESPIRONS.

M. le Curé. — Pour commencer par le commencement, il faut vous dire, mes amis, que l'air se compose de deux gaz. Le premier s'appelle *oxygène*, c'est le plus important, mais il ressemble au bon vin qui pris en trop grande quantité devient capiteux, et au lieu d'alimenter la vie finirait par donner la mort. Nous tempérons sa force avec de l'eau pour en faire notre boisson habituelle, et d'ordinaire nous mettons plus d'eau que de vin. Eh bien ! le bon Dieu a fait la même chose pour que l'*oxygène* ne nous fasse point de mal quand nous respirons, il l'a mêlé avec un autre gaz nommé *azote*, lequel ne sert absolument qu'à diminuer la force de l'*oxygène*.

Aussi l'*azote* est répandu dans l'air avec abondance ; sur 100 parties d'air, vous avez 21 parties d'oxygène et 79 d'azote.

NICOLAS. — Çà fait du vin qui ne tourne pas la tête celui-là ! Si on baptisait comme ça celui de Grandguillot, il n'y aurait pas de danger qu'on fasse des zigzags en revenant. Mais comment peut-on savoir qu'il y a tout cela dans l'air ? Je ne sais pas si j'ai la tête plus dure qu'un autre, pourtant j'ai de la peine à croire qu'on puisse examiner une chose qui ne se voit pas.

MATHURIN. — Ce sont des savants qui font cela et non pas des paysans comme nous.

M. LE CURÉ. — Il serait facile de vous prouver l'existence des deux gaz de l'air par des expériences fort simples, mais ce serait peut-être un peu long.

M. PAUL. — Si vous voulez m'accorder cinq minutes, M. le curé, elles me suffiront j'espère pour convaincre Nicolas.

M. LE CURÉ. — Avec grand plaisir, Monsieur, et je vous remercie de votre concours.

M. PAUL. — Je demande seulement une jatte pleine d'eau, un bocal, un bout de bougie et un bouchon.

A l'instant les petits garçons s'élancèrent à la recherche des objets demandés. Mme Grandguillot prêta un vieux bocal qui avait contenu des cerises à l'eau-de-vie, et Baptiste posa gravement une petite table de bois au milieu du cercle. M. Paul coupa une légère tranche du bouchon, colla dessus un petit bout de la bougie et prit une allumette qu'il posa à côté.

M. PAUL. — Prenez ce bocal en verre, Nicolas, renversez-le, et enfoncez-le dans l'eau de cette jatte, sans le pencher. Prenez garde ! Vous ne le tenez pas droit !

NICOLAS. — Voilà, Monsieur ; mais, comme vous voyez, il ne veut pas s'enfonçer tout à fait.

M. PAUL.—Il y a donc quelque chose dedans qui empêche l'eau de monter. Maintenant, inclinez un peu le bocal, voyez-vous ces grosses bulles qui s'échappent dans l'eau ? qu'est-ce que cela peut être ?

PAUL DURAINCY. — Moi, Monsieur, je vais essayer de le dire : ce qui empêchait l'eau de monter dans le bocal, c'était de l'air ; ce qui produit ces bulles, comme vous les appelez, c'est encore l'air qui s'échappe à travers l'eau à mesure que celle-ci emplit le bocal.

M. LE CURÉ. — A la bonne heure, mon ami. Voilà qui est bien compris et bien expliqué.

M. PAUL. — Maintenant, Nicolas, voici la bougie allumée, soulevez doucement le bocal, je vais la glisser dessous. Savez-vous ce qui va arriver ?

NICOLAS. — Je crois bien qu'elle ne vivra pas longtemps, si,... mais non, tenez, elle s'éteint.

M. PAUL. — Pourquoi ne brûle t-elle pas ? Elle a brûlé un peu cependant.

MATHURIN. — Il n'y a plus d'air là-dedans, Monsieur.

M. PAUL. — Précisément. C'est l'air qui alimente la flamme, ou plutôt c'est l'*oxygène* de l'air qui fait brûler la bougie. A présent, regardez le bocal, il y a encore quelque chose au fond qui empêche l'eau de le remplir tout à fait et, ce quelque chose, c'est l'autre gaz dont vous a parlé M. le curé, l'*azote*. Il ne sert à rien, lui, et n'a pas empêché la bougie de s'éteindre. Nicolas comprend-il qu'il y a deux gaz dans l'air?

NICOLAS. — Il le faut bien, Monsieur, puisque je l'ai vu.

PAUL DURAINCY. — Avec votre permission, monsieur Paul, puisque la bougie a brûlé un peu, il y avait encore de l'oxygène dans le bocal, une fois la bougie éteinte il n'y en avait plus, où a-t-il passé ?

M. PAUL. — Il s'est combiné avec le charbon de la bougie pour former un autre gaz qu'on appelle *acide carbonique*. Ce nouveau gaz n'a pas non plus empêché la bougie de s'éteindre, car il est impropre à la combustion. Je rends la parole à M. le curé pour en revenir à Félicité.

M. LE CURÉ. — Nous ne conservons la vie qu'à la condition de respirer l'oxygène, le charbon ne brûle qu'à la condition d'absorber l'oxygène de l'appartement. Devinez-vous ce qui est arrivé à la blanchisseuse ?

PAUL DURAINCY. — Je soupçonne que le charbon avait mangé tout l'oxygène de sa chambre et qu'il n'en restait plus à respirer. Voilà sans doute pourquoi M. Paul, en arrivant, a fait ouvrir portes et fenêtres et mis tout le monde dehors.

M. LE CURÉ. — C'est cela. Le charbon avait *mangé* l'oxygène. Il arrive aussi que le charbon, en brûlant, dégage un autre gaz qu'on appelle *oxyde de carbone* et qui est un vrai poison. Félicité a pu en respirer aussi. Pour conclure, j'engage Nicolas, lorsqu'il dort l'hiver son poêle entre ses jambes, à laisser sa porte entr'ouverte et à renouveler de temps en temps l'air de son appartement. Pour vous, mes amis, n'oubliez pas que si le charbon *mange* l'oxygène, comme dit Paul Duraincy, en échange, il vous rend de l'*acide carbonique*, et qu'une grande quantité d'*acide carbonique* peut vous asphyxier. Maintenant, je vous souhaite le bonsoir et retourne à Mérans. Venez-vous de mon côté, monsieur Paul ?

Tous ensemble. — Nous vous remercions bien M. le curé ! Bonsoir monsieur Paul ! Bonne nuit à tous les deux !

CHAPITRE XVIII.

LA MAISON DE M. PAUL.

Le contre-maître s'était levé mais s'excusa de partir tout de suite. Il faut que je sache, dit-il, à qui appartiennent deux yeux noirs qui n'ont cessé d'être braqués sur moi pendant que je parlais. Et tournant derrière les ouvriers, il prit le bras d'un enfant dont il avait aperçu la figure intelligente et attentive derrière l'épaule de Baptiste.

C'était Pierre.

— Mon enfant, dit M. Paul, si tu peux me redire bien exactement les explications que tu as entendues, je te donnerai un beau livre plein d'histoires charmantes.

Pierre rougit un peu, mais il s'enhardit en voyant l'air de bonté avec lequel lui parlait le contre-maître et lui répéta avec autant de clarté que d'exactitude la leçon qu'il venait d'entendre. J'ai bien écouté, dit-il, car demain je veux tout raconter à mademoiselle Gabrielle, elle sera contente de savoir cela et j'ai si rarement l'occasion de lui faire plaisir !

— C'est toi qui es le petit élève de mademoiselle Demérans,

— Oui, Monsieur, elle m'a appris à lire, à écrire et un peu de tout ce qu'elle sait. M. Henri m'apprend à compter et quelquefois M. Demérans nous dit de belles histoires qui nous instruisent et nous amusent. Je leur dois tout. C'est grâce à eux que mon père s'est guéri et que nous ne sommes pas morts de faim, aussi, je les aime, voyez-vous, autant que mon père et ma mère !

— Noble famille ! dit tout bas le contre-maître. Puis après avoir loué Pierre de son attention et de ses bons sentiments, il lui donna la récompense promise et se dirigea vers sa maisonnette: une chaumière, comme les autres, excepté qu'elle était couverte en ardoises et qu'à l'intérieur la disposition des appartements était mieux ordonnée. Ce qui avait séduit M. Paul dans le choix de cette demeure, c'est qu'il y trouvait une profonde solitude. La dernière d'une rue qui n'avait d'issue que sur la campagne et se terminait par un étroit sentier, cette maison bâtie sur le revers de la montagne, dominait d'un côté la vallée tout entière et laissait apercevoir sur le versant opposé les blés verts ondulant comme des vagues houleuses et couronnés par les chênes gigantesques de la forêt de Malmifay.

En face de ce beau spectacle, M. Paul passait des heures entières absorbé dans ses méditations ou dans ses souvenirs et rien ne lui semblait plus doux que cette immense solitude et ce profond silence. Qui sait s'il n'avait point reçu de blessures dans le brillant Paris, s'il n'avait point, comme tant d'autres, emporté dans son cœur la flèche empoisonnée qui lui causait de secrètes douleurs ?

Un portrait de femme, qui paraissait l'œuvre d'un peintre habile et celui d'un jeune homme dont la figure énergique et le regard perçant n'étaient point sans similitude avec le visage de M. Paul ; une bibliothèque d'acajou renfermant des livres nombreux et richement reliés ; un vaste bureau, une table et quelques chaises, tel était l'ameublement de son cabinet de travail. J'oubliais un beau Christ d'ivoire, magnifiquement sculpté reposant dans un cadre de velours sombre qui en faisait ressortir davantage l'éclatante blancheur. C'était un objet d'art autant que de piété, peut-être un cher souvenir de jours plus heureux. Au dessous du Christ une petite tablette d'ivoire était attachée. Elle portait deux dates, deux dates douloureuses, car on les avait encadrées de noir: 20 *septembre*.... 14 *juin*... une troisième avait été effacée.

Nul autre que M. Paul ne pénétrait dans cet appartement et jusqu'ici d'ailleurs peu de personnes avaient été admises dans sa maison. Cependant cette vie d'absolue solitude ne pouvait continuer dans un village comme Polhay et le *restaurant* de M. Grandguillot, quelque effort qu'on y fit pour satisfaire un *Monsieur de Paris*, n'offrait que des ressources très-insuffisantes. M. Paul finit donc par se rendre à l'avis de M. Demérans et prit le parti de se faire servir chez lui. Le difficile était de trouver une ménagère bonne et discrète qui prît la direction de sa maison. M. Demérans lui recommanda Marianne c'est pourquoi notre petit Pierre ayant souvent l'occasion d'aller chez le contre-maître devint bientôt son ami.

Quelques attentions délicates, de celles que le cœur peut seul inspirer touchèrent vivement M. Paul et l'attachèrent de jour en jour davantage à cet enfant. Comme tous les parisiens, le contre-maître aimait extrêmement les fleurs. Pierre eut l'idée de changer la petite cour d'entrée en un joli jardin, il se mit à l'œuvre, Baptiste lui donna un coup de main, le jardinier du château apporta ses conseils, il offrit des plantes de la saison. En peu de jours la cour fut métamorphosée. Les vieilles vignes qui pendaient incultes aux murailles furent gracieusement rattachées. Il y avait des géraniums sous les fenêtres et de chaque côté de la porte une caisse d'oranger dont les parfums remplissaient l'habitation; mademoiselle Demérans les avait envoyés comme bouquet de fête à M. Paul car on était au 28 juin; ce jour-là le contre-maître rentrait à six heures. Pierre l'attendait avec impatience, il lui préparait aussi son cadeau : c'était une pie apprivoisée à laquelle on avait appris à dire quelques mots. Depuis quinze jours Pierre et ses frères lui serinaient continuellement : « *bonjour Monsieur Paul !* » espérant qu'elle répéterait cela à l'arrivée du contre-maître, mais lorsque la porte s'ouvrit et que le cœur de Pierre battait d'émotion, Margot s'avança en sautant vers M. Paul et lui dit gravement: «*as-tu déjeuné Jacquot?* » L'enfant fut déconcerté, Marianne expliqua l'affaire et M. Paul rit comme il n'avait pas fait depuis bien longtemps.

Puis, ce fut le tour des orangers, l'attention de Mademoiselle Demérans, le désir qu'on témoignait de le voir content, un dîner plus fin préparé par Marianne, le bouquet qu'Ursule lui offrit timidement, toutes ces choses lui allèrent au cœur. Il se sentit aimé et une joie inaccoutumée brilla dans ses yeux tandis qu'il embrassait les enfants et remerciait leur mère de ses attentions délicates. « Il faut le rendre heureux, avait dit un jour M. Demérans, pour qu'il ne songe point à nous quitter. » Les enfants se souvinrent de cette parole et avec l'admirable simplicité de leur âge, ils comprirent que le meilleur moyen de le rendre heureux c'était de l'aimer. Il n'est point de cœur si refroidi par les déceptions, si brisé par la douleur qui ne se rouvre encore à des émotions douces et ne se laise réchauffer par un peu d'affection. M. Paul l'éprouva. Cet homme froid et impassible, qui parlait rarement, qui ne souriait jamais, prit plaisir ce soir-là à se faire raconter par Pierre comment Mademoiselle Demérans avait songé à sa fête et depuis combien de temps *Margot* recevait la leçon qu'elle avait si mal répétée. Il joua avec l'oiseau, s'occupa du jardin, nomma les fleurs qu'il préférait et, la soirée ayant passé vite, il n'eut point le temps d'aller s'asseoir dans son cabinet de travail et de se livrer à ses réflexions accoutumées en contemplant les lignes noires de la forêt de Malmifay.

CHAPITRE XIX.

L'ORAGE.

Il faisait une chaleur étouffante, de gros nuages sombres avec des contours d'un blanc jaunâtre s'amassaient lentement dans un coin du ciel. Pas un souffle dans les arbres, pas la moindre brise, mais une atmosphère embrasée dans laquelle on respirait difficilement.

Les paysans secouaient là tête en disant :

— Çà tournera mal, il y a de la grêle là dedans !

A ce moment tous les hommes de la ferme de Mérans se trouvaient réunis dans une immense pièce de luzerne qui s'étendait entre le bois et la rivière jusqu'au pied de la montagne de Polhay.

Le fourrage était sec et d'excellente qualité et d'après l'ordre de M. Richard on s'empressait de le mettre en meules afin de le sauver autant que possible de la pluie. L'ouvrage était déja fort avancé lorsqu'un domestique de M. Demérans arriva au galop de son cheval portant un ordre nouveau : celui de lier immédiatement le foin. Il ajouta qu'on attelait déjà les voitures pour le rapporter et qu'une escouade d'ouvriers de la filature allait venir donner un coup de main aux travailleurs.

— Si M. Demérans s'était avisé de cela plus tôt, dit un paysan dont la figure brunie ruisselait de sueur, notre besogne eut été meilleure, l'orage sera prêt avant que nous en ayons seulement lié trois cents bottes.

— M. Paul assure que l'orage n'éclatera pas avant une heure d'ici, répondit le domestique, et c'est un homme qui s'y connaît, je vous en réponds ! Il n'y en a pas un plus savant dans toute la contrée.

Le renfort promis arriva. On se mit à l'œuvre, et sans l'anxiété qui s'y mêlait, c'eût été plaisir de voir tous ces bras robustes si vaillamment occupés. Personne ne s'arrêtait pour s'essuyer le front. Les femmes allaient chercher la luzerne à toutes les extrémités de la pièce et l'amassaient en gros tas autour desquels se rangeaient les *lieurs*. Les enfants, et parmi eux deux de nos connaissances : Robert et Pierre, promenaient le râteau dans toutes les directions pour recueillir les brindilles éparses qui jonchaient le sol et Julien les portait au pied des meules. Un instant M. Edmond parut au milieu d'eux, il se montra surpris qu'on n'eût point exécuté les ordres de son père, se promena dans la pièce, causa un instant avec Julien et reprit nonchalamment le chemin de Mérans.

Par intervalles, quelques coups de tonnerre se faisaient entendre et redoublaient l'activité des travailleurs. On se donnait à peine le temps d'échanger une parole ou de regarder le ciel menaçant. Le silence n'était rompu que par le bruit des tiges sèches qui se brisaient sous la main des travailleurs et le roulement des lourdes charrettes qui allaient et venaient sur le chemin de Mérans. La voix enrouée des conducteurs mêlait à ce concert ses notes discordantes. Enfin la dernière voiture, un immense chariot conduit par six chevaux arriva à son tour. On liait encore: les femmes s'y joignirent, les enfants eux-mêmes s'essayèrent à rouler le foin avec adresse pour en former des bottes rondes et égales, retenues dans un lien habilement serré.

Pendant ce temps de robustes garçons de ferme emplissaient le chariot. Bientôt le lourd équipage s'ébranla. Tout était fini ! il y avait une heure et dix minutes que l'on travaillait. Il est vrai que le tonnerre roulait de plus en plus fort, qu'un vent impétueux commençait de souffler et séchait peut être un peu vivement le front des travailleurs.

— Voilà qui nous avertit d'aller chercher nos vêtements, camarades, dit Jean, le père de Robert, nous sommes tout en eau et ce qui vient là-bas nous prépare un bain qui pourrait nous refroidir trop vite.

On retourna chercher les vêtements et les outils laissés à l'entrée de la pièce. Valentin sortait du parc avec un panier au bras, il arriva en même temps qu'eux.

— Messieurs, leur dit-il, la besogne a été rude et vous y avez mis du cœur, il est juste qu'on vous apporte des rafraîchissements. Un verre de bon vin vous fera du bien par cette atroce chaleur.

On fit sauter les bouchons et le verre circula à la ronde.

— A la santé de M. Demérans! à la vôtre M. Valentin !

— Vive M. Demérans! Il sait reconnaître les peines qu'on prend pour lui.

Et ces mâles visages noircis par le soleil s'éclairèrent d'un sourire de contentement. On venait de vider la dernière bouteille quand un effroyable coup de tonnerre déchira le nuage et de larges gouttes de pluie commencèrent à tomber.

— Sauve qui peut ! cria une voix. Au revoir M. Valentin ! ça va chauffer !

Valentin s'enfuit avec ses bouteilles.

CHAPITRE XX.

UN ABRI.

Pierre courut à son panier et prit le sentier qui traverse le bois, espérant rejoindre à la montagne ses compagnons déjà bien loin, mais il était très-fatigué, et l'orage devenait si terrible que la peur saisit le pauvre enfant. Il gagna à grand peine la sortie du bois et se trouva seul au milieu de la tempête.

Là, sur un tertre élevé, à la rencontre de quatre chemins, s'élevait le calvaire du village et, en face, dans le talus, on avait creusé une cabane de cantonnier. Pierre se réfugia dans cet asile, il fit une fervente prière pour se mettre sous la protection de Dieu et se blottit dans un coin, résolu d'attendre patiemment la fin de l'orage. La pluie tombait par torrents, les éclairs se succédaient sans interruption et le bruit de la foudre répété par tous les échos de la vallée faisait un roulement continuel.

Malgré ce fracas, l'oreille attentive de Pierre crut entendre des pas précipités qui semblaient se rapprocher de lui. Bientôt un homme parut, il s'abritait sous un large sac dont les extrémités coulaient comme des gouttières. C'était Paul Duraincy.

— Ah ! Paul, s'écria Pierre, comme vous voilà fait ! Tout de même je suis bien content que vous arriviez, j'avais peur ici, tout seul.

— Ma foi ! mon garçon, je ne dirai pas que je sois très-brave moi-même en ce moment ; la pluie m'a pris au pont rouge, je me suis mis à courir et, comme j'arrivais au gros peuplier de l'étang, voilà un grand éclair violet qui part avec un coup terrible, j'aperçois une flamme en zig-zag et crac ! mon peuplier s'ouvre fendu en deux avec une telle odeur de soufre que j'en suis encore empoisonné ! Je me suis remis au galop plus mort que vif de saisissement et me voilà, pas fâché de reprendre haleine ici avant de grimper la côte.

Ce disant, Paul s'arrangea de son mieux sur un escabeau.

— Tiens ! de la grêle, à présent ! il ne manquait plus que cela ! Je l'avais bien dit : méfiez-vous des nuages bordés de jaune ! mais tu es tout pâle, mon pauvre Pierre, Allons ! Il ne faut pas t'effrayer, d'ailleurs ici, il n'y a pas de danger. Voyons ! parlons d'autre chose, qu'est-ce que tu as là, dans ton panier ? Un livre ? Qu'est-ce qu'il dit ton livre ?

— Il parle de beaucoup de choses intéressantes, Paul, et aussi de la grêle et des éclairs, mais je n'ai encore bien compris que la pluie.

— Tu vas donc devenir un savant, mon garçon? On dit que tu connais déjà bien des choses et que M. Paul se met aussi à t'instruire.

— Je ne sais pas ce que je deviendrai, Paul ; mais je ne suis pas savant. Je tâche seulement de recevoir toute l'instruction qu'on veut bien me donner. Nous n'avons pas de bonnes terres comme vous dans les champs, et je suis l'aîné de trois petits frères. M. Demérans dit que plus on sait de choses mieux ça vaut quand on est obligé de gagner sa vie.

— M'est avis que tu as raison, Pierre, c'est bien parler et tu réussiras, j'en ai l'idée. Seulement, écoute moi : si jamais tu deviens un *monsieur*, ne sois pas fier avec tes anciennes connaissances. J'en ai vu qui n'osent plus nous dire bonjour parce qu'ils ont un paletot et que nous avons gardé la blouse ; ce sont des imbéciles, vois-tu ? l'habit ne fait pas le moine, et l'honnête homme est toujours respectable sous n'importe quel costume.

— M. Demérans disait la même chose, l'autre jour, Paul. Quant à moi, soyez tranquille, je ne serai jamais plus fier qu'aujourd'hui.

— A la bonne heure ! je compte sur ta parole. Mais voyons, explique-moi la pluie, ça nous distraira ; ce diable de temps ne promet pas de finir tout de suite et nous voilà ici comme deux rats pris au piége.

— Je vais essayer de vous contenter, Paul, mais je ne sais trop par où commencer. Il vous faudra beaucoup de patience.

Avez-vous remarqué, lorsque votre servante fait la soupe, que le couvercle de la marmite se soulève et danse, laissant échapper une espèce de fumée blanche qui se répand dans la cuisine et disparaît dans l'air ?

— Oui, c'est la vapeur de l'eau bouillante.

— Eh ! bien, de même que le feu change en vapeur l'eau de votre marmite à force de la chauffer, le soleil, en chauffant aussi la surface de la mer, des fleuves, des lacs, change également leur eau en vapeur, et cette vapeur étant plus légère que l'air, s'élève bien haut, bien haut, et va former les nuages dans le ciel.

Quelquefois nous disons que l'étang fume, c'est le soleil qui fait son opération. Il paraît qu'en haut l'air est beaucoup plus froid, et lorsque la vapeur est montée jusque-là, il lui arrive quelque chose de pareil à ce que nous remarquons sur les carafes qui sortent de la cave.

— Oui, la carafe se couvre d'eau, comme cela a encore lieu sur les carreaux, dans l'hiver quand le poêle chauffe très-fort au dedans et qu'il fait dehors un froid excessif.

— Justement. A présent, je vais tâcher de vous expliquer pourquoi la carafe se couvre d'eau en *dissolution*. Ce mot-là veut dire que l'eau mêlée à l'air est à l'état de vapeur transparente. Elle ne nous empêche pas de voir de loin, au contraire. Plus il y a de vapeur dans l'air, plus le temps est clair et c'est généralement un signe de pluie. Mais quand l'air est sec il a une espèce de couleur grisâtre qui nous empêche de distinguer les objets très-éloignés.

J'ai oublié la carafe, il faut y revenir. La vapeur d'eau qui est pour ainsi dire fondue dans l'air comme le sucre dans un verre d'eau sucrée, peut aisément retourner à son état naturel. C'est ce qui a lieu quand un corps froid comme la carafe enlève sa chaleur à l'air environnant. L'eau que cet air contenait à l'état de vapeur, se refroidit et coule en gouttelettes sur la carafe, mais bientôt celle-ci se réchauffe à son tour, devient peu à peu aussi chaude que l'air, la carafe sèche et l'eau qui la mouillait retourne peu à peu dans l'air. Je suis sûr que vous avez vu cela.

— Bien souvent, mais sans y faire attention, si je l'avais remarqué mon esprit aurait travaillé là-dessus, car je suis curieux. C'est étonnant comme une petite chose vous mène à en découvrir de grandes.

Je devine maintenant que la vapeur d'eau lorsqu'elle arrive très-haut dans le ciel, à l'endroit où il fait froid, change aussi de forme et redevient simplement de l'eau comme auparavant.

— Oui, Paul, vous avez raison.

— Reste à savoir comment l'eau qui est beaucoup plus lourde que l'air, elle, se promène tranquillement là-haut en formant des nuages de toutes les façons, au lieu de tomber sur la terre immédiatement comme la raison nous dit qu'elle devrait faire.

— Je sais encore cela. Vous avez vu les petites filles s'amuser à faire des bulles de savon avec un chalumeau. Il n'est pas difficile de s'apercevoir que ces bulles sont creuses, c'est pourquoi, n'ayant qu'une enveloppe extrêmement légère, elles montent très-haut dans l'air.

Eh ! bien, la vapeur d'eau, en se refroidissant dans a partie supérieure de l'atmosphère, prend la forme de toutes petites bulles d'eau que les savants appellent des *vésicules*. Elles sont innombrables comme vous pensez et, en se réunissant, forment des nuages qui se promènent dans l'air sans tomber parce que les *vésicules* creuses dont ils se composent rendent ces nuages plus légers que l'air. Ai-je un peu réussi à me faire comprendre et à ne pas trop vous ennuyer ?

— Tu parles comme un livre, mon garçon, et je t'entends à merveille. Qu'est-ce qui manque donc à ces nuages pour que la pluie tombe ?

— Pas grand chose. Un tout petit refroidissement encore, et alors les *vésicules* deviennent des gouttes d'eau pesantes, l'air ne peut plus les retenir, il pleut.

Ainsi le soleil change en vapeur invisible l'eau qu'il a échauffée ; cette vapeur invisible monte dans l'atmosphère, se refroidit un peu et forme des nuages composés d'une multitude de petites *vésicules* d'eau ; ces nuages montent encore, il fait plus froid, les vésicules deviennent de l'eau comme elles étaient avant que le soleil les eût chauffées et elles retombent sur la terre. Voilà l'histoire de la pluie.

— Il y en a qui cherchent le mouvement perpétuel. Il est là ! C'est tout de même un rude mécanicien que le bon Dieu !

— Et ses machines ne se détraquent jamais et ne s'usent pas, tandis que les nôtres....

— Les nôtres nous ressemblent : elles ne vont pas loin et il y a toujours quelque chose à refaire.

— Mais pourquoi fait-il plus froid dans les régions supérieures qu'en bas où nous sommes !

— Je ne sais pas, Paul. Il y a un savant appelé Gay-Lussac qui en a fait l'expérience, il s'est mis en ballon avec un thermomètre.

La température à la surface de la terre était de 27 degrés de chaleur — au mois de juillet cela n'est pas étonnant, — le ballon s'éleva jusqu'à 7,000 mètres. A cette hauteur-là le thermomètre marquait 10 degrés au dessous de zéro. Cela fait une belle différence comme vous voyez !

— Je le crois bien ! et ce monsieur-là n'aurait pas

mal fait de prendre son manteau. Entre nous, j'aime mieux qu'il ait été voir ça que moi!

— Et moi aussi. Ce qu'il y a d'étonnant c'est que si l'on descend dans la terre on trouve plus de chaleur à mesure qu'on s'enfonce, si bien qu'à quinze ou vingt lieues de profondeur, les roches les plus dures sont en fusion.

— C'est pire que l'enfer.

— Ou bien pareil.

— J'ai du plaisir à causer avec toi, Pierre, tu raisonnes comme un homme.

— Vous seriez bien plus content avec M. Paul, c'est lui qui parle bien! Il a promis à Mathurin de lui faire comprendre son baromètre. Si vous voulez, j'irai vous chercher ce jour-là.

— Je ne demande pas mieux. J'en ai un fameux, moi, de baromètre! Jamais il ne rate. Il annonce la pluie et le beau temps d'une manière certaine.

— M. Paul dit que ce n'est pas précisément la pluie qu'il indique mais la pesanteur de l'air. Vous savez que la vapeur d'eau est plus légère que l'air puisqu'elle s'élève au dessus. Eh! bien, en se mêlant à l'air, elle rend celui-ci plus léger. Maintenant, quand le baromètre monte, qu'est-ce qui arrive? L'air du dehors un peu plus lourd qu'à l'ordinaire, pèse plus fort sur le mercure contenu dans la cuvette du baromètre et celui-ci recule dans son tuyau de verre. C'est alors signe de beau temps parce que l'air est très-sec. Mais si l'air contient beaucoup de vapeur d'eau, il devient par là même plus léger et ne pèse plus autant sur le mercure du baromètre. Le mercure, qui se sent à l'aise, remplit sa cuvette jusqu'au bord, c'est signe d'eau et l'on dit que le baromètre baisse.

— Voilà qui est curieux ! je ne me serais jamais douté de cela !

C'est pourtant bien intéressant à savoir. N'oublie pas de venir me chercher quand M. Paul ira chez Mathurin.

— C'est Mathurin qui ira chez M. Paul, je vous préviendrai tous les deux.

CHAPITRE XXI.

LA MÈRE LOUISON.

Des cris violents accompagnés d'imprécations interrompirent la savante causerie de Paul Duraincy avec Pierre.

— Petit scélérat ! vaurien ! gibier de potence ! Tu finiras mal, c'est moi qui te le dis ! Tu n'as jamais eu une bonne pensée dans ta vie. Faut espérer que les gendarmes viendront bientôt nous débarrasser de toi. Ils te mettront au collége, eux, pour la tranquillité des honnêtes gens.

Paul et son petit compagnon mirent la tête à la porte de la hutte et aperçurent la vieille Louison à côté de sa hotte renversée. Elle venait de la rivière et ramassait avec colère son linge souillé de boue. Un petit garçon caché derrière un arbre et en qui Pierre crut reconnaître Julien n'était sans doute point étranger à ce malheur.

— Le garnement aura fait quelque mauvais tour

à Louison dit Paul, je vais aller lui recharger sa hotte.

Le brave homme s'avança vers la vieille femme et s'aperçut en soulevant la hotte qu'une de ses bretelles était cassée.

Louison voyant la pluie diminuer avait quitté le lavoir et, à mi-côte, avait eu l'idée de se reposer en appuyant sa hotte sur un arbre couché par terre. Au moment de repartir, elle vit Julien.

— Viens m'aider un peu à me recharger, lui cria-t-elle, car je ne suis plus jeune et c'est lourd à soulever.

Le petit mauvais sujet accourut, mais en levant le fardeau, il détacha une bretelle et la hotte roulant sur le dos de la vieille femme tomba dans la boue et faillit l'entraîner dans sa chute. L'autre bretelle se brisa et Louison eut été bien embarrassée sans l'arrivée de Paul Duraincy.

— Voulez-vous que je vous aide, Paul, dit Julien en se rapprochant d'un air narquois.

— C'est moi qui vas t'aider, vaurien ! s'écria le laboureur indigné, et sautant sur le petit misérable il lui administra une bonne correction.

Julien se releva rouge de honte et de colère et prit ses jambes à son cou. A quelque distance on l'entendit chanter d'un air de bravade :

C'est la mère Michel
Qu'a perdu son chat...

— Ça ne se corrigera jamais, les coups n'y font rien, reprit Louison, vous verrez, Paul, qu'il finira mal. D'ailleurs, ajouta-t-elle, plus bas, il a de qui tenir.

— Venez avec moi, la mère, dit Paul, je vais mettre la hotte sur mon épaule et nous racommoderons la bretelle là-bas, dans la cabane du cantonnier. Il n'y a pas de charretier qui n'ait dans sa poche un bout de ficelle, ce sera bientôt fait.

Pendant ce temps la pluie commença de s'apaiser et tous trois regagnèrent le village.

CHAPITRE XXII.

TENTATION.

Le lendemain Pierre s'éveilla de bonne heure. L'esprit joyeux, le cœur content, il s'habilla à la hâte, fit sa prière et sans réveiller personne s'en alla gaiement.

« J'arriverai le premier à la ferme pensait-il, et je pourrai étudier près d'une heure avant qu'on ne parte pour les champs.

Il songeait à sa leçon de calcul avec M. Henri, car ses progrès en arithmétique lui avaient fait dépasser la science de Gabrielle, il se promettait de rapporter le soir à M. Paul une charrue bien dessinée, il faisait des projets d'étude, des rêves de succès, lorsque portant machinalement la main à la poche de sa veste de toile, où il mettait son crayon, il entendit le bruit d'un froissement de papier. — Qu'est-ce que je puis avoir là se dit-il ? — Sa surprise égala son effroi quand il aperçut une lettre, une vraie lettre timbrée de Paris, à la date de l'avant veille, et à l'adresse de M. Paul ! Une forte enveloppe de papier vergé doublé de violet, portait un cachet de cire rouge avec des armes et une couronne ; une lettre pliée en quatre tenait à demi dans l'enveloppe déchirée ; un billet qu'on avait fermé d'un simple pain à cacheter était ouvert aussi et le tout souillé, chiffonné, portant l'empreinte de doigts malpropres.

« Comment cela peut-il se faire et d'où vient cette malheureuse lettre, pensa le pauvre enfant. Que dirai-je à M. Paul ? jamais il ne pourra croire que sa lettre est entrée toute seule dans ma poche. Lui, si bon, si vrai, il dira que je le trompe, que je suis un ingrat, indigne de sa confiance et de ses bontés. Pourvu qu'il ne suppose pas que je l'ai volée ?... L'autre jour, je lui ai demandé s'il a des enfants, cette question lui a déplu, je l'ai vu tout de suite au froncement de son front. Que faire, mon Dieu ! Que faire ? L'enfant se trouvait au pied de la montagne, arrêté dans sa route par cette cruelle découverte. Trop profondément troublé pour prendre une résolution, il s'assit sur les marches du calvaire en face de son abri de la veille et se mit à réfléchir la tête dans ses mains.

Il fallait pourtant rendre cette lettre à son propriétaire, agir autrement eût été déloyal. Mais quelle démarche pénible ! et toujours cette crainte douloureuse, cette pensée décourageante ; « M. Paul ne me croira pas ! » L'esprit subtil de Pierre lui suggérait bien un autre moyen, mais son âme honnête n'osait s'y arrêter : Brûler cette lettre, en jeter la cendre au vent et n'y plus songer. Car enfin, personne n'osera m'accuser, se disait-il, ce serait s'accuser soi-même, et si quelque méchant a voulu me perdre aux yeux de mes bienfaiteurs en me faisant passer pour coupable d'avoir volé la lettre, mon silence et mon air tranquille lui feront penser qu'il a manqué son but et que la lettre s'est perdue dans l'orage d'hier.

Non, reprenait la conscience, tu n'as pas le droit de cacher la vérité. Et quand même les hommes ne connaîtraient point ta mauvaise action, Dieu ne la verra-t-il pas et toi-même ne seras tu point troublé par ce souvenir ? Et puis, si M. Paul n'a point lu sa lettre?... si elle contient quelque chose d'important ? Tant de choses dépendent d'une lettre, quelquefois la fortune, l'honneur.

En ce moment passa le garde-champêtre.

— Déjà levé, mon garçon ! je croyais qu'après l'alouette, il n'y avait personne d'aussi matinal que moi.

— Vous pouvez le croire encore, M. Vatou, car une fois n'est pas coutume, d'ailleurs bien m'en a pris de me lever de bonne heure ce matin, car j'ai oublié quelque chose, il faut que je retourne à Polhay.

Avec des jambes comme les tiennes c'est un jeu d'escalader la côte.

Et M. Vatou passa.

Cette parole de Pierre « je retourne à Polhay », fixa son incertitude, il prit le sentier derrière le village et en peu de temps fut chez M. Paul. Celui-ci prenait l'air dans son jardin, il avait le front soucieux et sa figure mélancolique ne s'éclaira point tout-à-fait par le sourire avec lequel il accueillit l'enfant.

Le pauvre Pierre raconta timidement et les larmes aux yeux ce qui lui était arrivé et montra la lettre.

Un éclair de colère passa dans le regard du contremaître lorsqu'il vit le cachet brisé et le papier lacéré ; son visage devint pâle, ses lèvres se serrèrent ; d'une main convulsive il saisit le bras de l'enfant et fixa sur lui son œil perçant :

— Tu me jures que ce n'est pas toi qui as fait cela?

— Oui, M. Paul, devant Dieu. Je vous ai dit la vérité !

— C'est bien, n'en parle à personne et laisse moi.

CHAPITRE XXIII.

LA LETTRE DÉCACHETÉE.

M. Paul marcha quelque temps en silence pour calmer son agitation, puis il lut ses lettres avec une émotion visible.

La première écrite en français était conçue en ces termes :

Mon cher ami,

J'ai remué le ciel et la terre pour découvrir votre adresse et c'est avec une peine infinie que je suis parvenu à la trouver. Comment avez-vous eu le courage de partir sans en informer votre meilleur ami ? Le malheur rend quelquefois injuste, je suis tenté d'en voir une preuve dans votre conduite à mon égard, mais n'en parlons plus; j'ai à vous blâmer pour autre chose : très-sérieusement, mon ami, il ne me semble pas qu'il soit permis d'ensevelir au fond d'une vallée inconnue des talents comme les vôtres. Quel a été votre dessein en allant à Mérans remplir des fonctions subalternes ! Ce ne peut être d'y rester longtemps, aussi j'espère que vous voudrez bien prendre en considération la proposition, à mes yeux, très-séduisante que vous trouverez dans le billet ci-inclus. Il y aura bientôt deux ans que lord B.., me persécute pour que je vous engage à prendre la direction de son immense industrie. Il vous offre des conditions magnifiques et plus tard, si j'ai bien compris, il vous ferait son associé. Laissez la froide raison dicter votre réponse et ne repoussez point la fortune qui s'offre à vous avec tant d'obstination. Vous pourrez, d'ailleurs satisfaire là vos goûts philanthropes. Il y a dans la seule usine de *Long hill's stone* plus de 15,000 ouvriers ; c'est une petite ville dont vous feriez le bonheur. Je vous laisse sur cette pensée et vous renouvelle l'assurance d'une amitié que votre ingrat oubli n'a point altérée.

Votre dévoué,

CHARLES DE B...

« La fortune !... pauvre Charles !... Puisses-tu ne savoir jamais avec quel mépris on y songe lorsqu'on a perdu le bonheur ! Quant à mes goûts *philanthropes*... oui, ce côté-là serait séduisant. Gouverner tout un petit peuple d'ouvriers dans la justice. Élever leur esprit, agrandir leur cœur par une instruction vraie, solide, chrétienne ; leur apprendre que le bonheur de ce monde trahit nos rêves les plus innocents, nos désirs les plus légitimes, mais qu'il y a au-dessus de la terre une consolation toute puissante, un ami qui apaise la douleur des plus amères blessures, qui vous aide à vivre quand nous voudrions mourir... leur apprendre ces choses, les rendre bons, heureux, forts dans la peine, vaillants au travail et enfin contents d'eux-mêmes et des autres, j'aurais aimé cela ! Mais laissons ce rêve, car c'en est un, je me suis attaché à mes *fonctions subalternes*, la première place ailleurs me serait moins douce que la seconde ici. La confiance de M. Demérans, l'amitié de ses charmants enfants, jusqu'à ce petit Pierre si honnête et dévoué et ce village *inconnu* dont la solitude a mis du baume sur mes plaies, tout me retient, tout m'enchaîne. Je resterai dans ma retraite, milord, et vos offres brillantes ne me tenteront point! Mais il y a un ennemi, je veux le découvrir. Cette lettre déchirée n'a point été placée sans un mauvais dessein dans la poche de cet enfant.

Le contre-maître se rendit à la filature et appela Éloi.

— Est-ce que le facteur n'est point encore arrivé ? demanda-t-il, je dois avoir des lettres.

— Pardon Monsieur, il est venu, mais il n'y avait pas de lettres aujourd'hui. Monsieur a sans doute pris celle d'hier que j'avais posée sur son bureau avec le journal ; ce matin, j'y ai mis encore un billet de M. Demérans, il désire une réponse.

— C'est bien Éloi, merci.

Un instant après M. Paul revint.

— Voici la réponse, Éloi, envoyez-là au château. Est-ce que personne n'est entré dans mon bureau ? Personne n'est venu me demander ?

— Pas que je sache, Monsieur, mais Jean n'a pas bougé d'ici, il peut vous répondre mieux que moi, parle Jean.

— Moi, je n'ai vu que M. Richard qui cherchait M. Paul avec son fils, il a regardé dans le bureau et s'est en allé tout de suite.

Un peu après le petit Pierre est venu avec un livre qu'il a posé là. Il n'est pas entré une seule autre personne dans la journée, j'en réponds.

— Est-ce le matin que M. Richard m'a demandé ?

— A peu près à cette heure-ci, Monsieur.

— Je regrette de ne l'avoir point rencontré. J'étais au château, mais nous nous retrouverons.

En achevant ces mots, M. Paul retourna à son bureau d'un air parfaitement tranquille.

CHAPITRE XXIV.

L'INFLUENCE D'UN BON CŒUR.

Quelques heures plus tard Pierre montrait au jeune Demérans et à son précepteur des problèmes qui lui avaient selon son expression *cassé la tête* pendant plusieurs heures. M. André les lui fit expliquer et se montra content. Décidément, le protégé de Gabrielle avait pour les mathémathiques une aptitude particulière. Le moment approchait où il pourrait concourir avec Henri et M. Demérans espérait que l'émulation exciterait son fils et le ferait travailler davantage.

Bien souvent l'idée lui était venue de faire donner à Pierre une belle éducation, de le mettre tout-à-fait sous la direction de M. André ; mais ferait-il ainsi le bonheur de l'enfant ? Tant de jeunes gens déclassés souffrent et végètent dans le monde, qui auraient pu être si heureux en ne sortant point de leur condition ! Non, Pierre restera un ouvrier, mais un ouvrier intelligent, et le meilleur qu'on puisse faire pour lui c'est de lui donner une bonne instruction professionnelle. L'opinion de M. Paul s'accordait parfaitement sur ce point avec celle de M. Demérans. Ces deux hommes généreux, aussi grands par le cœur que distingués par l'intelligence, s'appliquaient à guider le petit paysan dans une voie sûre avec autant de sollicitude qu'ils en eussent apportée s'il se fût agi du bonheur de leur propre fils.

A la générosité naturelle de M. Demérans se joignait un autre sentiment : « L'éducation de Pierre est l'œuvre de ma fille, disait-il quelquefois avec un sentiment d'orgueil paternel bien légitime, nous nous occupons tous un peu d'instruire l'enfant, mais c'est Gabrielle qui forme son cœur. »

Gabrielle entrait dans sa douzième année. Pierre allait avoir quinze ans.

La jeune fille était encore délicate, un peu fatiguée par une croissance rapide mais d'une santé robuste. Adorée de son père qui retrouvait à la fois dans son visage et dans son cœur tous les traits d'une épouse chérie, elle n'était pas moins aimée de son frère qui trouvait en elle une amie, un camarade, une confidente. Si Henri, toujours passionné pour les récits de batailles, oubliait ses leçons dans la *vie des grands capitaines* et qu'une punition le frappât, Gabrielle se plaçait toujours entre le coupable et le châtiment.

— Laissez-moi le punir moi-même, disait-elle à son père et à M. André, je ne jouerai pas qu'il n'ait réparé sa faute.

Et Henri, souvent plus irrité que contrit, reprenait ses livres, s'asseyait auprès de Gabrielle et oubliait sa paresse pour obéir à cette petite fille dont l'autorité sur lui prenait sa source dans une affection si tendre.

Le caractère bouillant du jeune homme, sa nature indépendante et fière le rendaient difficile à gouverner et de fréquentes révoltes contre son précepteur forçaient M. Demérans d'intervenir avec sévérité.

Henri ne cédait point toujours même à son père, il

se cabrait sous le frein comme un cheval indocile et se livrait à de folles colères.

Il n'y avait alors qu'une seule chose à faire c'était de l'abandonner à lui-même. M. Demérans affectait à l'égard de son fils un silence plein de froideur et M. André ne s'occupait plus de son élève. Mais Gabrielle se glissait dans la chambre de son frère, l'embrassait avec cette tendresse émue dont les mères ont le secret, le forçait d'ouvrir son cœur dans une douce causerie, éveillait sa conscience, sa raison, sa foi, le faisait sourire, le faisait pleurer, et l'indomptable enfant, vaincu par une parole amie, allait noblement avouer ses torts et en solliciter le pardon, puis il revenait embrasser sa sœur, l'*ange de la tempête* comme il l'appelait en riant, et la joie rentrait au foyer d'autant plus grande qu'elle avait été troublée.

Pierre ne ressentait pas moins qu'Henri l'influence de Gabrielle, il lui confiait ses petits mécomptes, ses chagrins, ses projets, et elle trouvait pour lui dans son cœur des encouragements, des consolations, de bons conseils.

Une humiliation que Pierre supportait mal, c'était de ne point travailler à la filature comme d'autres garçons de son âge. Il était de beaucoup le plus grand et le plus fort de tous ses camarades, avec la stature d'un homme il rougissait de faire l'ouvrage d'un enfant. « Si encore je n'avais point grandi si vite, pensait-il, Robert et Julien ne sont que de trois mois plus jeunes que moi et ils m'arrivent à l'épaule, le temps est loin où la tête de Caro dépassait la mienne ! »

Cependant il n'ignorait point dans quelle intention bienveillante M. Demérans lui avait assigné du travail à la ferme. Conduire les vaches deux fois par jour dans un gras pâturage et les y surveiller, n'avait assurément rien d'illustre, mais en revanche il trouvait là de longues heures qu'il pouvait consacrer à ses chères études. C'était sa grande joie de lire et méditer dans le silence de la campagne, se reposer de temps à autre en dessinant quelque instrument aratoire, puis se reprendre à travailler. Mais cette joie avait été troublée depuis peu par des railleries cruelles. Des ouvriers lui avaient demandé en passant si sa rude besogne ne lui écorchait pas les mains et le mot de *fainéant* prononcé avec mépris arriva à son oreille.

Le brave cœur de Pierre se souleva d'indignation à cette injuste parole et quand il alla au château ses yeux encore rougis de larmes révélèrent à Gabrielle combien était vive la blessure qu'il avait reçue. Il fallut user d'autorité pour en obtenir la confidence. Pierre craignait que cette confidence ne parût une plainte, et la plainte une ingratitude.

— Je veux tout savoir dit la petite fille d'un ton impérieux, papa n'aime point que les enfants aient des secrets et tu sais bien que si tu as fait quelque chose de mal je ne te le reprocherai pas.

Pierre avoua tout. Gabrielle prit fait et cause pour son protégé, elle courut à son père et voulait absolument qu'il réprimandât les méchants ouvriers.

— Je ne veux pas même savoir leurs noms répondit M. Demérans en souriant, voyons, ma fille, réfléchis. Pierre a-t-il fait son devoir ou non ?

— Il a fait son devoir, papa.

— Alors de quoi se plaint-il ? Une insulte tombe à faux quand on ne la mérite pas. S'il trouve son occupation humiliante, c'est par un amour-propre mal fondé. Tout travail honnête est un noble travail et tu sais bien que le bon Dieu ne met pas de différence entre les actions d'un ministre et celles d'un berger. L'essentiel est de faire ce qu'on doit avec justice, avec droiture sans s'inquiéter du *qu'en dira-t-on ?* Je blâme donc sérieusement Pierre. Il a manqué de raison et de courage. S'il ne sait pas supporter une injure ou une sottise, il ne deviendra jamais un homme.

— Vous avez raison, papa, dit la petite fille pensive, il faut que Pierre devienne un homme...

Et, retournant plus grave vers son protégé, elle lui répéta les paroles de son père. Le bon sens naturel de Pierre en saisit bien vite la justesse.

— J'ai eu tort, Mademoiselle, je le vois bien maintenant, mais n'est-il pas singulier que ces réflexions si simples et si vraies ne me soient pas venues à l'esprit d'elles-mêmes? Sans M. Demérans je croirais encore que les ouvriers m'ont fait une grosse méchanceté et beaucoup de chagrin tandis que j'aurais dû ne point faire attention à leurs paroles et continuer d'être tranquille. C'est moi qui me suis donné volontairement du chagrin. Comment n'ai-je pas vu cela ?

— C'est peut être parce que tu étais en colère. On ne sait plus ce qu'on fait dans ces moments-là, ni ce qu'on dit. Te souviens-tu que j'ai été sur le point de te battre la première fois que nous nous sommes rencontrés ?

— Je ne l'oublierai jamais, Mademoiselle, je ne suis heureux que depuis ce jour là.

Pierre quitta le château le cœur rasséréné, éclairé dans son jugement, fortifié dans sa volonté.

Qui dira ce que ces simples leçons de logique et de courage eurent d'influence plus tard sur les évènements de sa vie ? L'homme est tout entier dans l'enfant comme le fruit dans la fleur et ce qui touche à l'âme de l'enfant y laisse une empreinte salutaire ou empoisonnée. Voilà pourquoi le respect, un respect profond pour cet âge si tendre est le grand devoir de la famille et de la société. Devoir sacré qui n'est jamais impunément violé.

CHAPITRE XXV.

LA FÊTE DU VILLAGE.

Une grande animation régnait dans la commune de Mérans, il s'agissait de la fête du village. Déjà les marchands de pain d'épice et de porcelaine, les loteries ambulantes, les comédiens, les petit bazars arrivaient de toutes parts et préparaient leurs baraques sur la place. Les jeunes filles s'occupaient de leur toilettes, les ménagères en grande agitation récuraient, frottaient la vaisselle de cuivre et d'étain; on déployait les rideaux blancs, on repassait les nappes de toile fine, la plus humble chaumière prenait un air élégant qui réjouissait les yeux. De temps à autre passait à grand fracas une jolie carriole pleine de paysans et de femmes endimanchés. On revenait de faire les invitations dans les pays voisins car beaucoup d'étrangers prenaient part à la fête. Les ouvriers et les écoliers avaient en perspective deux jours de congé pendant lesquels on fermait la filature et l'école et beaucoup de projets devaient s'accomplir en ces deux jours.

Au château, une nouvelle venait d'arriver qui remplissait tous les cœurs d'allégresse : le général de Livry, oncle maternel de Gabrielle et d'Henri, annonçait sa visite avec trois domestiques pour le samedi suivant. Il fallait connaître le général pour comprendre la joie qu'inspirait cette visite. Ses libéralités lui avaient gagné tous les domestiques. La franche cordialité de ses manières, une certaine bonhomie qui rachetait le ton parfois impérieux avec lequel il donnait ses ordres et par-dessus tout l'extrême bonté de son cœur lui faisaient des amis de tous ceux qui l'approchaient.

Quant aux enfants, leur grand oncle était l'idéal des oncles ; veuf et sans postérité le général avait reporté sur ses petits neveux les trésors d'affection qui remplissaient son âme. Son bonheur était de les combler de présents, de deviner leurs désirs et jusqu'à leurs caprices pour les réaliser à l'instant n'importe à quel prix. On voyait ce vétéran de la gloire, dont une large cicatrice au front attestait la vaillance, on le voyait se mêler aux jeux des enfants avec une vivacité digne des beaux jours de sa jeunesse, et quand Gabrielle et Henri se jetaient dans ses bras l'œil brillant de reconnaissance et d'affection, ses yeux à lui se mouillaient de larmes, il se sentait heureux.

Avec d'autres que les jeunes Demérans, l'arrivée du général eut été redoutable. Leur père, par déférence pour le vieillard, n'osait résister à sa volonté ; il en résultait que son autorité n'existait plus que de nom. Les enfants devenaient maîtres absolus de la situation. Si le père proposait une promenade, une visite à quelques ruines, un dîner, une partie quelconque ; « qu'en disent les petits ? » répondait invariablement le général et leur décision était la sienne.

Heureusement *les petits* étaient raisonnables, ils ne

proposaient jamais rien sans consulter leur père de peur d'être appuyés par le cher grand oncle en quelque chose qui lui eut déplu.

Ainsi M. Demérans attendait sans trop d'effroi l'arrivée de son parent et même, en bon père, il s'en réjouissait.

Henri, lui, faisait de vastes projets : le lundi de la fête après la cérémonie de l'office des morts les petits garçons du village n'avaient rien à faire. Quelle belle occasion de jouer au soldat !

Tous ses hommes ont des képis et des bandes rouges à leur pantalon. Julie a bien voulu faire des épaulettes pour les officiers avec les franges d'un vieux rideau de salon. Enfin, un ouvrier, autrefois charron, a construit pour le régiment une espèce de canon monté sur des roues de brouette et par lequel on lance, non des boulets mais... de l'eau. Quel plaisir d'essayer tout cela! et si le général passait la revue, s'il assistait à une bataille... jamais on ne se serait tant amusé ! Mais toi, chère sœur, disait-il, interrompu dans son rêve par une bonne pensée, tu ne peux pas jouer au soldat comment t'amuseras-tu ? Si on invitait tes petites amies ?

— Je n'ai besoin de personne, Henri, répondait la jeune fille, crois-tu que je n'ai pas de plaisir à regarder vos évolutions et à te voir si content ? et puis si le grand oncle assiste à la bataille il faudra bien que je reste auprès de lui, tu sais qu'il n'aime pas que je le quitte.

— Chère bien aimée, nous n'aimons personne te voir loin de nous.

Ainsi tout était joie et contentement dans les deux villages; les petits soldats d'Henri ne pensaient qu'à la grande revue et on attendait avec impatience le jour qui devait amener tant de plaisir.

Hélas ! un nuage plane souvent sur nos bonheurs ; les plus innocents d'entre eux ne sont pas à l'abri de la tempête, et comme il arrive souvent dans la nature, les tempêtes morales éclatent quelquefois au milieu de nos plus beaux jours.

La surexcitation d'Henri, si grande toute cette semaine, ne fut point favorable à son travail, il apprit mal ses leçons, négligea ses devoirs, se montra aux heures d'études si ennuyé et si distrait qu'à la fin M. André perdit patience et déclara nettement que les choses ne pouvaient durer ainsi, qu'il allait avertir M. Demérans. Quelques mots très-vifs, justifiés d'ailleurs par la persévérante paresse de l'élève, blessèrent l'amour propre en ce moment très-susceptible du jeune homme, il ne sut pas retenir une parole insolente. La froide impassibilité du précepteur acheva de l'exaspérer et il s'ensuivit une scène si violente que M. André sonna Valentin.

— Priez M. Demérans de vouloir bien venir ici dit-il au domestique.

Heureusement Valentin aimait Henri; au lieu d'aller prévenir son maître, il entra chez Gabrielle qui s'empressa de courir à la chambre de son frère, Elle le trouva debout sur ses cahiers qu'il piétinait ; les livres étaient jetés çà et là et Henri, la figure enflammée, le regard menaçant, parut si terrible à sa sœur que la pauvre enfant se mit à pleurer.

A la vue de ces larmes, la figure du révolté changea d'expression il courut à Gabrielle et murmurant à son oreille : « j'aurais mieux aimé que tu ne fusses pas venue, » il s'enfuit dans le parc. C'est que lui aussi avait envie de pleurer ; le regard triste et effrayé de sa sœur avait pénétré son âme, mais, pour rien au monde, il n'aurait voulu paraître attendri devant M. André.

Restée seule, Gabrielle reprit courage :

— M. André, dit-elle, j'espère ne vous avoir jamais fait de peine et vous ne voudriez peut-être pas me voir très-malheureuse...

— Assurément, non, Mademoiselle, mais s'il s'agit d'Henri vous avez pu juger vous même que sa conduite est impardonnable. L'impunité dans une telle circonstance serait une faiblesse qui détruirait à jamais mon autorité et, avec un élève difficile comme lui...

— Aussi je ne demande point l'impunité ; Henri sera puni, il l'a mérité, mais accordez-moi seulement un délai, quelques jours de silence... jusqu'à lundi soir ! Ah ! M. André, que de malheureux vous feriez ! on s'est promis tant de plaisir et les soldats d'Henri qui n'ont rien fait de mal, eux, auraient un si grand chagrin !

M. André se fit beaucoup prier, hésita longtemps, mais Gabrielle insista, supplia, tant et si bien que sa prière fût entendue.

En un moment la petite fille eut retrouvé son frère, il sanglotait la tête appuyée contre un arbre.

La douce pression d'une main amie lui annonça la présence de son ange consolateur. Henri fut satisfait du pacte conclu avec M. André, il consentit à remercier son précepteur, mais ne voulut en aucune manière s'engager à lui faire des excuses. « Je n'y consentirai point, répondait-il avec amertume, il m'a dit des choses trop dures ! »

CHAPITRE XXVI.

ALI-BEY.

Deux jours se passèrent, enfin le samedi vers quatre heures une chaise de poste entra au galop dans la grande cour du château, elle était suivie d'un domestique qui conduisait deux superbes chevaux : un poney à l'œil vif et doux et un cheval arabe fier, pétulant, plein de feu.

Le cœur d'Henri se mit à battre mais la voiture était déjà en face du perron, il sauta les quatre marches, ouvrit la portière et se trouva dans les bras du général, Gabrielle entrait par l'autre portière.

— Mes enfants ! mes chers enfants ! vous aimez donc un peu votre vieux bonhomme d'oncle ?

Et il couvrait de baisers ces deux belles têtes souriantes qui se disputaient ses caresses.

— Et moi, dit le père, debout sur le perron, je n'aurai donc pas mon tour ?

— Si, mon cher Demérans, me voilà ! répondit le vieillard en sortant de la voiture.

Les domestiques étaient tous là, empressés d'offrir leurs services, le général eut une bonne parole pour chacun d'eux.

Les enfants l'emmenaient au salon, mais il se retourna soudainement.

— Non, non, dit-il, j'ai à vous présenter deux personnages qui n'ont point coutume d'entrer au salon, ils y feraient piteuse mine et je ne veux pas les intimider.

On apporta un fauteuil au grand oncle tandis qu'il faisait approcher les chevaux.

— N'aurais-tu point peur, mon petit Henri, de ce jeune arabe dont le caractère ressemble un peu au tien ! je veux dire à celui que tu avais autrefois, car le calme est peut-être venu depuis mon départ.

— Non, cher oncle, je suis encore *emporté* et *bouillant*, dit Henri, dont le front se colora légèrement, mais je n'aurai pas peur de ce noble animal et si papa le permet je vais le prouver.

Sur un signe approbateur de son père, Henri sauta légèrement sur le cheval et fit deux fois le tour du gazon en se tenant avec grâce et légèreté.

— C'est bien ! c'est bien ! tu seras l'écuyer de ta sœur, dit le général, et toi, ma Gabrielle, veux-tu accepter ce poney qui est doux et bien dressé ! Quelques attentions, un peu de pain, du biscuit, du sucre te gagneront sa tendresse. Il te suivra comme un mouton.

— Cher oncle, que vous êtes bon ! dirent les deux enfants, dans l'enthousiasme de la joie.

— Nous ne pouvons pas vous aimer plus, dit Henri, comment ferons-nous pour vous remercier ?

— Vous continuerez de m'aimer autant et moi de vous gâter tout à mon aise, car c'est la dernière joie de ma vie et, à mon âge, il faut se hâter d'être heureux. Allons au salon maintenant !

Il y avait des rafraîchissements sur une table, le général prit un verre d'eau, puis faisant ouvrir une caisse apportée par le domestique, il dit aux enfants de la vider.

Ce fut une longue et ravissante surprise, un beau

costume de capitaine d'infanterie tout neuf ; un sabre, un fusil d'excellent modèle et au dessous, soigneusement enfermé dans un carton, un costume de cheval du meilleur goût.

La joie des enfants faisait le bonheur du vieillard, il suivait des yeux tous leurs mouvements et sa bonne figure épanouie exprimait une satisfaction pleine d'attendrissement.

— Je crois que c'est encore moi le plus content, murmura le général, quand Gabrielle et Henri se jetèrent dans ses bras rayonnants de joie.

M. Paul arriva pour le dîner, M. Demérans voulait le présenter à son parent. Le contre-maître introduit comme un ami fut accueilli comme tel et une chaude poignée de main du général le lui exprima.

Le dîner fut gai, animé, on avait tant de choses à se dire ; les nouvelles s'échangèrent et le temps passa vite. M. Paul, placé en face d'Henri, remarqua néanmoins qu'il y avait par moments une ombre sur son front, elle s'effaçait quand il mêlait à la conversation ses vives réparties, mais un œil exercé ne pouvait s'y méprendre ; quelque tristesse secrète, une appréhension, une crainte, ou un remords tourmentaient son cœur.

— Nous allons montrer nos chevaux à M. Paul s'écrièrent les enfants au sortir de table, et tous trois se dirigèrent du côté de l'écurie.

Ce fut une occasion pour le contre-maître d'interroger ses petits amis, ils avaient en lui cette confiance respectueuse qu'on donne à son supérieur après avoir éprouvé longtemps sa sagesse et sa bonté.

Jamais M. Paul ne leur déguisait la vérité, jamais il ne leur adressait de compliments, ni ces flatteries banales qu'on prodigue aux enfants. Ami véritable, il les avertissait de leurs défauts, n'hésitait jamais à condamner leurs torts et, si quelque travers se montrait dans leur conduite, il en riait doucement pour les corriger par la plaisanterie.

Henri lui confia avec franchise sa paresse, sa colère insensée et la scène déplorable qui avait eu lieu ainsi que la promesse de silence jusqu'au lundi soir accordée par M. André aux instantes prières de Gabrielle.

Il ne cacha point non plus, qu'à cette grâce, très-appréciée pourtant, il avait répondu par un froid merci et n'avait pu se résoudre à demander pardon à son précepteur des paroles insolentes qu'il lui avait dites.

— Voilà le plus mauvais ! dit M. Paul. Qu'une jeune tête s'allume et fasse des folies, cela n'a rien que d'ordinaire, mais persévérer de sang-froid, c'est accepter le mal commis dans un accès de fièvre. Vous devez des excuses à M. André. Qu'il vous ait parlé d'une façon un peu énergique, c'est possible, cela n'empêche point qu'il se donne pour vous des peines infinies ; vous êtes son obligé à tous les titres ; vous lui devez ce qui est le plus précieux des biens : une instruction solide dont plus tard vous sentirez le prix. Cette pensée suffit pour vous faire apprécier votre conduite à son égard. L'amour propre vous a caché votre *devoir* en exagérant ce que vous appelez à tort votre *droit*. Prenez garde à ces deux mots, mon enfant, et dans tout conflit considérez *premièrement* le droit des *autres* ; votre droit, à vous, en ressortira plus clair. Je suis sûr que vous sentez déjà combien M. André a *droit* d'être mécontent de vous parce que vous n'avez pas rempli votre *devoir* qui était de vous montrer et d'être réellement repentant et soumis. Cher enfant, ajouta M. Paul en voyant Henri baisser la tête, rien n'est tel qu'un bon dictionnaire à l'usage de la conscience. Etudiez bien la valeur des mots, et quand vous sentez que la tête se prend et qu'un orage monte, appelez votre cœur au secours de la raison, il est trop bon pour vous mal inspirer et trop pur pour ne pas voir juste. Suivez son impulsion cela vous évitera bien des chagrins.

— Si je suivais l inspiration de mon cœur en ce moment, M. Paul, j'irais tout dire à papa, car le secret, religieusement gardé par mon précepteur, m'est très-pénible à moi ! Quand j'embrasse papa ou qu'il me dit un mot d'affection, mon cœur se serre comme si j'avais menti, et je suis prêt à tout confesser tant je suis malheureux. Mais ces pauvres enfants qui comptaient demain s'amuser si bien, je ne puis supporter l'idée qu'ils seraient punis à cause de moi !

— Croyez-vous donc votre père assez injuste pour faire souffrir des innocents, Henri ?

— Oh ! non, Monsieur, mais M. André a dit que je mérite d'être privé du congé de lundi et papa lui donne toujours raison. Que feriez-vous à ma place, M. Paul ?

— Je prendrais le droit chemin, j'irais trouver mon père.

— Merci ! j'y vais tout de suite alors !

— Attendez que nous soyons rentrés pour tenir compagnie à l'oncle ; je vais vous envoyer votre père sous cette tonnelle.

CHAPITRE XXVII.

L'AVEU.

Henri se réfugia sous le vert abri rendu plus sombre par l'approche de la nuit et les larges feuilles d'aristoloche qui le couvraient.

M. Demérans arriva bientôt.

— Tu as quelque chose à me dire, mon enfant ?

— Quelque chose de très-mal, papa, et qui me rend bien malheureux parce que vous ne le savez pas.

Et Henri déchargea son cœur, s'accusa sans le moindre détour de sa faute envers M. André, raconta ses angoisses, sa crainte d'un châtiment qui atteindrait ses petits camarades, enfin sa conversation avec M. Paul et le soulagement qu'il éprouvait d'être délivré d'un secret si pesant.

— Et maintenant, papa, s'écria-t-il, en pressant la main chérie qu'il tenait dans les siennes, accordez-moi d'être puni tout seul, plus sévèrement si vous voulez, mais épargnez mes pauvres soldats, qui sont si heureux à la pensée du congé de lundi et qui auraient tant de joie de voir leur capitaine en uniforme et à cheval. Oh ! papa, les priver de tout cela par ma faute, jamais je ne m'en consolerais !

— Mon noble enfant ! dit M. Demérans en attirant son fils dans ses bras. Non, ils ne doivent pas être punis à cause de toi. La bataille de lundi ne sera point dérangée. Mais il est probable, cher enfant, que M. André sera sans pitié pour ta paresse.

— Cela est juste, papa. Je me soumets à tout. Ce soir, je demanderai pardon à M. André.

M. Demérans rentra au salon avec Henri et en passant près du contre-maître, il lui serra la main.

Le soir, Henri frappa à la porte de son précepteur et lui fit des excuses avec la promesse d'être plus docile.

— Ah ! mon cher Henri, dit M. André en l'embrassant, sans ce cœur-là qui répare tout, il y a longtemps que je vous aurais quitté !

CHAPITRE XXVIII.

LA REVUE.

Le jour désiré arriva enfin. La matinée fût consacrée aux devoirs religieux. Dans les villages, le lendemain de la fête patronale, on se souvient des morts. Une grand'messe solennelle réunit dans l'église ornée de tentures noires, tous les habitants de la paroisse. On fait la procession au cimetière et les fils, les frères, les parents, les amis de ceux qui dorment là, vont s'agenouiller sur les tombes parmi les herbes sauvages, hautes et parfumées. Chacun récite une prière pour ses chers défunts, il faut bien faire la part des morts avant de se livrer à la joie.

M. Demérans et sa famille se réunirent au pied du mausolée de Mme Demérans, la tombe était jonchée de fleurs. Le bon général placé entre les deux enfants de sa nièce chérie, songeait avec douleur à cette jeune femme si vite enlevée à tant d'amour, et priait tristement. Quand il se releva Gabrielle lui dit à voix basse :

— Ne trouvez-vous pas, cher oncle, qu'on ne peut pas prier pour maman comme pour les autres ?

— Pourquoi ma fille ?

— Elle était si bonne, qu'il est impossible de croire qu'elle n'est pas au ciel.

— Si bonne ! Oui, elle n'a vécu que pour les autres. Pauvre Angèle ! j'avais compté sur toi pour me fermer les yeux, et je suis là encore, tandis que tu dors dans la tombe depuis tant d'années...

— Elle a laissé ses enfants pour vous aimer à sa place, mon bon oncle, et il ne s'agit point aujourd'hui de songer à fermer les yeux, il faut au contraire les ouvrir bien grands car Henri compte sur vous pour une affaire importante.

— Et en quoi, s'il te plait, mignonne, puis-je être bon à ton frère ? Je suis incapable de faire de longues promenades à cheval... Ces diables de rhumatismes...

— Ne vous empêcheront point de passer une *revue* ni d'examiner si les soldats font bien l'exercice.

— Une revue! ah ! ah! ah! Voilà qui est digne d'Henri ! il veut étrenner son costume, eh ! bien, va pour la revue ! J'en suis ! Se propose-t il aussi d'enfourcher Ali-Bey !

— Oui, mon oncle, ses petits soldats seront si contents de voir leur capitaine à cheval ! et Henri ne songe qu'à leur faire plaisir.

— Bravo ! Il a du sang de Livry dans les veines. Il a raison d'aimer ses hommes, c'est la famille du capitaine. Ils vous le rendent bien d'ailleurs et ne s'en battent que mieux.

A cause de la grande chaleur on se tint au salon, les persiennes fermées, une partie de l'après-midi. Vers quatre heures, Valentin ouvrit les fenêtres du côté de la cour et la porte du perron à deux battants. Gabrielle prépara la canne du général et échangea un regard d'intelligence avec M. Paul qu'on avait emmené après la messe.

Un coup de fusil retentit comme un signal sans doute, car le clairon sonna immédiatement. Alors, sous la conduite du lieutenant Émile, très-fier de ses épaulettes neuves et de son beau sabre à poignée de cuivre, le régiment d'Henri fit son entrée dans la cour du château. Les tambours ouvraient la marche, ils alternaient avec le clairon. Tout à coup le clairon sonna les premières notes d'un air bien connu, et alors officiers et soldats, d'un même élan, joignirent les paroles à la musique et chantèrent à pleine voix :

As-tu vu la casquette,
La casquette, la casquette...

Le général, entraîné comme les autres, battait la mesure avec la tête et riait de tout son cœur. Quand le chant eut cessé et qu'on se souvint de la discipline, Henri arriva monté sur Ali-Bey qui se cabrait fièrement sous la main du jeune cavalier.

Ce fut un cri d'admiration. Les petits soldats ne s'attendaient point à pareil plaisir. Galons et broderies charmèrent tous les regards, la joie éclata bruyamment : Vive le capitaine ! Vive M. Henri !

Le capitaine, fier de ses hommes, commanda quelques exercices. Les deux premiers bataillons, composés de vétérans qui avaient appris la *théorie* plus vite que la *grammaire*, se distinguèrent par l'agilité, la promptitude et la grâce de leurs mouvements. Très-fiers quoique intimidés de la présence du général, ils obéissaient à leur jeune chef avec une satisfaction qui brillait dans leurs yeux, ils obtinrent les applaudissements de tous les spectateurs.

Restait le troisième bataillon, composé de très-jeunes recrues. Il fallut bien aussi les mettre en scène et essayer quelques évolutions, car autrement les marmots auraient pleuré.

Un vieux caporal de douze ans se plaça gravement devant eux :

— Allons, mes enfants, attention au commandement ! Tenez-vous droits pour commencer.

Toutes les petites têtes demeurèrent immobiles.

— Voyons ? Y êtes-vous ? — Est-ce que c'est le coq du clocher que tu dois regarder, Charlot ? — Les mains sur la couture du pantalon, Lucien ! — Maintenant, en avant du pied gauche !

Le premier part du pied gauche, le second du pied droit, ils se heurtent, les jambes s'embrouillent les unes dans les autres, quelques-uns tombent et se relèvent en se querellant, le désordre est au comble et, pour l'achever, un fou rire s'empare des grands qui sont restés au port d'armes, immobiles comme des grenadiers de la vieille garde.

Les petits ne riaient pas : plusieurs d'entre eux, voulant absolument montrer leur science militaire, continuaient de faire l'exercice tout seuls, d'autres pleuraient, d'autres échangeaient des coups de poing ou des soufflets qui excitaient des cris de colère.

Enfin le capitaine galopa vers ce bataillon indocile, et d'une voix qu'il s'efforça de rendre terrible :

— Silence ! les petits ! cria-t-il, et à vos rangs !

La bande tumultueuse se remit en place et, tant

bien que mal, suivit les grands qui marchaient militairement, le fusil sur l'épaule, vers le théâtre ordinaire de leurs exploits : la butte aux ronces, déjà illustre sous le nom de *fort d'Ivry*.

CHAPITRE XXIX.

UN SOUVENIR D'AFRIQUE.

Le général ne se fit pas prier pour se rendre à l'invitation de son neveu ; ces gamins enrégimentés, si sérieux sous l'uniforme, l'amusaient beaucoup ; il monta dans sa voiture avec Gabrielle ; Henri leur donna une escorte d'honneur et lui-même se tint à la portière, autant toutefois qu'Ali-Bey voulut bien le permettre, car il avait parfois des caprices, et si son cavalier parvenait toujours à les dompter, il lui était impossible de les prévenir.

On arriva à la butte. Le général s'installa à distance sur un banc garni de coussins d'où l'on apercevait une espèce de village maure entouré d'un mur fortifié. Ce mur, d'ailleurs formidable, attestait le génie du sergent Robert. C'est lui qui avait eu l'idée d'enlacer des fagots d'épines avec des branchages et des cordes solides et d'en former une enceinte menaçante. Une seconde haie, tout aussi gracieuse, entourait la première ; elle était faite de branches de genévrier et de tiges de houx.

On vit bientôt paraître les défenseurs. Un capuchon blanc et un manteau formé d'un tablier de cuisine simulait le burnous, il s'agissait d'enlever un village arabe. Henri savait combien les souvenirs d'Afrique étaient doux au cœur du général. Par une délicatesse digne de son affection pour l'excellent grand oncle, le village reçut le nom de Méah !

Voici la scène qu'on voulait rappeler :

Le général de Livry, n'étant alors que simple capitaine, vit un jour l'armée française arrêtée par une poignée de Kabyles, qui défendaient un village bâti dans une situation formidable. Chacun disait : « Il faut prendre çà ! » Mais personne n'en trouvait le moyen. Enfin les soldats s'impatientaient : « Est-ce qu'il serait donc impossible d'aller déloger tous ces moricauds ? » Le capitaine de Livry se propose pour tenter un *coup de main* ; les hommes de bonne volonté ne manquent pas, il n'a qu'à choisir et il choisit les plus agiles.

Les voilà partis ; on grimpe en silence, en s'aidant mutuellement, par des chemins qui auraient effrayé les chèvres, on escalade des rochers inaccessibles ; on rampe, on se glisse, on se traîne et, après des efforts inouïs, le village est cerné, une vive fusillade l'annonce à l'armée ; les Maures, surpris de tant d'audace, résistent mal, ils s'imaginent qu'ils ont l'armée entière sur les bras, bientôt la flamme éclaire le carnage ; à la lueur de l'incendie le capitaine victorieux va rejoindre les troupes. Tout à coup il s'arrête, prête l'oreille, un cri s'est fait entendre, à côté, dans un sentier abrupte; le brave guerrier s'avance et découvre un pauvre enfant, abandonné ou perdu dans la fuite précipitée des Arabes. Touché de compassion, il l'emporte. L'enfant lui sourit, joue avec ses épaulettes d'or, et les soldats, attendris par ce spectacle, s'approchent de leur chef et caressent le petit infortuné qu'ils viennent de rendre orphelin.

D'immenses acclamations saluèrent l'heureux capitaine, il fut mis à l'ordre du jour et son enfant suivit l'armée jusqu'à ce qu'on pût l'envoyer dans une ville pour y être élevé.

Nous ne raconterons point l'assaut du village arabe par la troupe d'Henri, il suffira de dire qu'après une lutte acharnée, les Arabes jetèrent leurs burnous par dessus les fagots. On cria : Vive la France ! et après avoir planté son drapeau sur la cime de Méah, les soldats fatigués, saignant des nombreuses écorchures que les épines leur avaient faites, descendirent de la butte. C'est alors qu'Henri trouva dans l'herbe une grande poupée de sa sœur et qu'il la ramassa pour rappeler l'enfant arabe sauvé par le capitaine de Livry.

Le bon général comprit tout, il embrassa son neveu avec tendresse, adressa de bonnes paroles aux joyeux soldats et les fit asseoir sur l'herbe autour de lui.

— Je n'ai point de croix d'honneur à distribuer, mes enfants, leur dit-il ; mais en revanche, nous allons faire un goûter comme jamais héros d'Afrique n'en a rencontré durant ses rudes campagnes. Allons, Jean et Valentin, approchez !

Les domestiques montrèrent alors deux grandes corbeilles pleines de gâteaux, de pains d'épices, de sucreries. On avait dévalisé les marchands de la fête. Gabrielle se leva pour présider la distribution ; chacun eut bonne part et le général put voir, à l'appétit merveilleux des petits convives, que ses friandises étaient appréciées.

Mais le grand oncle ne faisait jamais les choses à moitié : après la *razzia* sur les bonbons, il fit encore acheter une immense quantité de joujoux, des couteaux, des cannes et autres objets que les enfants regardent d'un œil d'envie lorsqu'ils s'arrêtent devant les baraques. Gabrielle se disposait à faire ce nouveau partage avec discernement ; elle commença par étaler sur l'herbe chevaux, tambours, mirlitons, sifflets, polichinelles, lapins, serpents, etc. Il y en avait pour tous les goûts, sans compter les sabres, les fusils, les pistolets. Des regards pleins de convoitise étaient fixés sur ces charmants objets.

Mais Pierre, l'aide-de-camp habituel de la petite fille, venait de la quitter pour retourner au château.

— Commence tout de même, chère sœur, dit Henri aussi impatient que ses petits camarades. Émile t'aidera.

Le lieutenant Émile, vaillant et sage entre tous les officiers, alla se placer à côté de Gabrielle. Bientôt, ayant imposé silence de la main, il cria d'une voix forte :

— 3e bataillon ! Attention au commandement ! Que ceux qui veulent un cheval lèvent la main !

A l'instant toutes les mains furent levées.

— Il n'y a pas de chevaux pour tout le monde, ceux qui choisissent les chevaux n'auront pas de fusil. Ceux qui aiment mieux un cheval qu'autre chose qu'ils lèvent la main !

Le mot de fusil avait été magique ; beaucoup de mains tombèrent, et il y eut assez de chevaux pour contenter les amateurs. Les polichinelles ne furent point dédaignés, mais le grand succès fut pour les armes. On pouvait tirer avec les fusils et les pistolets en les chargeant avec des pois secs. Ceux-ci furent réservés pour les grands ; d'autres moins perfectionnés, mais qui lançaient fort bien des boules de liége ou de moelle de sureau, firent le bonheur des petits. Déjà chaque bambin du 3e bataillon avait reçu un jouet, il restait encore une abondance de trompettes, sifflets, cornets, ins truments redoutables pour les oreilles paisibles. Valentin représenta respectueusement au général que si on distribuait ces choses là tout de suite, les enfants allaient faire un tel charivari qu'il n'y aurait plus qu'à s'enfuir.

— Allons donc ! vous oubliez la discipline, mon bon Valentin. Approche, lieutenant !

Émile porta la main à son képi et attendit avec respect l'ordre du général.

— Tù vas proclamer tout haut la distribution des trompettes.

Seulement, comme je ne veux pas que ces moutards nous fendent la tête avec leur musique, déclare bien haut que celui qui ne cachera point immédiatement dans sa poche sa trompette ou son sifflet, sera obligé de rendre tous les jouets qu'il a reçus.

Émile répéta trois fois son avertissement, après quoi on livra sans trop d'effroi les terribles instruments aux joyeux marmots qui eurent bien de la peine à ne pas les essayer.

— 2e bataillon ! cria le lieutenant, pour les *chassepots* ! Messieurs, que ceux qui veulent des *chassepots* lèvent la main !

Toutes les mains se levèrent.

— Consulte le 1er bataillon aussi, mon enfant, dit le général, nous en ferons venir.

— 1er bataillon ! répéta Émile. Qui veut des *chassepots* ? et lui-même leva la main.

— C'est bien ! les chassepots ont l'unanimité, as-tu les noms de tes soldats, Henri ?

— Oui, mon oncle. Je vous les donnerai.

A ce moment, Pierre arriva tout essoufflé. M. le Général, dit-il à voix basse, le feu est à Polhay ! M. Demérans part à l'instant, il vous prie de ne point vous inquiéter. On espère que ce ne sera rien.

— J'y vais aussi dit Henri, nous pouvons être utiles. Gabrielle, ramènera mon oncle, Valentin mettra en lieu de sûreté tout ce qui reste à distribuer. Attends-moi, Pierre.

Et élevant la voix :

— Messieurs des deux premiers bataillons, à vos rangs et au pas de course ! Le feu est à Polhay ! Nous ferons la chaîne !

Effrayés, les enfants s'élancèrent ; une colonne de fumée qu'ils aperçurent en sortant du bois, les guida vers l'endroit du sinistre.

CHAPITRE XXX.

L'INCENDIE.

Quand la petite troupe entra dans le village, Pierre se sentit défaillir.

— C'est la maison de Julien, monsieur Henri, dit-il au jeune Demérans; la nôtre est à côté !

— Ne te désole pas d'avance, Pierre, les pompes arrivent, on pourra peut-être la sauver.

Et, appelant Émile et Robert, Henri leur dit :

— Rangez vos soldats pour aider à faire la chaîne, mettez les plus jeunes aux seaux vides, tous même si vous pouvez, moi, je vais avec Pierre, sa maison est menacée.

Les cloches des environs sonnaient le tocsin, on entendait sur les routes avoisinantes le roulement précipité des voitures qui amenaient du secours ; les pompiers accouraient à travers champs et le son lugubre du tambour retentissait dans la vallée de Mérans comme un cri d'alarme répété par tous les échos.

Baptiste et Marianne déménageaient, aidés de quelques voisins ; les enfants pleuraient en regardant les grandes flammes rougeâtres qui s'élevaient dans le ciel.

— Si le bon Dieu permet que le vent ne se lève pas, disait Baptiste, nous pourrons peut-être y échapper.

Le vent fort léger paraissait pousser la flamme du côté opposé ; aussi tous les secours se portaient par là.

M. Paul avait fait couvrir le toit de chaume de Baptiste avec des draps mouillés sur lesquels s'éteignaient les brindilles enflammées qu'on voyait s'abattre à de grandes distances autour du foyer de l'incendie. Mais il fallait une surveillance active, la moindre étincelle pouvait allumer la maison. Henri et Pierre se chargèrent d'y veiller.

Les deux enfants appuyés sur une échelle et munis d'arrosoirs, aspergeaient de temps en temps le drap protecteur tandis qu'ils frappaient avec une gaule armée d'une grosse éponge sur les débris enflammés qu'on voyait à chaque instant tomber sur le toit. Robert vint bientôt les rejoindre, il rendit compte à Henri du zèle et de l'activité de ses camarades.

Tout à coup une idée terrible traversa l'esprit de Pierre.

— M. Henri, s'écria-t-il, en se précipitant du haut de son échelle, la mère de Julien est infirme, on l'aura oubliée ! Pauvre femme !

Et l'enfant sauta par dessus la haie qui séparait son *courtil* de celui de Julien courant droit à la maison incendiée.

Robert était encore là.

— Monte sur le toit à ma place lui cria Henri, tandis qu'il s'élançait dans la direction de Pierre.

La maison de Julien donnait sur la rue, elle avait trois pièces dans lesquelles se trouvait renfermé tout le mobilier de la famille. C'est là que la foule se pressait. Mais au fond de la cour, à côté d'un misérable hangar et d'un bûcher, tous les deux remplis de paille, de fagots et d'outils, il y avait une chambre où couchait l'aïeule, pauvre femme à demi paralysée. Personne ne songeait à elle et cependant le hangar brûlait.

Une fenêtre très-élevée au dessus du sol donnait accès dans cette chambre par le courtil. Pierre l'escalada.

— Prenez ce banc, M. Henri, cria-t-il en jetant au jeune Demérans un vieil escabeau vermoulu.

Henri grimpa et fut à l'instant près de son camarade.

Envelopper la vieille femme d'une couverture, l'attacher sur l'unique chaise qu'elle possédât fut l'affaire d'un instant. Les enfants ne disaient mot et tâchaient de ne pas respirer, la fumée les suffoquait.

D'un bond Henri sauta sur la fenêtre et tira à lui la chaise de l'infirme que Pierre plus grand et plus fort soulevait à l'intérieur. Ils réussirent à la hisser sur l'étroite planche de la fenêtre. La main de Pierre tenait la chaise en équilibre. suspendue à près de deux mètres au dessus du courtil. Henri descendait sur le banc se préparant à recevoir dans ses bras le fardeau que son ami laisserait glisser le long du mur, mais tout à coup le misérable escabeau se brisa sous le pied du jeune homme et en même temps le toit du hangar s'écroulait, lançant des tourbillons d'étincelles avec une fumée noir et épaisse.

Henri cramponné au mur soutenait encore la vieille Ursule, n'étant point assez fort pour l'enlever seul dans ses bras et la haute fenêtre opposant à ses efforts un invincible obstacle.

Tout à coup un bruit sourd se fait entendre. Pierre suffoqué venait de tomber sur le pavé.

— Au secours ! au secours ! cria Henri d'une voix pleine d'angoisse.

Hélas ! Robert lui-même, placé à cinquante pas, n'entendit point ces cris de détresse.

Mais la Providence veillait sur ces généreux enfants. M. Paul avait vu jaillir une colonne de flamme du hangar de Julien. Plein de sollicitude pour la maison de Baptiste, il accourait suivi d'Éloi et de M. Vatou.

D'un regard il aperçoit la situation désespérée du jeune Demérans et pressent un malheur.

— Attendez ! cria-t-il, en volant à son secours.

On descendit la pauvre infirme avec précaution et non sans beaucoup de peine.

La flamme brilla dans la chambre abandonnée.

Henri avait déjà relevé son infortuné camarade.

— Vite ! Éloi, dit-il, au robuste ouvrier qui tendait les bras pour saisir Pierre. Prenez-le ! il ne respire plus !

Il était temps ! A peine Henri avait il franchi la fenêtre que le toit s'effondra.

M. Paul allait d'Ursule à Pierre, s'efforçant de les ranimer tous les deux. Henri, le cœur navré, se tenait agenouillé auprès de son malheureux petit ami, retenant son souffle pour essayer de l'entendre respirer, le soutenant dans ses bras et lui prodiguant avec anxiété tous les soins qu'indiquait le contre-maître.

Enfin, d'autres personnes arrivèrent, on prévint M. Demérans, il accourut, s'attendant peu à trouver son fils les mains et les cheveux brûlés à côté de Pierre évanoui ; ce n'était point l'heure de donner des explications. M. Paul ayant confié ses malades à leurs amis, alla chercher dans sa petite pharmacie des stimulants énergiques qui ranimèrent peu à peu les asphyxiés.

Quand Pierre ouvrit les yeux, il chercha d'abord Henri et un soupir de soulagement s'échappa de sa poitrine.

— Vous n'êtes pas blessé, s'écria-t-il, quel bonheur.

— Mes pauvres enfants, dit M. Demérans, que vous est-il donc arrivé ?

— Oh ! papa, répondit Henri, ce serait long à raconter ici. Pierre a failli périr en voulant sauver la vieille Ursule, et moi j'aurais peut-être été écrasé sans l'arrivée providentielle de M. Paul.

Il furent interrompus par une femme affolée de douleur qui se précipitait au milieu d'eux. C'était Marianne ; on lui avait dit que son fils était mort.

En le voyant pâle, faible, mais vivant, appuyé sur le jeune de Demérans, elle éclata en sanglots et tomba à genoux pour remercier Dieu. Pierre se jeta dans ses bras, l'assurant qu'il n'avait point de mal, et la pauvre femme, tremblante encore, se hâta d'aller rassurer Baptiste.

Dans la rue on était maître du feu. Les pompiers s'occupaient à réunir leurs seaux et à ramener leurs pompes, les étrangers s'en allaient. On commença à s'occuper des victimes. Les Julien avaient peu d'amis. Néanmoins, en considération de leur malheur, on leur offrit l'hospitalité. Ursule fut reçue par madame Grandguillot.

M. Paul décida que Pierre dormirait cette nuit là chez lui ; sa mère pouvait l'accompagner si elle jugeait que des soins lui fussent encore nécessaires, mais l'enfant ne souffrait point. Il avait cependant des brûlures comme Henri et elles lui causaient de vives douleurs.

M. Paul les ayant emmenés dans sa maison pansa leurs blessures avec un onguent de sa composition dont il avait éprouvé souvent la prompte efficacité. On raconta ensuite à M. Demérans comment les deux enfants avait sauvé la vieille Ursule.

— Nous aurions réussi tout de suite, papa, si la fenêtre eût été plus large, et surtout moins élevée, je crois bien aussi que la chaise a augmenté nos difficultés, mais nous avions peur de blesser la pauvre femme et surtout de la laisser tomber. Pour finir, M. Paul nous a sauvé la vie à tous les trois ; jamais je n'oublierai le soulagement que j'ai éprouvé quand sa main est venue à mon aide au moment où j'allais tenter un dernier effort pour enlever la chaise. Ursule pouvait tomber sur moi et Dieu sait ce qui serait arrivé.

— Et Dieu sait aussi la peur que vous m'avez faite, Henri, quand j'ai aperçu de loin votre attitude désespérée. J'ignorais encore que le pauvre Pierre fût enfermé dans la chambre en feu.

— La flamme n'a jailli qu'au moment où je le relevais, M. Paul ; voilà pourquoi nous avons été un peu brûlés, mais cette chambre était un four et c'est une horrible chose de ne pas pouvoir respirer.

On frappa à la porte, Valentin entra, il venait annoncer que la voiture était là.

— J'oubliais tout-à-fait notre bon oncle et le dîner, observa M. Demérans, il sera indulgent à cause de l'incendie.

— Veuillez dire à mademoiselle Gabrielle que vous m'avez sauvé la vie, M. Henri, dit Pierre, cela lui fera plaisir.

— Et pourquoi ne le lui dirais-tu pas toi-même, mon garçon, reprit M. Demérans ? Allons tous dîner au château. Voulez-vous venir, M. Paul, la voiture vous ramènera ?

— Non, je vous remercie, il vaut mieux, je crois, donner aux enfants le plus de calme possible, ce soir. Vous savez que je suis un peu médecin. En cette qualité je prévois qu'une réaction peut-être assez forte suivra cette violente émotion. Voyez, ces mains-là sont toutes fiévreuses, on ne va pas impunément au feu pour la première fois. Vous me feriez plaisir, Monsieur, d'accorder quelques jours de congé.

— Oh ! papa, et M. André ? Vous savez bien que je suis uni cette semaine ; mon précepteur dit que je trouve toujours des raisons pour ne pas apprendre mes leçons...

— Si pourtant le médecin l'ordonne... observa le père en souriant.

— J'arrangerai cela avec M. André, mon enfant, soyez tranquille et comptez sur moi, dit M. Paul.

Une heure après le général, ayant appris de son neveu tous les détails de l'incendie et la noble conduite des deux enfants, serrait Henri dans ses bras et lui disait : « Vous avez agi comme des hommes ! je suis content d'être ton oncle!

— Et vous embrasserez Pierre, cher oncle, ajouta Gabrielle, pour l'encourager à faire le bien ; il a un si bon cœur et il nous aime tant !

— Vous le lui rendez bien, mignonne ! Amène-moi ton Pierre demain, je l'embrasserai comme un brave garçon qu'il est.

CAAPITRE XXXI.

LA FIÈVRE.

Le lendemain, après une nuit très-agitée, Pierre s'éveilla sans autre souffrance qu'une sensation désagréable à l'endroit de ses brûlures.

Il n'en fut point de même d'Henri : son sommeil, troublé par des rêves effrayants, lui procura moins de repos que de fatigue. Il poussait des cris comme dans le cauchemar : « Sauvez-le ! il est perdu !... Voilà la « flamme !... Mon Dieu, comment faire pour le laisser « passer ?... Je vais précipiter la vieille, arrive que « pourra. » Et sa tête se retournait sur l'oreiller sans trouver de repos. L'impression de la veille avait été terrible. Par moments, il semblait en proie à une sorte de délire et se débattait contre un ennemi invisible.

M. Deméfans, alarmé, réveilla son fils pour le soustraire aux fantômes de son imagination et s'installa au chevet du lit.

— Comment va Pierre ? demanda Henri en ouvrant les yeux.

— Assez bien, je pense, pour venir te voir ce matin. Et toi, souffres-tu beaucoup ?

— Seulement d'un très-fort mal de tête, il y a quelque chose qui me bat dans les tempes et j'ai le front serré comme dans un étau.

— Ce serait pourtant dommage de vous amuser à être malade quand vous avez congé, dit Julie, attendez, je vais vous mettre des compresses d'eau froide avec du vinaigre, en attendant que M. Paul nous indique un meilleur remède, car il trouvera bien moyen de vous guérir, lui : et vos pauvres mains tout emmaillotées vous font-elles beaucoup de mal ?

— Non, Julie, je crois même qu'elles sont guéries, car je n'y sens plus rien.

— Alors, ce qu'il y a de plus endommagé, c'est encore votre pantalon d'ordonnance, il est roussi de la belle façon, allez ! C'est une pitié de l'avoir arrangé comme ça la première fois que vous le mettez ! Et du si beau drap !... Par bonheur que vous avez eu l'idée de retirer votre tunique, elle aurait été fraîche, elle aussi, avec ses beaux galons !

— Tu as plus de compassion pour mes vêtements que pour ma personne, Julie ; ne me fais pas rire pourtant car cela redouble ma douleur de tête. Mais vous, papa, pourquoi êtes-vous là ? Il ne fait pas jour encore, est-ce que vous me croyez malade, ou bien ne vous seriez-vous pas encore couchés dans le château ? je ne me souviens plus de rien.

— Vous avez crié en rêvant, M. Henri, et M. votre père est venu, répondit Julie, nous ne savions pas ce que vous aviez.

— J'aurai rêvé de l'incendie probablement ; vois-tu, Julie, quand Pierre m'a crié qu'il étouffait et que je ne pouvais ni quitter la vieille femme, ni l'enlever tout seul de cette étroite fenêtre, j'ai eu un moment de désespoir si affreux que je ne l'oublierai de ma vie.

— N'y songe plus, mon enfant, dit M. Demérans, il

faudrait tâcher de t'endormir avec des idées plus riantes. Par exemple, à quoi pourrions-nous occuper les jours de congé ? Le général fait venir des fusils, il y en aura de quoi fournir un arsenal.

— Oui, c'est pour les deux premiers bataillons... il en manque...

En disant ces mots, Henri s'assoupit la main dans celles de son père. Sa respiration était bruyante et entrecoupée, sa figure enflammée par la fièvre. Bientôt des paroles incohérentes se succédèrent, Henri se redressa, les yeux fixes, hagards : « Robert ! Robert ! il étouffe ! Grand Dieu ! Au secours ! Au secours !... »

M. Demérans réveilla encore le pauvre enfant.

— Est-il jour, papa ?

— Oui, c'est-à-dire bientôt. Les oiseaux ne chantent pas encore.

— J'ai cru entendre la voix de M. Paul.

— Ce ne serait pas étonnant, il est si matinal ; nous le garderons à déjeuner ce matin, quoi qu'il en dise.

— Oui, papa, j'en serai très-content. Tu me fais mal, Julie !

— Je vous remets tout doucement une autre compresse.

— Il ne faut pas me remuer la tête.

— Voici quelqu'un, c'est M. Paul.

— Non, cher enfant, c'est *Caro* qui a poussé la porte et est entré sans cérémonie. On aura laissé le vestibule ouvert. Veux-tu qu'on le renvoie.

— Non papa, pauvre *Caro* ! Voyez comme il nous regarde, il a l'air de demander ce que nous faisons tous là.

M. Demérans, inquiet, avait dépêché Valentin chez M. Paul pour le prier de venir sur-le-champ. Il partageait la confiance des paysans. La science médicale du contre-maître avait fait ses preuves en faveur des pauvres et on ne lui demandait point qu'elle fût approuvée par la faculté.

M. Paul ne se fit point attendre, il enfourcha le cheval de Valentin, et partit à franc-étrier. *Caro* fut le premier qui entendit son pas rapide sur l'escalier, il l'annonça par un grognement presque doux et tout à fait digne de la retenue d'un garde-malade attentif.

Henri tendit les deux mains à son ami.

— Bonjour, mon cher enfant, je vais vous débarrasser de ces gants-là, ils ne sont point commodes pour donner des poignées de mains ; et le contremaître enleva les mouchoirs dont il avait, la veille, enveloppé les brûlures.

— Approchez la lampe, Julie, et baissez l'abat-jour, voilà qui va bien ! nous n'aurons pas même de cicatrices, mon petit capitaine, et si vous voulez des balafres, comme le général, il faudra les aller chercher sur le champ de bataille.

— La blessure est en dedans, M. Paul, j'ai un mal de tête fou ; papa n'a point dormi et me soigne comme si j'étais malade.

— Vous êtes surtout fatigué, une heure de bon sommeil vous ferait un bien infini.

Cependant la fièvre inquiétait M. Paul. Elle pouvait être le résultat d'une grande surexcitation ou le commencement d'une maladie. Il prépara une potion calmante, ordonna quelques soins, aéra la chambre, résolut de veiller sur le mal avec une grande attention.

— Me voici à la fois père, et médecin, dit-il à M. Demérans, je ne quitte point mon malade avant de lui voir la tête dégagée, mais qui va remplacer le contremaître à la filature ?

— Ce doit être moi, répondit le père et j'y vais sur-le-champ, rien n'est plus juste.

Resté seul avec l'enfant, M. Paul étudia avec anxiété les symptômes de la maladie ; une expression de souffrance particulière, des mouvements convulsifs, l'intensité croissante de la fièvre, un commencement de délire, des yeux hagards avec les pupilles contractées ne lui laissèrent bientôt plus de doute sur le mal redoutable qu'il n'osait avouer. Henri avait une méningite, c'est-à-dire une affection cérébrale des plus dangereuses et qui est presque toujours mortelle quand on ne parvient point à en triompher durant sa première période.

Il n'y avait point de temps à perdre. M. Paul fit prévenir M. Demérans que l'état de son fils étant grave, il ferait bien d'appeler son médecin, il ordonna à Valentin de lui tenir un cheval tout sellé et d'ouvrir d'avance les portes du parc. Ensuite, ayant posé lui-même des sangsues et donné à Julie des instructions précises, il sauta à cheval et galopa vers le bois. Il avait remarqué dans un fourré obscur une superbe tige de belladone qui pouvait aujourd'hui lui être d'un grand secours. La retrouver, en cueillir quelques branches fut l'affaire d'un instant. Après avoir fait le médecin, il fallut faire le pharmacien ; heureusement M. Paul savait *manipuler* et avait chez lui quelques appareils destinés à des préparations chimiques. Ayant tiré de sa belladone ce qu'il jugeait nécessaire, il emporta plusieurs instruments et arriva au château une demi-heure après le retour de M. Demérans.

Le pauvre père alla au-devant de lui pâle et consterné.

— Je vous en supplie, dit-il au contre-maître, dites-moi si vous pouvez le sauver ? J'ai envoyé une dépêche au canton, mais il y a deux lieues à faire pour venir, et d'ailleurs le médecin est loin d'être un savant.

— Rassurez-vous, monsieur, si un homme peut le sauver je le sauverai ; cet enfant m'est bien cher aussi, ajouta-t-il avec un accent profond.

Le malheureux père serra la main du contre-maître et ne répondit pas. Tous deux rentrèrent dans la chambre du malade. M. Paul calme, impassible, reprit sa place auprès du lit. A côté de lui, sur une table, se trouvaient divers flacons, de la glace composée artificiellement et sa montre, tout cela à portée de la main. Lui-même changeait fréquemment la vessie glacée sur le front de son jeune ami, le frictionnait, posait de nouveaux sinapismes, surveillait les sangsues, administrait les doses qu'il avait apportées, interrogeait de son regard perçant la physionomie du malade, comptait les battements de son pouls, luttant pour ainsi dire corps à corps avec le mal qu'il suivait pas à pas.

CHAPITRE XXXII.

M. RAPIN.

Pendant ce temps, dans la chambre de Gabrielle, agenouillés tous deux en face d'un crucifix, Pierre et sa jeune protectrice priaient ardemment. Le vieux général, assis dans un fauteuil, la figure abattue, contemplait ce touchant spectacle et puisait quelque espoir dans la confiance des enfants.

— Le bon Dieu ne voudra pas nous le prendre, cher oncle, disait Gabrielle, il ne refuse rien aux enfants et nous le prions de tout notre cœur.

— Va voir encore comment il se trouve, mignonne, et reviens vite, répétait le vieillard pour la centième fois. Je ne résisterai pas au désir d'y aller moi-même.

— Il ne faut pas d'émotions, et votre chagrin lui en donnerait, disait la petite fille, moi je ne fais que passer ma tête et Julie vient. J'y cours, mon bon oncle.

Et elle courut, le cœur brisé, attendant toujours cette parole qu'on ne lui disait pas : « le danger est passé. »

Le danger était grand, le mal continuait de s'aggraver, mais le médecin aussi continuait de lutter. Gabrielle se glissa près du lit.

— Courage, papa, murmura-t-elle, en voyant la désolation empreinte sur la figure de son père, le bon Dieu nous le rendra.

— Demandez-lui qu'il bénisse mes remèdes, dit le contre-maître à voix basse, et dites au général d'avoir confiance.

Il était deux heures de l'après-midi, personne ne songeait au déjeûner, M. Paul était encore immobile et impassible auprès du lit d'Henri, tenant dans sa main la main de son malade ; M. Démérans s'efforçait de lire sur la figure du contre-maître s'il fallait espérer ou craindre, Julie demeurait silencieuse.

Cependant les symtômes effrayants avaient disparu, le tremblement nerveux s'était calmé et l'enfant ne tombait point dans l'assoupissement qui indique la seconde période de la maladie, la fièvre ne cédait pas encore, mais le pouls battait régulièrement, le regard était meilleur, tout semblait annoncer une réaction favorable.

Enfin, après un quart d'heure encore de cette attente pleine d'angoisse, le contre-maître se leva, et prenant la main de M. Demérans:

— Remerciez Dieu, lui dit-il, Henri est sauvé, mais il revient de loin! Cette fièvre a été terrible, vingt fois j'ai désespéré.

M. Demérans se jeta dans les bras du contre-maître.

— Après Dieu, c'est vous qui me l'avez sauvé, s'écria-t-il, comment vous exprimer ma reconnaissance?

— N'ai-je point déjà votre amitié à tous? Que puis-je désirer de plus que le bonheur de vous témoigner la mienne?

— Excellent ami! Je vais apprendre la bonne nouvelle au général.

— Et faire sonner le déjeuner, si vous le voulez bien, ajouta M. Paul en souriant. Quand l'inquiétude est calmée, l'estomac réclame ses droits.

Le château était assiégé par une foule de personnes qui venaient de la filature et des deux villages demander des nouvelles du malade. On sut bientôt que le jeune Demérans ne courait plus aucun danger, ce fut un soulagement pour tout le monde.

Le général, tenant Gabrielle d'une main, Pierre de l'autre, entra dans la salle à manger avec un appétit, disait-il, qu'il ne s'était pas connu de toute sa vie, il remercia chaleureusement le contre-maître, embrassa M. Demérans et faisait asseoir près de lui les deux enfants lorsqu'on annonça M. Rapin, le médecin de l'endroit.

— Vous arrivez trop tard, grâce à Dieu, mon bon M. Rapin, notre pauvre Henri est sauvé, dit M. Demérans.

— Je je... n'étais pas chez moi quand... vint la dépêche, dit le docteur qui bégayait un peu. Puis-je voir le malade ?

— Assurément, si vous ne préférez vous mettre à table avec nous d'abord. Nous sommes à jeûn, M. Rapin, et depuis que je ne tremble plus pour la vie de mon fils, mon estomac crie famine.

— Et... peut-on savoir comment... comment la maladie s'est calmée ainsi tout d'un coup !

— Oh ! pas tout d'un coup ! Il a fallu de longues heures de luttes et des soins multipliés et aussi la science et le dévouement d'un ami. Permettez que je vous le présente, ajouta-t-il en désignant le contremaître.

M. Rapin salua, M. Paul lui rendit son salut.

— Monsieur est médecin? demanda le docteur en regardant celui qu'il prenait pour un confrère.

— Quelquefois, répondit tranquillement le contremaître.

— Je suppose que Monsieur a le droit... je veux dire que Monsieur est trop respectable pour ignorer que la pratique illégale... En un mot je pense que Monsieur est en règle...

La figure du médecin exprimait des idées plus claires que ses paroles. Il est difficile de savoir lequel était le plus blessé de son amour-propre ou de son intérêt. « Si ce médecin amateur s'empare ainsi de toutes mes pratiques, pensait-il, il ne me restera bientôt plus qu'à donner congé à mon propriétaire pour aller chercher fortune ailleurs. Nous verrons bien si ce monsieur a le droit de guérir les malades des autres? Quand je dirai cela à madame Rapin ?... Elle me reprochera encore de me laisser couper l'herbe sous le pied. Sous le pied... c'est-à-dire sur mon terrain. Mon terrain, à moi, ce sont mes pratiques, et M. Henri m'appartient. Que de visites j'aurais pu lui faire! Un homme riche comme M. Demérans, faire soigner son fils par un ami, — ça ne lui coûtera rien sans doute, — tandis qu'il a pour médecin un honnête homme, père de famille, qui a besoin de gagner sa vie! C'est six francs bien comptés que cet ami me vole comme s'il les prenait dans ma poche, et demain et après-demain... il me fait tort d'une somme énorme, juste au moment où je fais des économies pour acheter le clos de Vignard et agrandir un peu mon jardin. Ah! cet ami-là, si je puis lui rendre sa politesse... sans me compromettre pourtant.... il se souviendra de M. Rapin!

Tandis qu'il se livrait intérieurement à ces obligeantes réflexions, le docteur assis à une table bien servie ne restait pas inactif; côtelettes, rôti, pigeons ne faisaient que passer sur son assiette. Il absorbait ces choses et quantité d'autres avec la voracité d'un Allemand. Gabrielle prenait plaisir à le voir opérer, et Pierre se demandait comment tout cela pourrait tenir dans un seul estomac.

Le rude travail de ses mâchoires fit diversion aux pensées irritantes de M. Rapin, et quand arriva le dessert il avait repris son air de bonhomie accoutumé.

M. Paul quitta un instant la table; à son retour tous les regards l'interrogèrent.

— Nous en serons quittes pour la peur, dit-il, tout va bien.

On raconta alors à M. Rapin les événements de la veille, il ne put s'empêcher d'être attendri par le courageux dévouement des deux enfants.

Enfin, le bon vin de M. Demérans lui dilatant le cœur tout à fait, il entama une conversation médicale avec M. Paul et se montra savant.

Aucun terme de médecine si barbare qu'il soit ne fut épargné par M. Rapin, et selon la remarque de Gabrielle, c'est à peine s'il laissait à M. Paul le droit de parler *français*. Réellement ce dernier, osa scandaliser le docteur en ne lui répondant point dans sa langue.

— Jamais, disait M. Rapin. je n'ai vu réussir à guérir un client lorsque son mal avait atteint sa seconde période que nous appelons *collapsus*.

— Le talent du médecin consiste à arrêter la maladie avant qu'elle soit parvenue à ce degré, répondit le contre-maître.

— Il y a des fièvres qui vont vite... Ainsi vous n'avez jamais vu mourir des malades arrivés au *collapsus?*

— Si, une fois..., murmura M. Paul.

Il devint si pâle en prononçant ce mot, si profondément agité malgré l'habitude qu'il avait de dominer ses impressions, que chacun resta silencieux. On voyait que cette parole avait réveillé un cruel souvenir.

M. Demérans proposa de monter chez Henri. En quittant la table, M. Paul passa devant Pierre et Gabrielle, les deux enfants le regardèrent avec une telle expression de sympathie et d'affection qu'il en fut vivement ému. C'est tout ce qu'on osait offrir à des chagrins que nulle confidence n'avait révélés et qui semblaient fuir tout épanchement parce qu'ils étaient sans doute au dessus de toute consolation.

CHAPITRE XXXIII.

LA CIRCULATION DU SANG.

Le dimanche suivant de joyeux groupes se formaient encore dans les rues de Polhay. Ouvriers et laboureurs, assis sur des arbres couchés le long des murailles, devisaient gaiement en attendant le souper. On se racontait les nouvelles du jour, le prix du blé au marché de la veille et aussi les affaires de la commune. A côté, les femmes, réunies sur un autre arbre, ne laissaient pas non plus tomber la conversation quoique les sujets ne fussent pas les mêmes.

Madame Grandguillot était d'une taille de grenadier, haute en couleur, avec une voix peu musicale, mais qui pouvait défier en puissance celle d'un premier chantre de cathédrale. Elle paraissait la présidente de cette assemblée féminine, trônait à la place d'honneur sur un escabeau et surveillait en même temps son auberge, où entraient de temps à autre de rares chalands. Non loin, se tenait mademoiselle Flore, sa fille, forte et vigoureuse paysanne, vêtue d'une robe rose à volants, ce qui la rendait la plus élégante du village, et portant dans ses cheveux d'un blond très-foncé un nœud de ruban ponceau, luxe envié des autres jeunes filles ses compagnes.

— Vous voilà bien tranquilles aujourd'hui, dit Nicolas en passant, on n'était pas si rassis le lendemain de la fête !

— Non, non! une rude journée! Plaise à Dieu qu'il n'en revienne plus de pareille, ça aurait pu tourner plus mal, nos mares sont presque vides.

— Pas moins, voilà ces pauvres Julien à la belle étoile, à présent; ils ne gagneront jamais assez pour louer une maison.

— Si ça vivait comme d'autres en travaillant, on pourrait leur donner un coup de main pour les aider à se tirer d'affaire, mais du matin au soir, on voit les enfants vagabonder partout et le père lui-même traîne sur tous les chemins, braconnant à droite et à gauche, ça vous étouffe la pitié dans le cœur. Quand ils déménageraient du pays, on n'y perdrait pas grand chose.

— Ah! ça, madame Grandguillot est-il vrai que la grand'mère va entrer à l'hospice? c'est sa filleule, la petite de Baptiste, qui nous l'a dit.

— Je l'espère bien. Nous ne pouvons pas la garder toujours.

— Bien entendu. C'est très-beau à vous d'avoir recueilli la pauvre vieille.

— Il faut bien avoir pitié des malheureux, dit madame Grandguillot avec un petit sourire satisfait, M. Demérans m'a offert de payer les dépenses d'Ursule mais je lui ai répondu : « Monsieur, tout le monde sait que vous êtes bon pour le pauvre monde et toujours prêt à rendre service, mais nous ne sommes pas les pires du pays et il faut bien faire un peu l'aumône aussi. — Vous êtes une brave femme, m'a-t-il répondu; cette bonne action vous portera bonheur. C'est pas pour dire, mais je connais des mauvaises langues qui voulaient nous desservir au château parce qu'il y a des ouvriers qui se grisent quelquefois. Je ne peux pas les empêcher de boire, moi, c'est déjà bien de les mettre à la porte quand ils ne tiennent plus sur leurs jambes, et on sait que je ne leur fais jamais payer un centime de plus qu'ils n'ont bu.

— Oui, cela est vrai, dit une commère, madame Grandguillot ne tromperait pas un enfant.

— De l'autre côté on entendait :

— Faut que ça soit un homme bien savant tout de même ; vous guérir une maladie si grave en rien de temps ! Il en remontrerait à M. Rapin, qui n'est pas maladroit non plus à ce qu'on dit.

— M. Rapin ne va pas à la cheville de M. Paul, reprit Nicolas, la preuve, c'est qu'il est terriblement en colère. Je l'ai entendu dire chez madame Richard que ce *monsieur* est un charlatan, et que si on voulait le faire mettre en prison... Il paraît qu'il n'a pas le droit de recevoir d'argent. Il faut pour cela quelque chose comme une *patente*.

— Oui, oui, reprit Grandguillot, chacun se gratte où ça le démange. Je vois bien ce qui gêne M. Rapin, mais il pourra se gratter longtemps, car je vous réponds que si je suis malade je ne veux demander personne que M. Paul, et je saurai bien sous-main lui payer son dû, sans compter les autres qui pensent comme moi.

— Oui, oui, dirent plusieurs voix. Il n'est pas fier d'abord, ça nous va.

— Je ne me mêle pas de leurs affaires, reprit Nicolas, mais j'ai compris à leur dire que le contremaître serait un homme qui se cache.

— On croit qu'il y a quelque chose là-dessous. Il pourrait prendre un meilleur état puisqu'il est très-savant.

— Voulez-vous savoir, dit Paul Duraincy, pourquoi madame Richard en veut à M. Paul ? Je le sais, moi.

Avant-hier son fils Edmond a fait une indigestion pour avoir mangé trop de prunes, — et, s'il ne fallait pas retenir sa langue, je dirais bien d'où elles venaient, ces prunes-là, — elle a donc prié le contre-maître de venir. Mais il a répondu : « Je ne suis pas médecin, je ne soigne que mes amis. »

— Voilà un mot qui me fait plaisir, dit Jacques. L'autre jour il a donné une pommade à ma femme pour son panaris. C'est donc que nous sommes amis.

— Moi, dit Mathurin, il m'avait promis de m'expliquer mon baromètre, si je le vois revenir, voilà bientôt son heure, je lui en reparlerai.

— Père Mathurin, dit Paul Duraincy, je connais un peu la bricole de votre baromètre et je pourrai vous la conter, un de ces jours. Si M. Paul voulait à la place nous expliquer ce qu'il a dit que notre cœur est une *machine perfectionnée* qui fait manœuvrer notre sang dans tout le corps sans s'arrêter d'une seconde j'aurais du plaisir à connaître çà. Ne pourriez-vous pas lui en glisser deux mots ?

— Je ne demande pas mieux que de vous obliger, mon camarade.

On se remit à parler de la pluie et du beau temps, de la récolte et du bétail, enfin le contre-maître passa en ôtant son chapeau.

— Pardon, excuse, fit Mathurin, qui se dirigea vers M. Paul, si ça ne vous dérangeait pas, comme c'est un jour qu'on chôme.....

— ... Vous m'apporteriez votre baromètre, n'est-ce pas? Et j'ai promis de vous l'expliquer, c'est vrai. Voyons, il est quatre heures..... Voulez-vous venir chez moi?

— Je vous suis bien obligé, Monsieur, mais nous sommes là une société.....

— Que vous avez de la peine à quitter, c'est juste. Eh bien! remettons cela à une autre fois.

— Avec votre permission, dit Paul Duraincy, en s'approchant à son tour, nous aurions été contents de vous entendre expliquer sur ce que vous nous avez dit que notre cœur est une belle machine; qu'il met à lui seul tout le sang en mouvement.

Pour Mathurin, quant à son baromètre, je suis quasi en état de lui montrer son affaire. Il n'y perdrait rien.

En un instant, le contre-maître se trouva entouré par une foule de braves gens qui ne demandaient pas mieux que de lui laisser faire les frais d'une soirée intéressante.

— Dites à Baptiste d'apporter sa table, enfants! cria Jean.

— Toi, Émile, va chercher Pierre, ajouta Paul Duraincy, fidèle à son petit ami, je lui garde une place à côté de moi.

Madame Grandguillot offrit sa plus belle chaise et M. Paul se vit invité par un profond silence à commencer son discours.

Jamais orateur n'eut autour de lui un plus attentif auditoire.

CHAPITRE XXXIV.

HARVEY.

M. Paul. — Il faut d'abord vous dire, mes amis, comment s'appelait le savant illustre qui a découvert la *circulation du sang* dans le corps de l'homme. C'est un Anglais, médecin d'un roi qui périt sur l'échafaud, comme plus tard Louis XVI en France. Il y a de cela un peu plus de deux cents ans. Cet homme de génie se nomme *Harvey*. Après un long travail et de persévérantes études, il fit la grande découverte à laquelle son nom est attaché pour toujours et que je vais vous raconter.

Vous croyez peut-être que pour prix de ses efforts et d'un si magnifique succès il reçut une belle récompense !

JEAN. — On lui aura sans doute rendu des honneurs. Les savants en sont plus flattés que d'une grosse somme d'argent.

M. PAUL. — On le traita d'insensé, on se moqua de lui et, comme il arrive souvent, on ne s'aperçut de son génie et on ne lui rendit justice qu'après sa mort. Vous voyez, pour le dire en passant, qu'un grand homme peut faire du bien à son pays et n'en recueillir que de l'ingratitude. Faut-il pour cela s'attrister, abandonner son travail ? Non, mes amis, il faut rendre service aux hommes et les éclairer malgré eux. D'ailleurs il y a là-haut *Quelqu'un* qui récompense.

Venons au *cœur*, maintenant, j'ose à peine vous dire que beaucoup de personnes confondent la poitrine avec l'estomac. Vous riez ? Cependant vous me permettrez de remarquer, pour ceux qui ne les distinguent pas bien, que l'*estomac* est une poche dans laquelle *on digère* la nourriture et la *poitrine* un endroit dans lequel on *respire*.

La poitrine ressemble à un appartement qui aurait trois locataires assez proches parents. L'estomac, lui, n'est qu'un locataire d'un autre appartement situé au-dessous du premier et qu'on appelle *abdomen* ou ventre.

Le principal locataire de la poitrine c'est le *cœur*, les deux autres sont ses employés. Je ne ferai que vous les nommer ici, on les appelle les *poumons*.

Faisons maintenant le portrait du cœur. Vous connaissez tous sa forme, mais vous n'avez peut-être pas bien examiné l'intérieur de cet organe dans le cœur des gros animaux que l'homme sacrifie à son alimentation. Vous saurez donc qu'il se divise en deux parties complétement séparées par une cloison : le côté gauche et le côté droit. Chacun de ces côtés a deux étages ; l'étage supérieur du côté droit s'appelle *oreillette droite*; on descend de là dans l'étage inférieur par une espèce de trappe qui se referme ensuite, de telle sorte qu'on ne peut plus remonter. Ainsi le voyageur qui descend de l'*oreillette droite* dans le *ventricule droit* — c'est le nom de l'étage inférieur, — se voit couper la retraite ; il lui est impossible de retourner sur ses pas. Vous verrez plus tard que ce voyageur c'est le *sang*.

Nicolas. — Sauf votre respect, monsieur, c'est tout comme dans mon piége à rats, la bête peut bien y entrer, mais pour en sortir : bernique !

M. Paul. — Le côté gauche du cœur est pareil à son frère ; il a aussi une *oreillette* gauche et un *ventricule* avec cette porte perfide qui ne permet pas de rentrer dans l'*oreillette*.

Je vous ai dit que le voyageur qui passe ainsi d'un étage à l'autre c'est le sang. La porte qui se referme continuellement après son passage de l'*oreillette* dans le *ventricule* ne le gêne aucunement, car il est si pressé qu'il ne songe jamais à reculer d'un pas. Il fait continuellement le tour de notre corps sans revenir par le même chemin. C'est un vrai Juif-Errant à qui il est défendu de se reposer, car, voyez vous, s'il s'arrêtait ne fût-ce qu'une minute, la conséquence serait terrible, c'est une affaire de vie ou de mort, le cœur aussitôt cesserait de battre et vous devinez le reste...

MATHURIN. — Parbleu! il y aurait un homme de moins.

M. PAUL. — Vous savez déjà que les grands chemins du sang pour parcourir notre corps ce sont les *veines* ; il y en a d'autres un peu moins connus peut-être qu'on nomme les *artères*.

Les *veines* se promènent à la surface du corps, presque sous la peau et vous pouvez les voir sur vos bras. Les *artères* sont plus intérieures, elles ont besoin d'être protégées par l'épaisseur de la chair car si, par malheur, il arrivait que l'une d'elles reçût une blessure ce ne serait pas une petite affaire.

Vous savez ce que c'est qu'un *tube* ?

PAUL DURAINCY. — Oui, Monsieur, c'est un petit tuyau.

M. PAUL. — Eh bien, les artères sont de longs tubes flexibles qui parcourent notre corps dans tous les sens, mais avec un ordre infini. Quand le sang est descendu par *l'oreillette gauche* dans le *ventricule* gauche du cœur il trouve aussitôt une porte ouverte qui lui indique sa route : c'est une grosse *artère* appelée *aorte* qui se charge de le conduire toute seule un petit bout de chemin. Elle remonte avec lui vers le haut de la poitrine, mais là elle se recourbe pour redescendre vers les parties inférieures du corps. De cette courbure appelée *crosse de l'aorte*, parce qu'elle ressemble à la crosse d'un évêque, s'échappent quatre *artères* qui vont porter le sang dans les bras et des deux côtés de la tête. — L'aorte, elle, continue son chemin, elle redescend derrière le cœur tout contre l'épine dorsale jusqu'à ce qu'elle arrive aux reins ; là elle se partage en deux autres artères qui distribuent le sang dans les jambes et jusqu'aux extrémités des pieds.

Mais il faut vous dire que, sur sa route, l'artère *aorte* se ramifie en une multitude d'autres artères, lesquelles se divisent et se subdivisent encore en petits vaisseaux plus fins que des cheveux, si fins même que l'œil le plus pénétrant finit par ne plus les apercevoir.

Cela ressemble un peu aux racines d'un arbre qui naissent les unes des autres et deviennent des filaments presque imperceptibles. Vous comprenez sans doute, mes amis pourquoi les artères se divisent ainsi à l'infini ?

PAUL DURAINGY. — Je soupçonne qu'elles font le service de porter du sang dans les plus petits endroits de notre corps qui ne peuvent peut-être pas s'en passer.

M. PAUL. — Précisément. Supposez une petite parcelle de chair pas plus grosse que le plus petit grain de sable, à peine visible à l'œil nu ; supposez-la plus divisée encore, c'est-à-dire à peine visible au microscope, elle n'en renferme pas moins des milliers d'artères sans lesquelles elle n'existerait pas. Comprenez-vous, maintenant, que le cœur soit tout l'homme ! C'est le centre de la vie, celui qui l'envoie à chaque battement dans les millions d'artères qui forment le corps humain; et que pensez-vous de l'ouvrier qui a fait le cœur de l'homme ?

BAPTISTE. — Ah ! monsieur, c'est à tomber à genoux! Rien que d'y penser ça me donne des éblouissements.

LUCIEN. — Je pense comme Baptiste, j'en suis saisi ! Comme c'est beau de savoir ces choses ! Les savants sont les plus heureux des hommes !

M. PAUL. — Non, Lucien, la science a des joies, mais le vrai bonheur en ce monde n'appartient qu'à l'homme vertueux. Il est plus grand et plus fort que le savant, fût-il un simple ouvrier. Quant à Baptiste, il a éprouvé la même impression qu'Harvey. Presque effrayé de sa magnifique découverte, Harvey s'est jeté à genoux pour adorer Dieu et exprimer à ses pieds l'admiration dont il était saisi. Ce même grand homme, sous l'impression du même sentiment, disait un jour à ses amis : « Ah ! si je pouvais aimer Dieu comme je le connais ! »

GRANDGUILLOT. — Voilà qui me surprend. Faites excuse, M. Paul, si je parle de cela, mais j'avais cru voir par les journaux que les savants ne croient pas en Dieu.

M. PAUL. — Ne pas croire en Dieu, c'est impossible ! Il suffit d'un peu de bon sens pour comprendre que rien ne se fait tout seul. Mais vous ne vous trompez pas tout à fait M. Grandguillot : beaucoup de savants parlent et même agissent comme s'il n'y avait pas de Dieu ; ils ont des raisons qui ne sont pas toujours très-bonnes pour se conduire ainsi. Retenez-bien deux choses : l'*honnête homme* n'a aucun intérêt à oublier qu'il y a un Dieu ou à se persuader qu'il n'y en a point, *parce que* l'honnête homme ne fait point de mal. Un grand génie disait: « si tu veux connaître la vérité, c'est-à-dire Dieu, commence par purifier ton âme. »

Car, voyez-vous, ce qui nous empêche de voir clair et de raisonner droit, ce sont nos mauvaises passions.

Une passion mauvaise, un défaut, c'est une maladie de notre âme. Or quand vous êtes malade rien ne vous semble bon, vos membres sont incapables de faire leur service. C'est la même chose pour l'esprit. Vous savez que *ceux qui ont la jaunisse voient tout en jaune.* Eh! bien, les vices et les défauts d'un homme sont une jaunisse pour son esprit, il ne voit pas juste, il comprend les choses à l'envers, il devient insensé parce qu'il est méchant,

Dites à un ivrogne qu'il marche de travers, vous croira-t-il ?

MATHURIN. — Non, monsieur, au contraire, il serait plutôt capable de croire que c'est moi qui marche mal.

M. PAUL. — Voilà pourquoi, mes amis, il est nécessaire d'être honnête homme afin d'avoir une raison sûre et un véritable *bon sens.*

La seconde chose qu'il ne faut pas oublier, surtout en lisant les journaux, c'est qu'il y a savants et savants...

GRANDGUILLOT. — Oui, oui ! J'ai idée que les hommes du calibre de M. Harvey ne sont pas drus. Il en passe un de temps à autre, comme une comète.

M. PAUL. — Vous avez raison. Cependant il y a encore beaucoup d'hommes d'une science incontestable qui, sans être aussi illustres qu'Harvey, méritent notre confiance et notre estime. L'essentiel est que vous ne preniez point comme parole d'évangile tout ce que disent les journaux.

JEAN. — Non, les trois quarts du temps, c'est de la blague !

M. PAUL. — J'en reviens à mon explication. Nous avons laissé le sang sur tous les chemins du corps humain portant la vie dans les atômes les plus invisibles, mais vous savez ce qui arrive à l'eau dormante ?

MATHURIN. — Oui, c'est comme la mare du chemin de Villers, elle est infecte.

M. PAUL. — Il ne faut donc point non plus que le sang s'arrête, il lui arriverait comme à l'eau de se corrompre. A quoi pensez-vous, Paul Duraincy, vous paraissez tout préoccupé ?

PAUL DURAINCY. — Pardonnez-moi, Monsieur, c'est une distraction plus forte que moi, j'étais en train de considérer que cette façon d'envoyer le sang partout au moyen de vaisseaux qui se multiplient, c'est d'un mécanisme très-simple. Nous faisons des machines bien plus compliquées pour des choses beaucoup moins importantes.

M. PAUL. — N'avez-vous donc jamais observé que moins les machines sont compliquées, plus elles sont perfectionnées ? En toute chose, la simplicité c'est la perfection.

PAUL DURAINCY. — Je vous remercie d'avoir dit cela. J'en avais un peu l'idée, mais aujourd'hui je le comprends bien. C'est une vérité qui me frappe. J'y repenserai souvent.

CHAPITRE XXXV.

LE RETOUR DU SANG.

M. PAUL. — Où en étais-je ?

PIERRE. — Vous disiez, Monsieur, que le sang parvenu au terme de son voyage ne s'arrête pas.

M. PAUL. — Non, c'est comme une diligence qui ayant changé de voyageur s'en retourne au point de départ, mais par un autre chemin.

MATHURIN. — Changé de voyageurs ! Ce n'est donc plus du sang qui va retourner au cœur ?

M. PAUL. — C'est encore du sang, mais qui a perdu en route, en les distribuant à chaque pas, ses qualités nutritives, car, vous comprenez bien que le sang ne fait pas le tour du corps uniquement pour se promener. Quand il arrive au terme il a perdu toutes ses richesses, mais en revanche il remporte une foule de choses inutiles qu'il a trouvées sur sa route, et, pour dire le mot, une grande quantité de charbon dont il débarrasse les organes.

Jean. — Du charbon !

M. Paul. — Oui, je vous ferai comprendre cela un autre jour. Suivez bien ce que je vais vous dire : les *veines* sont faites sur le modèle des *artères*, seulement la veine commence où finit l'*artère*. Aussi fines, aussi déliées, aussi nombreuses que les *artères*, les *veines*, d'abord innombrables, se réunissent en canaux plus grands, lesquels canaux finissent par aboutir à deux autres qui réunissent tout le sang des veines et le portent au cœur ; ces deux grands canaux s'appellent : l'un *veine cave supérieure*, elle rapporte le sang des bras et de la tête ; l'autre, *veine cave inférieure*, elle ramène le sang des parties inférieures du corps. Toutes les deux s'ouvrent dans l'*oreillette droite* qui fait passer elle-même le sang dans le *ventricule* droit.

Arrêtons-nous là pour faire une observation. J'ai dit que les veines sont faites sur le modèle des artères, elles ont cependant quelque différence : L'artère, composée de trois tuniques, est un canal ininterrompu, tandis que la veine contient de distance en distance de petites portes dans le genre de celles des *oreillettes* du cœur, lesquelles portes se ferment derrière le sang pour l'empêcher de retourner sur ses pas si l'idée lui en venait.

Il y a encore une autre différence : le sang des *artères* est d'un blanc rosé, celui des *veines* est d'un rouge noirâtre. Il s'est fatigué, appauvri dans son long voyage, il revient chargé d'un gaz qui serait un poison s'il s'accumulait dans notre corps, je vais vous dire son nom : c'est celui qui a presque tué la blanchisseuse Félicité, on l'appelle : *acide carbonique.*

Je vous ai expliqué comment il se forme et M. le curé vous en a parlé longuement, il est le produit de l'oxygène de l'air qui se mélange avec le charbon dans la combustion.

Ce gaz *acide carbonique* revient donc au cœur avec le sang des *veines* ; les *veines* reçoivent encore autre chose qu'elles joignent sans y prendre garde avec le sang veineux, absolument comme un conducteur de diligence qui s'inquiète fort peu de placer une boîte de dentelles à côté d'un paquet de chiffons et qui mène tout, pêle-mêle, à destination. Cet *autre chose* qui entre dans les veines est une sorte de liqueur blanchâtre qui s'est faite dans notre estomac et dans nos intestins, avec les aliments que nous avons mangés ; elle est très-bonne pour faire du sang et du sang très-pur, mais les veines ne sont point chargées de ce travail. Elles n'ont qu'à la porter au cœur qui saura bien s'en arranger.

Il est maintenant trop tard pour vous parler du phénomène de la respiration qui est très-merveilleux, tout en étant fort simple encore. Je vous dirai seulement, pour vous ramener à notre point de départ, que le *ventricule* droit envoie le sang veineux dans nos poumons au moyen d'un gros canal qu'on appelle *artère pulmonaire* et qui se partage en deux branches pour s'aller ramifier dans chaque poumon en une multitude de petits canaux. Arrivé là le sang veineux se vivifie et s'épure au contact de l'air, pour retourner par la *veine pulmonaire* dans l'oreillette gauche du cœur et de là dans le ventricule et dans l'aorte. Vous savez le reste...

JEAN. — Oui, le sang recommence sa tournée.

M. PAUL. — Maintenant, mes amis, il sera bon que

nous allions préparer à notre sang quelques éléments nouveaux en nous mettant à table.

PAUL DURAINCY. — Vous nous avez fait un *rude* plaisir, M. Paul; le pire c'est que... je vais vous paraître un homme qui n'est jamais content.

M. PAUL. — Non, dites votre pensée.

PAUL DURAINCY. — Eh bien, puisque vous le permettez... ce que vous venez de nous conter là me donne un grand désir d'en savoir davantage.

M. PAUL. — Nous aurons d'autres dimanches, et si cela vous est agréable, je continuerai de bon cœur.

— Ma foi, ce n'est pas de refus dit Grandguillot, et M. Paul les quitta au milieu des compliments que lui faisaient les femmes sur son grand savoir et des remercîments chaleureux de leurs maris.

Baptiste remporta sa table et peu d'instants après, on reparlait de la *circulation du sang* au bruit des fourchettes. L'heure du souper était arrivée.

CHAPITRE XXXVI.

LES RUINES.

La convalescence d'Henri marcha rapidement et il ne perdit point ses jours de congé. L'un d'eux fut consacré à faire une visite au *Coudrier*. C'est le nom d'une maison de campagne habitée par les plus proches voisins de M. Demérans : la famille de Balley. M. de Balley, colonel sans fortune, avait épousé la fille d'un riche commerçant, désireuse d'échanger contre un nom 50,000 livres de rentes amassées dans la bonneterie. Il vivait dans *ses terres* d'une manière très-confortable, au milieu d'une campagne charmante, située à peu de distance d'une grande station de chemin de fer. Mme de Balley s'occupait ou croyait s'occuper de l'éducation de ses deux filles, Emmeline et Amélie, toutes deux sorties de pension après leurs première communion. Elles devaient continuer leurs études à la maison sous la direction d'une institutrice qui venait chez elle trois fois par semaine. Quant à Arthur, jeune lycéen de 15 ans, à quoi lui servirait de travailler comme s'il n'avait point de fortune ? Sa mère tenait peu à la dignité de bachelier et beaucoup à satisfaire son fils ; elle permettait donc qu'il vînt animer de sa présence la maison paternelle et échangeât le grec et le latin contre la chasse, la pêche, et de plus faciles plaisirs. Arthur jouissait pleinement de sa liberté. Comme sa mère, il appréciait à leur valeur les bonnes inscriptions de rente qui lui permettaient de ne point retourner au collége.

Intelligence médiocre, esprit vaniteux, gâté par l'adulation de sa mère et les flatteries des domestiques, le jeune de Balley offrait le type accompli d'un égoïste. Ses sœurs étaient d'élégantes demoiselles fort occupées des journaux de mode et de quelques romans.

Mme de Balley, désireuse d'avoir de bonnes relations avec ses voisins, avait fait, sous tous les prétextes, mille avances à M. Demérans, mais aucune intimité ne pouvait s'établir entre les deux familles. Gabrielle disait : *Mademoiselle*, en s'adressant à Emmeline ou à Amélie et Henri demeurait fort poli avec Arthur. Un abîme les séparait : leur éducation, leurs idées, leurs goûts, rien n'était pareil, aucun point de contact n'existait entre eux. On se bornait donc à des visites de simple politesse qui n'en réjouissaient pas moins madame de Balley. La fille du riche bonnetier s'estimait honorée de recevoir dans son salon un homme aussi considérable que M. Demérans. Il faut dire à sa louange qu'elle ne voit pas seulement en lui l'opulent propriétaire, le grand manufacturier, membre très-influent du conseil général déjà proposé pour la députation, non ; elle rend hommage à la supériorité d'âme, d'intelligence et de cœur que tout le monde reconnaît à son éminent voisin.

Cet homme savant et généreux qui porte la loyauté écrite sur son front ; ce hardi travailleur qui après avoir conquis lui-même sa brillante fortune, la consacre au bien-être de deux villages ; ce maître vaillant, juste et ferme qui gouverne ses ouvriers comme une famille ; ce chrétien viril qui a fait de l'évangile la règle de sa vie et dont la main se tend à l'ouvrier pauvre avec la même cordialité qu'au riche puissant et heureux parce qu'il considère tous les hommes comme ses égaux dans la sainte fraternité du Christ, cet homme-là, madame de Balley le respecte et il n'est point d'équipage armorié qui lui fasse tant de plaisir à voir entrer dans son avenue que la calèche de M. Demérans.

Le colonel s'avança jusqu'au perron avec empressement et introduisit les visiteurs. M. Paul fut présenté comme un ami, il s'était laissé emmener avec Pierre, pour visiter dans les environs *une ruine* qu'il désirait connaître. Il y avait au salon des étrangers venus de Paris avec leurs enfants. Madame de Balley n'en fut que plus aimable et présenta avec satisfaction à quelques femmes élégantes le propriétaire de Mérans.

Les enfants ayant accepté la proposition d'aller faire

un tour de jardin quittèrent le salon. Emmeline entretint Gabrielle de promenades à cheval et de soirées dansantes, Arthur parlait à Henri d'un jockey, illustré dans les courses par plusieurs victoires et qui devait lui donner des leçons d'équitation. Pierre gardait le silence et faisait tout bas ses réflexions, aussi peu ébloui par les brillantes saillies des *Parisiens* que par les riches toilettes des jeunes filles. Sa bonne mine et sa belle taille n'eussent point manqué d'être remarqués s'il avait porté des vêtements moins humbles. On se contenta de l'oublier ; mais au second tour de jardin, soit curiosité, soit un sentiment moins généreux encore, l'orgueilleuse Amélie ne put s'empêcher de demander à Gabrielle et de façon à être entendu : « Est-ce que ce garçon-là est un de vos domestiques ? »

— Il est notre ami, répondit mademoiselle Demérans, rouge d'indignation.

— Et mon père, qui est très-difficile sur le choix de mes camarades, l'accueille avec plaisir et le reçoit à sa table, ajouta Henri d'un ton plein de hauteur, tandis qu'il lançait à Amélie un regard courroucé.

Arthur comprit que sa sœur venait de se perdre dans l'esprit de mademoiselle Demérans et de son frère, il essaya de l'excuser sur ce que le jeune homme n'avait point été présenté.

— Il suffisait qu'il fût avec nous, répliqua l'implacable Henri en passant son bras sous celui de Pierre comme pour le défendre.

Pierre avait senti profondément l'humiliation qu'il venait de recevoir, son cœur noble et fier s'était révolté, et pour la première fois peut-être un mouvement de haine et de colère troubla son âme paisible.

Mais si la blessure fut vive, il y eut compensation. La promptitude de Gabrielle et d'Henri à prendre fait et cause pour lui le dédommagèrent et au-delà de l'injure d'une étrangère. Que lui importait les regards dédaigneux de mademoiselle de Balley, quand le jeune Demérans et sa sœur proclamaient si hautement leur amitié pour lui ? Il se disait cela pour se donner de l'assurance et ne point rougir ni trembler devant cette société malveillante et ces jeunes filles sans cœur. Il reprit assez de calme pour regarder en face avec une indifférence pleine de dignité mademoiselle Amélie, qui n'osa point soutenir son regard. La conversation si brusquement rompue ne se relia point, on revint au salon et M. Demérans se leva pour partir.

Lorsqu'on prit congé, un des jeunes Parisiens compagnons d'Arthur tendit la main à Pierre en lui disant adieu ; immédiatement Henri lui offrit la sienne et lui demanda son nom.

Je m'appelle Victor Desbruyères, répondit le jeune homme.

Victor Desbruyères fut le seul avec qui M. Henri Demérans échangea une poignée de main chez M. de Balley.

On alla visiter au milieu des bois les restes d'une ancienne abbaye. L'herbe envahissait tous les sentiers qui menaient à l'antique monastère, attestant à la fois la rareté des pèlerins et l'indifférence du propriétaire. La ruine s'élevait ou plutôt achevait de s'écrouler à mi-côte d'un étroit vallon ; çà et là, dans les ronces et les broussailles, gisait sous un manteau de mousse quelque débris grandiose : un chapiteau richement sculpté, un fût de colonne, un bas-relief où le ciseau avait écrit les actes d'un martyr ou la vie d'un ancêtre. De grandes salles béantes soutenues par des piliers branlants couvraient un large espace, défendu contre la végétation du voisinage par des amas de décombres. Tout autour, à travers les herbes folles qui croissaient dans les fentes des pierres, on apercevait de larges dalles noircies par le temps et couvertes de plantes parasites ; un peu plus loin se dressaient les murailles lézardées d'une église gothique, dont la voûte avait disparu. L'eau du ciel s'amassait dans la nef, croupissant sur les pierres tombales qui recouvrent peut-être la poussière de quelque puissant abbé.

Où sont les hôtes de cette solitude ? La plupart dorment sans doute sous les dalles brisées de leur cloître dans le double silence de la mort et de l'oubli. Qu'importe aux générations présentes leurs actions, leurs souffrances leurs travaux et leur gloire? rien n'est plus, et le temps a effacé jusqu'à leur nom sur ces pierres majestueuses qu'il dévore lentement après les avoir enversées.

Vanité de l'homme et de ses œuvres ! Vanité de ses ambitions !... Des idées mélancoliques s'éveillent naturellement dans l'âme à la vue des grandes ruines ; les enfants eux-mêmes furent impressionnés. Chacun marchait en silence, rêvant aux années lointaines où cette église délabrée retentissait du chant des hymnes et des louanges sacrées ; où ces cloîtres étaient remplis de saints religieux. Combien de vies longtemps agitées par les tempêtes du monde sont venues là s'endormir à l'ombre des autels, au seuil de l'éternité ! Combien de cœurs blessés s'y sont guéris dans la solitude, protégés contre leurs souvenirs par le regard de Dieu !

M. Paul s'oubliait dans une profonde rêverie. Personne ne remarquait l'absence de Pierre qui, assis à distance sur un fût de colonne, esquissait à grands traits la vieille abbaye, se promettant d'en faire hommage à son bienfaiteur en lui prouvant combien il avait profité de ses leçons.

M. Paul jugeait que le dessin pouvait devenir très-utile à l'enfant, et depuis longtemps déjà, il lui avait donné quelques notions de cet art. Pierre prit plaisir à dessiner l'un après l'autre tous les objets qui se présentaient à ses yeux, il acquit en peu de temps un véritable talent et put se donner la joie d'offrir quelquefois à son maître des vues exactes d'un site qu'il aimait ou d'un paysage qu'il avait admiré. La satisfaction du maître encourageait l'élève et le travail redoublé amenait de nouveaux succès.

Outre le dessin, M. Paul initiait Pierre à une foule de connaissances dont lui-même avait pu apprécier les avantages dans sa carrière moins longue encore que bien remplie. Aux sciences utiles se joignaient les sciences d'agrément. Insensiblement les goûts du contre-maître devenaient ceux de son élève et l'éducation du petit paysan se continuait plus brillante qu'on ne l'avait d'abord résolu. Il faut dire aussi que Pierre était curieux à la façon de Paul Duraincy; son intelligence avide se montrait insatiable, il étudiait comme les autres s'amusent, avec le même plaisir, et bientôt M. Paul s'accoutuma à le traiter presque en ami, non qu'il se départit pour lui de la réserve qui fermait son cœur à tout épanchement, mais en ce sens qu'il l'associait à ses études favorites et à ses promenades.

La reconnaissance de l'enfant, retenue et refoulée dans ses élans par l'air froid et souvent sévère du contre-maître se traduisait d'une autre manière et lui inspirait les attentions les plus délicates et les plus assidues. M. Paul aimait les fleurs comme un Parisien; non content d'en mettre à profusion dans le petit jardin, Pierre en remplissait la maison. M. Paul laissait entrevoir son goût prononcé pour la botanique, il trouvait sur sa table des plantes de toutes sortes, et si quelqu'une lui paraissait digne de son herbier, l'enfant la desséchait avec soin et la plaçait à l'endroit convenable au milieu des autres; ainsi le maître avait tout le plaisir; les soins et la peine lui étaient épargnés. Pierre faisait encore des collections de *coléoptères* ; habile à préparer les insectes, il les plaçait en de jolis cadres qui faisaient l'ornement de la salle à manger.

De jour en jour le contre-maître passait moins de temps à la fenêtre de son cabinet d'étude ; le riche versant du vallon couronné par la forêt de Malmifay attirait encore ses regards, mais le rêveur solitaire ne confiait plus à la brise du soir ses pesants souvenirs ; sa vie rentrait dans un cercle d'activité conforme à son ardente nature ; ayant renoncé à sa part de bonheur en ce monde, il sentait aujourd'hui qu'il était pour quelque chose dans le bonheur des autres et n'abdiquait point cette portion là. Gabrielle avait dit vrai quand son père exprimait le désir de le voir heureux : « Nous l'aimerons. » Il avait fallu la maladie d'Henri pour savoir de quel lien puissant l'affection innocente et naïve des enfants avait enlacé le cœur de M. Paul. Lui-même avait éprouvé, à l'angoisse de ses alarmes pour la vie du jeune Demérans, combien il pouvait encore souffrir, n'en fallait-il pas conclure qu'il pouvait encore être heureux?

CHAPITRE XXXVII.

FÉNELON ET LE PETIT RAMONEUR.

Nous avons laissé Pierre en face des ruines qu'il se hâtait de dessiner. Pendant ce temps le domestique préparait sur une nappe d'herbe fine des fruits et des brioches destinés à un goûter champêtre. Gabrielle invita tout le monde à s'asseoir, non sans avoir auparavant exploré le terrain et s'être assurée qu'il n'y avait point de couleuvres.

— Quand tu auras fini, ma petite sœur, dit Henri, tu nous raconteras la touchante histoire dont tu m'as parlé ce matin. Nous ne saurions trop rester ici, l'endroit est délicieux, et le parfum des fleurs sauvages dans ce grand silence me fait éprouver un bien-être inexprimable, l'air qu'on respire sous ces grands arbres ranimerait un mort. Je suis sûr que les moines de cette abbaye vivaient fort longtemps.

— La vie frugale, le repos de l'âme et du cœur y contribuaient autant que l'air pur de cette forêt, dit le contre-maître. Les moines et les paysans parviennent souvent à une vieillesse fort avancée et il n'est point rare qu'ils soient exempts des infirmités de leur âge.

— M. Paul, dit tout à coup Pierre, l'eau de la source est-elle bonne ? nous avons soif. Le pot de confitures servirait de verre.

— L'eau de la source est froide, ce défaut vous semblera peut-être une qualité. Néanmoins je vous conseille d'exposer le pot de confitures au soleil avant de boire.

On obéit. Pierre se chargea du rôle d'échanson et chacun but à son tour dans la coupe improvisée l'eau pure qui servait jadis à approvisionner l'abbaye.

— Ton histoire, à présent, Gabrielle ? reprit Henri.

La petite fille regarda M. Paul et ne se pressa point de répondre.

— Votre histoire me fera plaisir aussi, mon enfant, dit le contre-maître, répondant à une crainte qu'elle n'osait exprimer, j'appuie de tout mon cœur la prière d'Henri.

— Je vais donc commencer, dit Gabrielle, je sais bien que vous ne me demanderez pas d'avoir de l'esprit, et je ne me sens aucun amour-propre. Ce que je vais raconter est historique, je l'ai lu ce matin dans un livre qui traite de la jeunesse des grands hommes.

Il y a deux cents ans de cela, Fénelon n'avait encore que quinze ans, mais déjà il était savant et son père le jugeait capable de porter la parole en public. C'était l'usage en ce temps-là qu'on exerçât les jeunes gens destinés à devenir orateurs, en leur donnant un discours à faire sur un sujet quelconque devant une nombreuse société.

Le marquis de Fénelon, fier de son fils, décida que le jeune abbé prononcerait son premier discours à l'hôtel de Boufflers et l'on invita la plus brillante compagnie.

Déjà tout le monde était réuni, l'orateur ne paraissait point ; le marquis mécontent s'étonne puis s'impatiente ; il s'efforce d'excuser son fils auprès de madame de Boufflers et des grands personnages qui remplissaient le salon. Enfin on annonce l'abbé de Fénelon. Il entre, s'avance modestement à la place qu'on lui a réservée et commence ainsi :

Messieurs et Mesdames, je vous demande pardon d'avoir fait attendre un si noble auditoire. Il m'est impossible d'excuser mon retard autrément qu'en vous racontant avec simplicité ce qui l'a causé.

J'arrivais à l'hôtel de Boufflers, tout ému de l'honneur que vous daignez m'accorder, lorsque j'aperçus dans l'angle d'une maison un pauvre petit savoyard, étendu sur la neige et déjà insensible tant il avait froid. Je m'arrête, je m'approche, le cœur douloureusement attendri.

— Que fais-tu là, mon pauvre enfant?

A cette question sa tête se soulève avec peine, des larmes, des sanglots étouffent sa voix et il murmure d'une voix entrecoupée:

— Je veux mourir, Monsieur.

— Mourir, cher petit, tu es donc bien malheureux? Est-ce que tu n'as plus de mère?

— Oh ! ma mère ! s'écria-t-il, oui, je suis bien malheureux, j'ai tout perdu ! Jamais je ne reverrai ma pauvre mère ! il ne me reste qu'à mourir, et il recommença à pleurer.

Je lui demandai son nom, son âge, la cause de ce grand chagrin, voici ce que j'appris :

— « J'ai douze ans, je m'appelle Jacquot, il y a cinq ans que j'ai quitté la Suisse, mon pays, et ma vieille mère, je suis le dernier de ses huit enfants et son unique soutien, car les autres sont morts. Depuis cinq ans j'ai travaillé pour elle avec courage, soutenu par l'espoir de lui rapporter un peu d'argent, j'ai économisé sou par sou, ne dépensant jamais rien pour moi, même quand j'avais bien faim ou que le froid me glaçait à travers mes pauvres vêtements, mais j'oubliais tout en regardant de belles pièces blanches dans mon trésor, l'argent de ma mère! Ce matin j'avais encore deux francs à y joindre, une belle pièce que m'avait donnée dans la rue une charitable dame. Je remonte joyeux à mon grenier, je soulève la brique sous laquelle repose ma fortune... Il n'y avait plus rien, Monsieur! on m'a toutpris... mes 342 francs et 3 sous.

Comment revoir ma mère à présent? Que penserait-on au pays? Revenir les mains vides! Jamais! On dirait que je suis un mauvais fils, j'aime mieux mourir! Le bon Dieu sait bien, lui, que ce n'est point ma faute et que j'ai beaucoup souffert avant d'être si malheureux! »

Il baissa de nouveau la tête, abîmé dans son désespoir; je le pris dans mes bras, je l'emportai en pleurant aussi chez le concierge de l'hôtel, je songeai à vous tout dire, à remettre en vos mains cette jeune infortune. Vous avez de l'or, Messieurs et vous, Mesdames, la plus petite de vos perles serait une fortune pour mon pauvre savoyard. Vous êtes venus ici, avec la pensée d'entendre un discours, laissez-moi vous supplier de faire une bonne action, le souvenir en sera meilleur pour nous tous. Donnez au pauvre enfant qui voulait mourir faute d'un peu d'or, donnez avec la générosité de vos cœurs qui sont émus. Dieu lui-même vous le rendra!

L'auditoire du jeune Fénelon fut attendri comme l'orateur; bien des yeux se mouillèrent de larmes. Madame de Boufflers fit amener le petit savoyard au milieu du salon. Ébloui d'abord de l'éclat des lumières et un peu effrayé de se voir parmi tous ces grands seigneurs, le pauvre enfant n'osait parler. Encouragé par de bienveillantes paroles il finit par répondre à toutes les questions ; il raconta son histoire, il pleura en parlant de sa mère, alors madame de Boufflers, voyant l'intérêt général excité au plus haut degré, déclara qu'elle allait faire une quête dans le bonnet brun du pauvre petit.

— Je vous avertis que je ne reçois que de l'or, dit-elle en commençant.

L'enfant restait là, immobile, n'ayant pas l'air de comprendre ce qu'on faisait pour lui. Cependant le bonnet pliait sous les pièces d'or et on voyait briller des bijoux.

Quand on apprit à l'enfant que tout cela était pour lui, il leva ses grands yeux étonnés sur madame de Boufflers. Elle lui expliqua comment, pour remplacer ses pièces d'argent volées, ces messieurs et ces dames lui donnaient des pièces d'or qui valaient beaucoup plus. Alors le pauvre Jacquot, saisi d'une joie aussi grande que l'avait été sa douleur, se mit à sauter dans le salon, pleurant et riant à la fois, et prononçant dans son patois des mots parmi lesquels on entendit revenir souvent le nom de sa mère.

La marquise de Boufflers garda l'enfant plusieurs jours, le fit habiller tout en neuf, et après l'avoir chargé d'une multitude de petits cadeaux pour tous les membres de sa famille, elle le renvoya en Suisse à ses frais, et fit parvenir à la mère de Jacquot la somme de 3,000 fr. qu'elle avait recueillie le soir de la quête.

Tel fut le sermon de Fénelon ; on dit que l'archevêque de Cambrai a pu être aussi éloquent, mais jamais il ne fut plus heureux que cette fois-là.

— Et toi, tu nous as fait grand plaisir, ma petite sœur chérie, et pour te remercier je te raconterai un jour une magnifique bataille.

M. Demérans sourit.

— Ah ! les batailles, mon pauvre enfant ! Ne vois-tu donc rien de plus beau dans l'histoire que ces grandes tueries qui sont le plus effroyable des fléaux de Dieu ?

— Cher papa, je trouve qu'il est grand de combattre et de mourir pour défendre son pays, de jeter l'effroi dans l'armée ennemie, repousser l'envahisseur, le réduire à demander grâce et, après la victoire, lui tendre la main et ne plus songer qu'à réparer les maux de la guerre et combler d'honneur les victimes du devoir tombées dans le combat.

— A la bonne heure, mon fils ! garde ton enthousiasme pour la défense de ton pays. Quand la guerre est juste, elle devient un devoir, mais un devoir terrible. Dieu veuille l'épargner aux nations chrétiennes, fallût-il, pour cela mon cher Henri, *laisser sous le boisseau* tes qualités chevaleresques.

On regagna la voiture. Il était temps si l'on voulait arriver pour l'heure du dîner.

CHAPITRE XXXVIII.

LA DÉNONCIATION.

M. Paul n'ignorait pas quelle main coupable avait brisé le cachet de sa lettre dans l'espoir trompé d'avoir sur sa vie plus de détails qu'il ne lui plaisait d'en donner. Certaines indiscrétions échappées à madame Richard ne lui laissaient aucun doute là-dessus.

Quant à savoir pour quelle raison on avait glissé dans la poche de Pierre la lettre violée, deux suppositions se présentaient : ou l'on n'avait pas trouvé d'autre moyen de s'en débarrasser, ou l'on nourrissait le désir de perdre l'enfant dans l'esprit du contre-maître. Cette dernière hypothèse approchait de la vérité.

Madame Richard, en effet, ne voyait pas avec indifférence le fils de Baptiste accueilli au château et comblé de bienfaits par M. Demérans, tandis que son Edmond, traité comme un subalterne, n'avait aucune part aux faveurs d'Henri et semblait même exclu de l'amitié que le noble enfant donnait cordialement à ses petits camarades du village. Mère vaniteuse et aveugle, elle ne se demandait point si le caractère de son fils méritait l'estime et inspirait la sympathie ; elle le sentait repoussé, cela suffisait pour l'irriter contre ceux qu'elle croyait ses rivaux, spécialement contre Pierre. Quant à M. Paul, il avait sa bonne part de haine dans le cœur de madame Richard et jusqu'à un certain point cette haine n'était point sans motifs. Depuis l'arrivée du contre-maître, l'étoile de M. Richard pâlissait de plus en plus. A qui demandait-on conseil dans les cas difficiles ? Quel avis suivait-on de préférence quand les opinions ne s'accordaient point ? M. Paul, toujours M. Paul ! Qu'était l'humble régisseur auprès de cet étranger ? Il jouait tout simplement le rôle d'un premier serviteur. Rien de plus. Tandis que le contre-maître allait et venait dans le château comme dans sa maison, commandait aux domestiques et s'entendait appeler *mon ami* par M. Demérans devant tous les ouvriers, M. Richard, lui, ne parlait à son maître que le chapeau à la main, pénétrait rarement dans le salon, et laissait Valentin se mettre avec lui sur le pied d'une parfaite égalité. Il est vrai que le régisseur, homme pratique avant tout et satisfait de ses bons appointements, ne se plaignait de rien, mais madame Richard jugeait sa dignité outragée dans celle de son mari ; son amour-propre offensé jetait les hauts cris, et si, comme l'a dit un auteur dans un vers qui n'est pas chrétien,

L'amour-propre offensé ne pardonne jamais,

M. Paul avait tout à craindre de la très-redoutable madame Richard. Déjà, la première, elle avait reçu la confidence du mécompte de M. Rapin, et loin d'apaiser le très-injuste ressentiment du médecin, s'était empressée au contraire de jeter comme on dit de l'huile sur le feu. Le feu avait pris flamme, à la grande satisfaction de la femme du régisseur. M. Rapin, comme toutes les natures faibles, s'exaspérait aisément. Excité par madame Richard et sous l'impression d'un mouvement de colère insensée, il dénonça le contre-maître, l'accusant d'exercice illégal de la médecine.

Les preuves ne manquaient point : M. Paul agissait au grand jour, sans mystère, sans crainte, et la reconnaissance des villageois publiant ses bons services étendait au loin sa renommée. Il ne recommandait point de se taire, il ne repoussait personne, mais tout le monde remarquait, avec approbation d'ailleurs, que les vieillards et les pauvres avaient ses préférences. Si quelqu'un le pressait d'accepter des honoraires et qu'il fût en état de les offrir, le contre-maître ne refusait plus, mais parfois, le lendemain, il conseillait à un malheureux des remèdes que sa petite pharmacie ne pouvait fournir, et lui remettait en même temps de quoi les payer.

— Prenez, disait-il, cela vient d'une personne charitable qui fait passer ses aumônes par mes mains.

Ainsi vivait le contre maître au milieu de la petite

population des deux villages, aimé et respecté de tous les paysans, qui ne songeaient plus à s'inquiéter s'il était venu de Rome ou de Paris.

Cependant le bruit de la dénonciation de M. Rapin avait transpiré, toujours par l'entremise de Nicolas, dont la femme allait en journée chez madame Richard. Il serait difficile de peindre la colère des gens de Polhay et impossible de répéter les expressions énergiques par lesquelles ils la traduisaient. De Polhay, la nouvelle gagna le voisinage et souleva un tel concert de malédictions contre M. Rapin que le malencontreux docteur, ne sachant plus à quel saint se vouer, prit le parti de céder à l'opinion publique en retirant sa plainte.

On disait même qu'une lettre de M. Demérans n'aurait point été étrangère à cette détermination, cela était faux. Instruit comme les autres par la rumeur publible, M. Demérans demanda un jour à M. Paul s'il craignait quelque chose de la démarche de M. Rapin ; le contre-maître sourit.

— Je ne redoute qu'un accroissement de clientèle, répondit-il, ce petit procès fera plus de bruit que de mal et mes dimanches ne suffiront plus.

— Alors, il y aura bien des victimes, mon ami, à commencer par le château, dont les dîners souffrent déjà de vos conférences en plein air aux gens de Polhay. A propos de ces conférences, Gabrielle a résolu de s'y faire inviter.

— Bien volontiers. Venez tous dimanche ; nous dînerons chez moi, à la condition toutefois que vous enverrez votre cuisinière aider Marianne, et que vous vous contenterez d'un service modeste.

— Nous serons trop heureux ; le général ne revient que lundi, j'accepte, les enfants seront ravis.

Et on laissa la dénonciation suivre sa marche.

Les ouvriers intéressés à ce que M. Paul continuât de les soigner prenaient la chose moins philosophiquement et ne parlaient de rien moins que de donner *une bonne roulée à M. Rapin pour lui apprendre la civilité.* Il fallut l'intervention de M. Demérans, prévenu par Eloi, pour les faire renoncer aux *voies de fait.* Il les assura en même temps que rien ne changerait dans la conduite du contre-maître.

Gabrielle et Henri attendaient le dimanche avec impatience. Il y avait pour cela deux raisons dont nous connaissons la première, l'autre était un secret entre eux, leur père et Pierre; ce dernier, par nécessité, avait mis Paul Duraincy dans la confidence.

Gabrielle remarquait depuis longtemps que le contre-maître s'arrêtait avec plaisir devant sa volière, pleine d'oiseaux rares ; elle en conclut qu'il aimait les *bêtes* autant qu'elle et consulta Pierre.

— Si vous croyez cela, mademoiselle, je me sens très-capable de faire une jolie volière plus grande encore que la vôtre, avec beaucoup de compartiments.

— Alors, Pierre, commence la volière tout de suite, je vais faire venir du fil de fer doré, et comme Valentin ira bientôt à Paris, il nous rapportera des oiseaux étrangers. Ce sera une jolie surprise et, je connais papa, tout en riant de ma *ménagerie*, il sera le premier à nous aider à inaugurer celle de M. Paul.

On se mit à l'œuvre. Paul Duraincy, amateur de menuiserie et pourvu de bons outils, donna un coup de main à Pierre. La volière était superbe, solide, confortable. On devait la placer après la grand-messe tandis que le contre-maître serait retenu au château pour le déjeuner.

Cela se fit ainsi.

CHAPITRE XXXIX.

LA RESPIRATION.

Après les vêpres, M. Demérans, ses enfants et M. Paul s'acheminèrent du côté de Polhay. Une grande société les attendait en face de la porte de l'auberge. La chaise du contre-maître était préparée, lorsqu'on aperçut M. Demérans ; Mme Grandguillot s'empressa d'apporter de nouveaux siéges, et après une causerie de quelques instants, M. Paul reprit l'entretien interrompu.

M. PAUL. — Vous vous souvenez de l'endroit où nous avons ramené le sang lorsque après avoir été conduit jusqu'aux extrémités du corps par les artères il est revenu au cœur par les veines, recevant pêle-mêle dans sa route des gaz délétères et une substance précieuse qui est le résultat de la digestion des aliments.

MATHURIN. — Oui, Monsieur, vous étiez en train d'envoyer tout ça dans les poumons par un tuyau qu'on appelle... un drôle de nom... je ne m'en souviens plus.

— PAUL DURAINCY. — Je le sais bien, moi c'est l'artère *poumonaire*.

M. PAUL. — *pulmonaire*, mon ami, à cause du poumon qui s'appelle en latin *pulmo* ce qui n'empêche point votre expression d'être très-logique.

Les poumons, suspendus dans la poitrine de chaque

côté du cœur, sont formés d'une substance spongieuse, élastique, dans laquelle se trouvent une infinité de petites cellules. Le *mou* qu'on donne aux chats est un morceau de poumon, et vous n'êtes pas sans en avoir vu souvent ; lorsque vous tuez un animal domestique, observez ses poumons, ils sont pareils à ceux de l'homme. Paul Duraincy qui a l'esprit observateur, a dû le remarquer.

PAUL DURAINCY. — Oui, bien des fois, Monsieur, chaque fois que je tue — sauf votre respect — un *vêtu de soie*, j'examine avec soin son intérieur, mais si j'en connais à peu près toutes les pièces, ça ne m'expliquait pas de quelle manière elles font leur service.

GABRIELLE, à voix basse. — Qu'est-ce qu'un *vêtu de soie*, s'il vous plaît, papa ?

M. DEMÉRANS. — C'est le nom qu'on donne au cochon, dans les campagnes, parce qu'on trouve ce mot-là plus honnête que l'autre. Vous riez, Messieurs, c'est pourtant l'animal qui nous ressemble le plus par la disposition intérieure de son corps.

NICOLAS. — Ma foi, je ne me trouve pas honoré de ça.

M. PAUL. — Qu'importe la maison, Nicolas ? Elle ne peut rien sur l'honneur de celui qui l'habite. Votre estomac, vos poumons, votre cœur ne diffèrent point du cœur, des poumons, de l'estomac d'un animal, mais vous êtes un homme ! Votre corps, dont nous admirons les merveilles, n'est que l'enveloppe passagère du souffle divin qu'on appelle votre âme, et votre âme ne peut être mise en comparaison qu'avec son auteur qui est Dieu lui-même. Vous voyez, Nicolas, que nous ne sommes point très-humiliés.

Revenons à nos poumons. C'est là que se donnent rendez-vous, pour une visite rapide, deux personnages fort importants : le sang veineux et l'*air extérieur.*

Par quel chemin l'air extérieur arrive-t-il dans nos poumons ? je vais essayer de vous le dire :

Si quelqu'un de vous s'étrangle en mangeant et se prend à tousser d'une manière convulsive, vous dites : « *Il a avalé de travers.* » Ce qui signifie que la nourriture qui se dirige vers l'estomac peut se tromper de route ; en effet, il y a deux routes qui s'ouvrent l'une et l'autre dans une espèce de carrefour placé à l'entrée du cou et qu'on appelle arrière-bouche : la première, celle qui est en avant, conduit directement dans les poumons ; la seconde, placée derrière celle ci, va droit à l'estomac. L'une s'appelle la *trachée artère*, l'autre l'*œsophage*.

Bien entendu puisqu'il y a deux routes elles ne reçoivent pas les mêmes voyageurs. La *trachée artère* ne conduit que de l'air, elle se refuse obstinément à accepter autre chose, aussi, lorsque passent les aliments qui se rendent dans l'estomac par l'œsophage, elle a tellement peur de les rencontrer qu'elle va se réfugier sous la base de la langue où le bon Dieu a placé une petite soupape qui s'abaisse sur elle et la recouvre comme un écran.

HENRI. — Mais alors, Monsieur, comment se fait-il qu'on avale de travers, est-ce que la soupape ne marche pas toujours bien ?

M. PAUL. — Si, mon cher enfant, mais nous faisons quelquefois la maladresse d'avaler en même temps que nous respirons, et alors il n'est pas rare qu'une miette étourdie s'aventure dans le passage de l'air. Vous savez quels efforts la *trachée artère* fait pour chasser cet intrus, les poumons viennent à son aide, ils lui envoient des bouffées d'air et on tousse, on tousse à en pleurer, à être obligé de quitter la table !

C'est qu'aussi le danger était grand : si la miette de pain était parvenue jusqu'aux poumons, la mort s'ensuivait. Vous voyez à quoi tient notre vie, une miette de pain qui se trompe et c'en est fait! Mais le grand ingénieur qui a construit la frêle machine de notre corps a si bien pourvu à tout qu'il n'arrive presque jamais d'accidents.

La *trachée artère* s'en va donc, chargée d'air dans la poitrine; arrivée là, elle se divise en deux branches qu'on appelle les *bronches*. Les *bronches* ont pour mission de distribuer l'air dans toutes les cellules des poumons et à cause de cela elles se subdivisent, comme nous avons vu les artères et les veines le faire, en des milliers de petits canaux, comparables aux racines chevelues des arbres, mais infininiments plus petits, si petits que leurs extrémités sont imperceptibles.

En même temps que les bronches apportent l'air, l'artère pulmonaire apporte le sang veineux et tous deux se rencontrent dans les petites cellules.

Nous allons voir ce qu'ils y viennent faire. Ce n'est point assurément une simple visite de politesse, l'air et le sang sont des gens fort occupés et qui n'ont point de temps à perdre à échanger leurs compliments.

Ils échangent quelque chose cependant : autrement ce ne serait pas la peine de s'être dérangés.

Le sang des veines, qui a ramassé sur tout son parcours les choses inutiles, arrive dans les poumons chargé de *carbone* ou de charbon, si vous voulez, c'est cela qu'il donne à l'air pour s'en débarrasser.

En retour l'air lui donne un autre gaz que vous connaissez déjà : l'*oxygène*.

MATHURIN. — Pardonnez-moi, Monsieur Paul, mais je ne vois pas à quel endroit le sang a pris son charbon. Du charbon, c'est drôle d'avoir cela dans le corps.

M. PAUL. – Notre corps en est plein et ce n'est pas très-étonnant. Prenez une casserole doublée de porcelaine blanche, mettez dedans quelques pommes de terre et placez le tout sur un fourneau ardent sans y joindre d'eau. Qu'arrivera-t-il ?

MATHURIN. — Elles brûleront, parbleu!

M. — PAUL. Mettez à la place un morceau de viande et laissez-le brûler aussi, que vous restera-t-il ? Une croûte noircie qui a le goût de charbon et qui en est. Car il n'y avait pas de charbon dans votre casserole et il vient de s'en former avec vos pommes de terre et votre morceau de viande ; le charbon existait donc dans ces deux corps avant qu'ils fussent exposés au feu. En êtes-vous convaincu ?

MATHURIN. — Il le faut bien, Monsieur, on peut faire du charbon avec beaucoup d'autres choses et tout ce que nous mangeons est capable de brûler, je comprends maintenant que nous ayons du charbon dans le corps.

M. PAUL. — L'*oxygène* n'est pas moins répandu que le charbon, il y en a partout et même rien n'existe sans lui. Il est déjà pour un cinquième dans l'air que nous respirons. Il entre dans la composition de l'eau dont il forme à lui seul les huit neuvièmes, c'est-à dire, pour que les enfants comprennent bien, que sur neuf parties d'eau il y a huit parties d'oxygène. Enfin l'oxygène se trouve partout : il y en a dans la terre, il y en a dans les pierres, il y en a dans notre corps et vous allez voir ce qu'il y fait dans notre corps.

Il s'en retourne donc avec le sang qui l'est venu chercher et qui le ramène dans les *veines pulmonaires* ; celles-ci le font entrer dans l'oreillette gauche du cœur, puis dans le ventricule, et le voilà parti dans l'aorte pour se répandre avec le sang dans toutes les parties du corps humain. C'est là qu'il arrive une chose singulière et qu'on ne croirait pas si nous n'en sentions la vérité à chaque instant.

Vous vous souvenez de ce qui s'est passé chez Félicité le jour où nous l'avons trouvée à moitié morte dans sa chambre à repasser ? l'oxygène de l'air s'était mêlé au charbon de son fourneau pour faire du feu et tous deux y allaient de si bon cœur qu'il ne restait plus dans l'appartement assez d'*oxygène* pour que Félicité pût respirer.

Je n'ai pas besoin de vous apprendre que le feu produit la chaleur, je le fais observer en passant.

Quand l'oxygène arrive dans notre corps il y trouve deux choses qu'il aime de préférence parce qu'elles sont d'excellents combustibles, le charbon d'abord et un inséparable ami du charbon, l'*hydrogène*, qui est un gaz fort léger. Immédiatement il se combine avec eux, comme dans le fourneau de Félicité, où l'hydrogène se trouvait aussi mêlé au charbon, et ils font... du feu. Voilà pourquoi nous avons chaud. Mais le bon Dieu s'est arrangé de manière à ce qu'ils n'en fassent ni trop, ni trop peu, et ils lui obéissent, plus sages en cela que les hommes, qui ont pourtant de la raison.

Mais voilà, mes amis, qu'il est temps de nous séparer. Le dîner doit préparer de nouveaux combustibles à notre fourneau, il serait injuste de le faire attendre.

PAUL DURAINCY. — Savez-vous, Monsieur Paul, que je passerais bien la nuit à vous écouter ?

MATHURIN. — Tu n'es pas difficile, nous en ferions tous autant !

M. PAUL. — Si cela vous intéresse nous pourrons continuer. M. Demérans voudra bien quelquefois venir à mon aide, et quand il ne sera plus possible de nous installer dans la rue à cause de l'inclémence du temps, nous demanderons à M. Grandguillot de nous prêter sa grande salle.

GRANDGUILLOT. — Elle est à votre service pour tant qu'il vous plaira, M. Paul, et nous vous sommes bien obligés des peines que vous prenez pour nous.

Le contre-maître emmena ses hôtes, les enfants marchaient les derniers et échangeaient des regards mystérieux. Cette fois, *Margot* fut intelligente, elle tournait autour de la volière, curieuse, étonnée, répétant d'une voix enrouée tous les mots de son vocabulaire : « *As-tu déjeûné Jacquot? Bonjour M. Paul ! Ah ! ah ! ah ! ah ! coquin ! coquin !* Elle avait appris dans la rue cette dernière expression.

Attiré par ce caquet, M. Paul s'approcha d'un hangar sous lequel provisoirement on avait abrité la volière. Les plus riches plumages frappèrent ses yeux. La plupart de ces jolis hôtes étaient silencieux, quelques-uns dormaient déjà, mais ils formaient une admirable collection d'oiseaux rares.

La surprise ne fut point longue, le contre-maître en devina tout de suite les auteurs. Il serra les mains des enfants avec émotion et les remercia de songer si souvent à lui faire plaisir. Pierre eut sa part de compliments pour le travail de sa volière, mais en honnête enfant qu'il était, il déclara que Paul Duraincy l'avait beaucoup aidé.

On dîna gaiement. Marianne fut toute fière des hôtes de son maître et non moins satisfaite de voir son Pierre en parfaite intimité avec les jeunes Demérans. Elle se souvenait du jour où Gabrielle avait rencontré le petit mendiant fatigué et pleurant sur le chemin de Polhay. Certes! le présent ne ressemble guère à ce passé là, mais il y a une chose qui n'a point changé : l'humble cœur de Pierre ne s'est point élevé, l'orgueil de la prospérité n'a point troublé son âme.

CHAPITRE XL.

LE PROCÈS.

Le procès contre M. Paul suivait son cours, à la grande satisfaction des officiers de santé du canton, de madame Richard et de M. Edmond, entré comme clerc depuis un an chez un notaire de Malivaux. Si la femme du régisseur avait été capable de réfléchir et d'analyser les motifs de sa haine contre M. Paul, elle aurait pu découvrir que le contre-maître ne lui avait jamais donné le moindre sujet de lui en vouloir.

Toujours poli, digne, froid, un peu fier, pensait-elle, il lui ôtait régulièrement son chapeau chaque fois qu'il la rencontrait et non moins régulièrement, elle baissait les yeux devant son regard et se sentait troublée. La soupçonnait-il de complicité dans l'acte inqualifiable du vol et de la violation de sa lettre ? Elle l'ignorait, mais Pierre n'ayant rien perdu de sa faveur on pouvait supposer que M. Paul n'accusait point l'enfant.

— Est-il heureux celui-là ! se disait-elle avec amertume, voilà qu'on l'instruit comme un grand seigneur. Il mange avec M. Demérans comme s'il était de la famille et Valentin dit lui-même que M. Henri et mademoiselle Gabrielle le traitent comme un frère. Dieu merci! On sait pourtant ce que c'est que Baptiste, des gens qui n'ont pas la poule qui vole ! Il ne faut qu'une maladie pour les réduire à la mendicité, et sans M. Demérans ça traînerait encore dans les rues pour demander son pain. Voilà ce qu'on aime au château, il paraît, tandis qu'Edmond qui est toujours bien habillé, qui a l'usage du monde et peut se présenter partout, on n'en fait pas de cas ! M. Henri l'appelle « le fils du régisseur » comme s'il ne valait pas autant que le fils de Baptiste !

Ces réflexions tourmentaient la jalousie de madame Richard et la rendaient assez malheureuse pour lui faire désirer la consolation d'une petite vengeance. Cette vengeance elle la tenait déjà : M. Paul devait être condamné. L'amende serait peu de chose, mais un procès est toujours désagréable, cela vous pose mal dans l'esprit de beaucoup de personnes, et si le peuple continue à consulter le guérisseur sans diplôme, les gens éclairés le prennent pour un charlatan.

La veille du jour où la dénonciation de M. Rapin allait triompher, M. Demérans fit appeler M. Richard dans sa bibliothèque.

— Mon cher Monsieur, lui dit-il, je viens de prendre une grande résolution : la surveillance et la direction de ma filature me privent d'un temps précieux que je veux consacrer tout entier à l'éducation de ma fille ; j'ai jeté les yeux autour de moi pour chercher un remplaçant, il faut un homme intelligent, dévoué, aimé des ouvriers et sachant se faire obéir, un homme en un mot sur qui je puisse compter comme sur moi-même.

Le visage du régisseur s'épanouit, il ne voyait ces qualités réunies que dans sa propre personne.

M. Demérans continua : j'ai trouvé tout cela dans M. Paul, qui a bien voulu accepter ici les fonctions de contre-maître afin d'être plus à même encore de remplir celles de directeur.

Il s'opéra un changement à vue sur la figure de M. Richard, elle exprimait la plus complète et la plus navrante déception.

— Je vous prierai donc de vous adresser désormais à M. Paul, même pour tout ce qui regarde l'administration de mes biens, je lui donne pleins pouvoirs. Il se propose de vous abandonner le département de l'agriculture, je lui ai promis qu'il n'aurait qu'à se louer de votre zèle et de votre dévouement.

Le régisseur atterré, ne trouva point de réponse, il s'inclina en signe d'acquiescement et prit le chemin de la porte. Son âme inquiète alla s'épancher près de madame Richard, laquelle vit s'évanouir à l'instant toute la joie qu'elle éprouvait à la pensée du lendemain. « Je me suis trompée, se disait-elle avec angoisse, je me suis attaquée à plus fort que moi; nous voilà sous sa dépendance, à présent, si on lui rapportait que j'ai mal parlé de lui !... et elle voyait déjà son mari sans place, la jolie maison qu'elle occupait devenue la propriété d'un autre, le triomphe des jeunes femmes du village, ses anciennes amies, qu'elle écrasait de son luxe et de son importance, enfin un abîme de maux. Tout cela pour une vanité ridicule, une jalousie injuste qu'elle n'avait point su contenir et qui s'étaient exprimées par d'imprudentes paroles.

Qu'on dise encore que le châtiment ne suit pas la faute ! La tristesse et les inquiétudes de madame Richard dépassent de beaucoup en souffrance le plaisir que les morsures de sa langue lui ont procuré.

On aurait dû lui apprendre le proverbe oriental :

La parole est d'argent, mais le silence est d'or.

Il est vrai que les craintes auxquelles s'abandonne la femme du régisseur sont exagérées. Cela s'explique encore par un autre proverbe devenu très-populaire à cause de son incontestable vérité : C'est *qu'on juge les autres d'après soi-même.* Une âme vindicative, envieuse et basse ne soupçonnera point la générosité, le pardon ou le dédain dans l'âme de son ennemi. Voilà pourquoi les grandes âmes et les nobles cœurs sont souvent trompés. Ils *jugent les autres d'après eux-mêmes.*

Une longue expérience avait forcé M. Paul d'employer un autre procédé pour arriver au vrai : il jugeait l'homme d'après ses œuvres et aussi un peu d'après ses paroles. De la sorte il se trompait moins et cela ne l'empêchait point de rester grand. Il considérait les méchants comme des malades qui n'ont point l'usage de tous leurs sens et leur donnait de la compassion, prétendant qu'il fallait les réprimer et les punir comme des enfants sans raison, mais qu'ils ne méritaient point d'être haïs.

Madame Richard n'avait donc rien à craindre, aucun nuage ne planait sur sa tête, les hommes de la trempe de M. Paul s'attaquent à d'autres ennemis.

CHAPITRE XL.

LE JUGEMENT.

Malgré le bruit généralement accrédité que le contre-maître se laisserait condamner par défaut, on sut dès la veille, à Polhay, que M. Paul avait au contraire résolu de paraître au tribunal. Aussitôt Paul Duraincy ayant préparé sa voiture la plus légère, alla trouver Pierre et lui confia son ardent désir de conduire le contre-maître.

— Nous sommes trois ou quatre curieux du pays qui allons à la ville uniquement pour entendre sa défense, dit-il à l'enfant, si tu pouvais le décider à venir avec moi, je serais bien content de jouir de son entretien pendant la route.

Pierre, empressé de faire plaisir à son ami, plaida naïvement sa cause.

— C'est un voyage inutile disait M. Paul. L'affaire sera finie en moins d'un quart d'heure. L'instruction est faite, il n'y aura pas de témoins, pas de défense, aucun intérêt donc, et ceux qui se dérangeront pour cela perdront leur journée tu peux les en informer de ma part.

— Ce sera comme si je ne disais rien, Monsieur; ils ont mis dans leur tête qu'ils pourront peut-être vous rendre service et ils iront malgré vous. Du reste, ce sont les plus forts cultivateurs du pays, ils ont moyen de perdre une journée.

— Alors, dit le contre-maître en souriant, j'irai avec Paul Duraincy.

M. Paul partit le lendemain, escorté par quatre voitures de Polhay, qui se suivaient comme celles d'un convoi. On vit passer rapidement le cabriolet de M. Rapin.

— Il arrivera le premier, dit Paul Duraincy. On dit qu'il connaît les juges, il veut sans doute leur parler avant qu'on introduise la cause, je vais presser mon cheval.

— Ne craignez rien, répondit le contre-maître et laissez-nous jouir à notre aise de cette ravissante matinée. Est-ce que ces bois là-bas font encore partie de la forêt de Malmifay ?

— Oui, Monsieur ; les anciens disent que cette forêt était une grande ville autrefois, et leur opinion ne paraît pas fausse, car on y retrouve encore des puits et une grande mare pavée où l'on va abreuver les chevaux quand on charrie du bois. Il paraîtrait que cette grande ville a été détruite par un incendie. Il y a longtemps de cela. M'est avis que si on creusait un peu avant, on trouverait des choses curieuses.

— Est-ce que l'on n'a rien trouvé encore? Lorsqu'on abat des arbres, par exemple ?

— On ne creuse pas assez profondément, peut-être aussi que le feu a tout ravagé et qu'il ne reste plus rien. Un peu plus loin, dans les plaines que vous voyez à votre gauche, on a trouvé de grands cercueils de pierre, on aurait dit qu'ils étaient faits pour des hommes de six pieds. On a ramassé aussi des haches, des morceaux de fer qui devaient avoir appartenu à de vieilles armures. Les Romains sont venus par ici. Comment se fait-il, Monsieur, que l'homme dont la vie est si courte prenne plaisir encore à avancer sa mort en allant égorger sur le champ de bataille d'autres hommes qui ne lui ont jamais rien fait ?

— Ce pourquoi-là, mon ami, n'a pas encore de réponse. La grande majorité de ceux qui se battent le font à regret, et cependant on n'a jamais vu une armée tendre la main à l'armée ennemie et toutes deux décider qu'elles n'en viendront point à combattre parce que la cause de la guerre est injuste ou par le seul et très-raisonnable motif que cette cause ne vaut pas la vie des milliers d'hommes qui resteront sur le champ de bataille. La guerre est une chose insensée et cruelle, on ne peut l'expliquer qu'à la manière des grands fléaux que Dieu envoie pour châtier les peuples : les tremblements de terre, la peste, les épidémies. La guerre s'allume dans le cœur des hommes contrairement à leur caractère, à leurs affections, à leurs intérêts; c'est une épidémie. La raison n'y peut rien.

La route ne sembla point longue à Paul Duraincy, il songea avec satisfaction qu'il y avait encore la moitié du chemin à faire pour revenir.

On se rendit au tribunal et, comme l'avait dit le contre-maître, ce ne fut point long. M. Paul, interrogé sur les faits qu'on lui reprochait, les avoua simplement.

— J'ai eu le bonheur, dit-il, de guérir plusieurs personnes, et il en est deux à qui j'ai certainement sauvé la vie. Pour rien au monde je ne voudrais repousser cet honneur.

— Je regrette assurément, Monsieur, d'être obligé d'appliquer la loi à un homme de votre mérite, dit le Président, et je le fais avec peine ; mais vous conviendrez vous-même qu'il n'est pas en mon pouvoir d'agir autrement. L'instruction m'a révélé que la noblesse de votre caractère est seulement comparable à la science qui alarme vos ennemis. Permettez qu'en vous condamnant pour obéir à la loi, le Président du tribunal vous assure de son estime et demande votre amitié. Je donnerais bèaucoup pour vous voir dans les mains ce malheureux diplôme.

— Je vous remercie de votre bienveillance, M. le Président, et m'empresse de vous satisfaire. Jusqu'ici l'on ne m'a accusé que de guérir des malades, et je gardais le silence; puisque vous désirez un diplôme, veuillez jeter les yeux sur ces parchemins.

— Voilà qui est parler, sapristi ! dit Grandguillot aussi bas qu'il put à l'oreille de son voisin. Pas bête ! notre contre-maître ! Voyez le Rapin, il est rouge comme une écrevisse. Je parie qu'il va filer et ne pas attendre son reste.

— Oui, oui, reprit Mathurin, le voilà qui se glisse comme une anguille du côté de la porte. Est-il capon lè Rapin !

— Nous vous devons une réparation pour votre présence ici, M. le chirurgien-major, dit le Président, en appuyant à dessein sur ce titre. Me permettez-vous de lire tout haut la lettre que vous adressa le maréchal de Saint-Arnaud en vous envoyant votre nomination d'officier de la légion d'honneur ?

— Comme il vous plaira, M. le Président ; j'aurais préféré garder l'*incognito*, mais il y a ici quelques-uns de mes amis à qui cette lecture peut faire plaisir, et il regardait les paysans.

Ceux-ci ouvraient de grands yeux et des oreilles plus grandes encore quand ils entendirent le Président donner lecture de la lettre du grand maréchal.

« Monsieur,

Je veux vous apprendre moi-même votre nomination d'officier de la légion d'honneur. Ce n'est point une récompense. Dieu seul reconnaîtra dignement votre héroïque courage. C'est un témoignage d'estime et la dette du général en chef envers l'un des hommes les plus dévoués et les plus vaillants de l'armée.

Maréchal A. de St.-Arnaud. »

— Voilà un second diplôme dont vous pouvez être fier, Monsieur, dit le Président en faisant remettre à M. Paul ses parchemins.

— A la bonne heure! disait l'aubergiste qui n'y tenait plus, je savais bien qu'il y avait quelque chose là dessous. Que le Rapin vienne s'y frotter maintenant! Tas de carabins, va, vont-ils rager! Un chirurgien-major qu'a fait la guerre de Crimée! Qu'est-ce qu'ils sont auprès de lui? C'est comme une mouche dans les pattes d'un chat.

Je laisse à penser si nos voyageurs furent satisfaits de leur journée et s'ils en eurent long à raconter, quand au retour il fallut répondre à toutes les questions de leurs amis.

CHAPITRE XLI.

LES IMPORTUNS.

Il ne restait plus à Henri que deux jours de congé. Gabrielle désirait une promenade en forêt, on déjeûna de bonne heure, on fit dire à M. Paul qu'on le prendrait à la filature en passant, Pierre prépara ses boîtes de fer-blanc pour cueillir des simples et attraper des coléoptères, Julie entassa des provisions dans un panier, et on allait monter en voiture quand le domestique annonça... M. et madame de Balley.

— Nous n'y sommes pas, Valentin, nous n'y sommes pas ! disait Henri d'un ton suppliant.

Nous sommes pris, au contraire, mon enfant, et il est impossible de fuir, dit le père, il faut faire bonne mine quand même. Veille sur toi, Henri ! Le froufrou des vêtements de soie interrompit la recommandation. Madame et mesdemoiselles de Balley en grandes robes, à grandes salutations, pénétrèrent dans le salon où gisaient, en désordre, manteaux de voyages, boîtes en fer-blanc, ombrelle, cravache, même la canne de M. Demérans. Gabrielle s'efforça d'être aimable, Henri ayant aperçu Victor Desbruyères qui suivait Arthur, salua celui-ci et tendit gracieusement la main à l'autre. Pierre s'assit à côté de Victor et la conversation commençait à s'animer lorsque Valentin entra gravement.

— M. Paul envoie dire qu'il consent à accompagner Monsieur et qu'il attendra la voiture au pied de la colline, au gros tilleul du carrefour, à l'heure fixée.

— L'heure fixée... reprit M. Demérans, mille pardons, madame ! veuillez me permettre..., et regardant sa montre, il ajouta : Il y a encore une demi-heure. Dites au cocher de se trouver au gros tilleul à une heure et demie. Nous irons à pied jusque-là.

— Nous vous empêchons de sortir peut-être, dit M. de Balley, j'ai cru voir la calèche attelée.

— C'est une partie de forêt que les enfants désiraient faire, elle ne perdra rien pour être retardée.

La conversation reprit quelques instants et M. de Balley se leva.

— Mais c'est à peine si ces dames ont eu le temps de se reposer, observa poliment M. Demérans, vous allez nous trouver très-inhospitaliers.

— Mon ami, puisque M. Demérans n'est point pressé, dit madame de Balley en se rasseyant...

Henri lui lança un regard qui heureusement ne rencontra que celui de son père et s'éteignit.

Pendant ce temps Victor racontait à Pierre comment il avait abandonné le droit pour la peinture et l'entretenait de son art avec passion.

M. Demérans parla des ruines qu'on avait visitées en allant au Coudrier, espérant obtenir de M. de Balley quelques détails intéressants sur cette page inconnue de l'histoire. Mais l'ancien colonel ne voyait dans l'antique abbaye qu'un amas de pierres sans valeur et par conséquent dépourvues d'intérêt. Son interlocuteur ne se découragea point, il proposa encore d'autres sujets de conversation qui n'eurent point meilleur succès. Désespéré il songeait à se risquer sur un terrain complétement étranger et à aborder le chapitre des bals et des soirées, lorsque M. de Balley se leva pour la seconde fois. On n'objecta plus rien pour les retenir. Le domestique fit approcher leur voiture, et quelques minutes après, les enfants et leur père gagnaient à pied la route de Mérans.

Le chemin qui mène à la forêt est ombragé par deux lignes de pommiers ; le soleil dorait les fruits rouges à demi-mûrs ; de chaque côté les moissons blanchissaient, prêtes à tomber bientôt sous la faucille. Des prairies artificielles s'étendaient au loin et fleurissaient pour la deuxième fois, jetant dans l'air des senteurs fines et pénétrantes. Toutes ces richesses suspendues aux flancs du coteau se balançaient au souffle de la brise et formaient un charmant spectacle. A mesure qu'on montait, les clochers des environs montraient leurs aiguilles dentelées, on découvrit ainsi une vingtaine de villages et les enfants se faisaient un plaisir de les reconnaître et de les nommer.

Enfin la voiture s'arrêta et il fut permis de courir dans les allées vertes et même sous bois, pourvu qu'on évitât de se séparer et qu'on se tînt à portée de la voix.

Dieu sait comme on profita de la permission et quelle partie de cache-cache inaugura cette magnifique après-midi. M. Paul souhaitait de voir la mare pavée dont la grandeur attestait aux yeux de Paul Duraincy la magnificence de la vieille cité. Un charbonnier les y conduisit. Il y avait tant d'eau qu'il ne fut point possible d'en mesurer la profondeur, ils remarquèrent les puits à demi comblés qu'on voyait encore de distance en distance, dernier vestige d'une ville immense tout entière disparue. La forêt lui sert de tombeau. Des chênes centenaires ont poussé dans ses rues désertes, et les vents d'automne jettent chaque année un linceul de poussière sur ses ruines désolées.

Sombre forêt de Malmifay, quel a été le crime de la cité détruite ? a-t-elle été frappée comme Sodome ou punie comme Jérusalem ? Le silence absolu plane sur son histoire, son nom seul a échappé au naufrage, un nom sans date... épave mystérieuse que le flot du temps a jetée sur notre rivage. Comment ne pas rêver au passé quand le vent souffle dans les grands arbres et que le pied heurte contre une pierre de la ville ensevelie.

Tandis que M. Demérans et M. Paul relevaient dans leur imagination les murs de la cité morte et se demandaient si son nom de Malmifay — mal m'y fait — n'aurait point quelque signification terrible d'où l'on pût inférer le caractère belliqueux ou féroce de ses habitants, les enfants cherchaient des *coléoptères* et Julie préparait le goûter.

Quelques fagots renversés servirent de siéges. On s'installa gaiement.

M. Demérans qui s'asseyait de confiance poussa bientôt un aïe ! énergique.

— Voilà un coussin qui n'est pas de velours, dit-il en se relevant vivement.

C'était un faisceau d'épine noire assez mal enveloppé de noisetier, qui venait de le piquer traîtreusement.

On trouva un fagot moins récalcitrant et la brioche fut entamée en compagnie du classique pot de confiture. Les fruits vinrent après, et Julie ayant lavé le pot de confiture à la mare, les enfants le remplirent de noisettes fraîches et dorées qu'ils venaient de cueillir eux-mêmes.

Tout à coup Gabrielle jette un cri.

— Pierre ! Pierre ! dit-elle à son voisin, j'ai une bête sur le cou !

Pierre se précipite, Henri accourt.

— Ce n'est pas une couleuvre, ma fille, rassure-toi, dit M. Demérans.

— Ce n'est qu'une chenille, Mademoiselle, elle sera tombée sur vous quand nous avons couru dans le taillis.

— Qu'une chenille ! reprit Gabrielle avec dégoût, il n'y a rien de plus répugnant ! je crois que j'aime encore mieux un crapaud ; au moins si le pauvre animal est laid, il ne saute pas sur vous et je lui en sais gré.

— Comment ! ma fille ! je croyais avoir en toi une

héroïne qui n'a peur de rien et voilà que tu écrases de ton indignation une pauvre chenille égarée sur ta robe bien à contre cœur et qui cherche avec anxiété, j'en suis sûr, le feuillage où elle trouvait à la fois sa nourriture et un abri.

— Je ne l'ai pas écrasée, dit Pierre, les papillons sont si jolis !

— Comment se fait-il, papa, qu'un papillon sorte d'une si vilaine bête ? reprit Gabrielle revenue de son émotion.

— Si tu demandes le *comment*, je puis te l'expliquer, quant au *pourquoi*, c'est le secret de Dieu. Il y a bien des merveilles encore dans cette pauvre chenille.

— Alors, papa, dites le *comment*, s'il vous plaît.

— Je suis sûr que demain tu chercheras le moyen d'ajouter cette *vilaine bête* à ta *ménagerie*, dit M. Demérans en riant.

— Oh ! non, papa, jamais ! Aucune histoire ne me fera trouver qu'une chenille soit une jolie chose.

— Il faut pourtant lui rendre justice : sans elle tu n'aurais ni robes de soie, ni rubans.

— Mais les vers à soie ne sont pas des chenilles.

— C'est-à-dire que toutes les chenilles ne sont pas des vers à soie. Une seule a cet honneur ; tu vas en juger. Écoute. Mais comme c'est un grand personnage à qui nous devons quelque préambule, il faut dire un mot de son origine.

CHAPITRE XLII.

LES VERS A SOIE.

L'Europe n'est point la patrie du ver à soie; il est éclos en Orient vers le nord de la Chine, et deux moines grecs, qui n'avaient pas peur des chenilles, l'apportèrent dans leur pays. Le voyage se fit agréablement, les bons moines ayant imaginé de placer dans un bâton creux des œufs de ver à soie. De la sorte ils n'en furent point embarrassés, mais il fallait en même temps pourvoir à la nourriture des jeunes émigrés, et comme ces messieurs ne mangent que des feuilles de mûrier blanc, on se hâta de cultiver cet arbre, également venu d'Asie, dans un pays auquel il finit par donner son nom, c'est une presqu'île, devinez laquelle....

— Une presqu'île qui s'appelle mûrier, devines-tu? Pierre, dit Henri.

— Il n'y en a qu'une en Grèce, est-ce la *Morée*, Monsieur !

— Oui, mon enfant, le mûrier s'appelle *moréa* en grec, et comme il s'est répandu en abondance dans toute la presqu'île, on a désigné ce pays par le nom même de l'arbre : Morée.

— Je ne me serais jamais doutée que ce mot-là signifiait *mûrier*, dit Gabrielle, heureusement les petites filles ne sont pas tenues de savoir le grec ; est-ce que c'est grand un mûrier.

C'est un arbre de douze à quatorze mètres d'élévation. Mais revenons à nos œufs que les habitants du midi appellent *graines de vers à soie.*

Quand ces œufs sont exposés pendant quelques jours à une chaleur de 15 à 16 degrés,il en sort de tout petits vers grisâtres qui se mettent à manger tout de suite, les gourmands, comme s'ils n'étaient venus au monde que pour cela, et nous les appelons des chenilles, je n'ose pas dire un autre nom...

— Quand on ose faire deviner des mots grecs, il n'y a pas lieu d'être si timide, répondit la petite fille en riant. Voyons ! d'où sort-il encore ce nouveau nom ? Pourvu qu'il ne vienne pas de Chine avec les vers à soie ! Tout est possible avec papa.

— Il vient seulement de Rome, ma fille, les chenilles sont... des *larves.*

— Ah! oui, papa, du latin *larva* qui veut dire masque. Oh ! les vilains petits masques ! Ce sont des papillons en costume de carnaval, jamais on ne les reconnaîtrait !

— Est-ce qu'Henri serait capable de reconnaître encore un autre mot formé du latin, dit M. Paul avec malice ?

— Peut-être, si on l'a composé avec quelque honnêteté.

— D'où vient le mot *chenille* ?

— Il est par trop défiguré, dit Henri, après avoir cherché un instant.

— Si je savais le latin, je ne donnerais pas tout de suite, comme toi, ma langue au chat, observa Gabrielle.

— Il vaudrait mieux dans cette occasion la donner au chien, mignonne ; car chenille vient de *canicula,* en latin petit chien. Il y a quelque ressemblance en effet entre une tête de chenille et celle d'un petit chien.

— Papa, si vous voulez j'apprendrai le latin.

— Et le grec ?

— Non, le latin seulement. Les petites filles n'apprennent pas le grec. Qu'est-ce que font nos *larves* avec leur masque ?

— Elles mangent. Mais comme elles ne sont probablement point satisfaites de leur vêtement, elles changent quatre fois de peau dans un intervalle de trente-quatre jours. A l'approche de cette grande opération elles s'engourdissent et demeurent à jeûn, mais le lendemain leur faim redouble, on n'y gagne rien.

Le vingt-neuvième jour de leur vie de chenille, les larves sont prises d'un appétit féroce, elles dévorent une grande quantité de feuilles et font avec leurs mâchoires un bruit qui ressemble à celui d'une forte pluie. Il faut dire ici qu'elles ont bien raison de manger beaucoup, car elles vont subir un long jeûne. Le trente-troisième jour elles grimpent sur de petites branchettes placées à leur portée, leur corps s'amollit, elles traînent un fil de soie qui sort de leur bouche, et quand elles ont choisi leur place, elles s'arrêtent, jettent à droite et à gauche leur fil de soie, puis se mettent à tourner sur elles-mêmes en divers sens pour construire leur cocon; ce cocon est la prison où elles s'enferment pour subir une première métamorphose. Laissons-nous passer ce grand mot sans lui demander son passeport?

— Non, s'il est latin, papa.

— Hélas ! il est grec !...

— Je ne connais pas ses père et mère, dit Henri, mais M. André m'a appris qu'il signifie *changement de forme*, d'où je conclus que nos *larves*, fatiguées de leur vilain costume, vont encore une fois changer de peau.

— Si elles ne changent que de peau ce n'est pas la peine de se mettre en prison dans une cellule de soie, comme si elles allaient faire une retraite, dit Gabrielle. C'est beaucoup d'embarras pour fort peu de chose.

— Vous calomniez ces pauvres bêtes, mes enfants, aussi vont-elles se venger en prenant le nom de *chrysalides*.

— Oh ! quand vous voyez des *i* grecs dans un mot, il ne faut pas demander son acte de naissance. J'en sais quelque chose de celui-là, il y a de l'*or* dedans.

— A la bonne heure, Henri ! Ce mot exprime en effet la couleur d'un brun doré que prend l'animal enfermé dans sa coque. Que fait-il pendant les dix-huit ou vingt jours qu'il y reste ? Il est recouvert d'une peau épaisse qui ressemble à du vieux cuir, on n'y distingue plus ni tête, ni mâchoire, il reste là, immobile et caché, attendant une nouvelle métamorphose qui sera la dernière. Ses ailes poussent, ses pattes s'allongent, il rompt ses liens et s'échappe vivant et glorieux de sa prison. La chrysalide est devenue insecte parfait. Elle va jouir et s'ébattre dans l'air et la lumière, mais pas longtemps. Le papillon du ver à soie a des ailes blanchâtres.

Presque aussitôt après sa naissance la femelle pond ses œufs, dont le nombre s'élève à plus de cinq cents. Enfin après avoir vécu de dix à vingt jours les papillons meurent.

— Oh ! papa, c'est triste, mourir sitôt, quand à peine ils ont pu jouir de leurs ailes et s'amuser un peu dans l'espace ! Avoir tant de mal à devenir papillon et mourir presque tout de suite !

— Voilà, ma fille ! Un latin te dirait :

Sic transit gloria mundi !

— Ce qui veut dire, ma petite sœur, « Ainsi passe la gloire du monde ! »

Mais que le sort de ces pauvres papillons ne t'attriste pas. Dix ou vingt jours leur semblent peut-être une longue vie ; si nous comptons leurs heures comme des années, nous aurons des patriarches de 240 à 500 ans, de vrais Mathusalem en miniature.

— Oh ! Henri, tu te moques de tout.

— Eh ! bien, ma fille, seras-tu plus indulgente pour ces malheureuses chenilles qui attendent dans l'humilité et le travail leur triomphe passager ?

— Oui, papa, mais je suis effrayée de l'abondance des œufs que pondent les papillons, si tout cela vivait nous serions mangés par les chenilles!

— Aussi tout cela ne vit pas. Dieu a chargé les petits oiseaux d'y pourvoir. Il y en a des multitudes qui font la chasse aux chenilles et pour t'en donner un exemple je te citerai la mésange. Un observateur a calculé qu'une famille de ces oiseaux a dévoré 45.000 chenilles en 21 jours ; c'est le temps qu'il faut au père et à la mère pour élever leur couvée. Tu peux juger par là si la destruction se fait sur une grande échelle et t'assurer que tu ne seras point la proie des *larves*.

— Je ne suis pas fâchée d'être protégée contre elles par les petits oiseaux.

— C'était bien la peine de t'attendrir tout à l'heure sur le sort des papillons pour en arriver à bénir les exterminateurs de leurs enfants, dit le malicieux Henri ; tes deux impressions, chère sœur, me paraissent tout à fait en contradiction.

— Oh ! quand Henri fait de belles phrases, c'est toujours à mes dépens ! Je puis bien avoir pitié du malheureux sort des chenilles sans vouloir pour cela qu'elles remplissent le monde, Monsieur ; d'ailleurs, vous n'aurez point le temps de me taquiner, car papa prend sa montre et nous allons partir, répondit Gabrielle en prenant son grand air sérieux.

On remonta en voiture. Il n'y avait qu'à descendre et les chevaux, impatients de l'écurie, le firent lestement. On arrivait au gros tilleul de la route quand l'horloge de la filature sonna six heures.

M. Paul descendit avec Pierre et tous deux furent rejoints sur le chemin de Polhay par un groupe d'ouvriers.

Éloi se rapprochant du contre-maître lui demanda à demi voix s'il était vrai comme le bruit en courait qu'il fût devenu directeur de l'usine et chargé d'administrer les biens de M. Demérans.

— Cela est vrai, répondit M. Paul.

— Alors nous ne perdons un bon maître que pour en retrouver un pareil, dit Eloi satisfait. Me permettriez-vous d'annoncer cette nouvelle à mes camarades? Ils seront bien contents !

Et ayant obtenu une réponse affirmative, Éloi s'écria :

— C'est vrai, messieurs, nous avons M. Paul pour directeur !

Des vivats et des bravos accueillirent cette parole.

— Pourvu que M. Richard ne devienne pas contremaître à présent, dit une voix !

— Non, non, le contre-maître est déjà choisi. Je pense qu'il vous plaira.

Tous les regards se fixèrent sur le nouveau directeur avec une nuance d'inquiétude.

— Je voulais vous le présenter demain, ajouta

M. Paul, mais puisque vous êtes si curieux, je ferai peut-être aussi bien de vous le nommer ce soir. J'ai pensé qu'Éloi consentirait à me remplacer. Qu'en dites-vous, mon ami ?

Éloi, rouge de surprise et de plaisir, pouvait à peine répondre, il remercia plus du regard que de la voix et accueillit avec joie les chaleureuses poignées de main de ses compagnons.

En arrivant au village la nouvelle se répandit et causa la même satisfaction ; ce soir là, M. Grandguillot fut obligé d'aider sa servante, on porta la santé du directeur et du contre-maître et d'abondantes libations célébrèrent leur bienvenue.

CHAPITRE XLIII.

SUZANNE.

Pierre revenait un soir de Mérans, content de sa journée ; il chantait en traversant les blés mûrs dans le joli sentier qui mène droit au bois, lorsque des cris mêlés de sanglots frappèrent son oreille. Le bruit d'une lutte, interrompue par des éclats de rire et des paroles de colère, lui fit croire qu'il s'agissait d'une querelle entre les gamins de l'école. Il n'arrêta point de marcher. La dispute continuait dans le grand chemin derrière les sapins.

— Non, vous ne passerez pas ! Il faut bien que

j'aie le temps de vous admirer, la belle cendrillon, tout le monde dit que vous êtes la plus vilaine petite fille du canton,

— Et vous, le plus mauvais sujet du département ; un paresseux qui vagabonde le jour et la nuit.

— Vous avez des cheveux roux comme les poils de barbet, le chien de M. Vatou, et votre figure est aussi aimable que la sienne quand on lui jette des cailloux.

— Me laisseras-tu passer à la fin, Julien ? cria la fillette en colère,

— Pas avant de savoir où vous allez, mademoiselle Suzanne, et ce qu'il y a dans votre joli panier,

— Çà ne vous regarde pas ! Tu ne l'auras pas ! Et la petite fille repoussait de toutes ses forces le méchant garçon qui lui arrachait son panier.

Après une lutte d'un instant, Julien plus fort et plus grand, s'emparait du panier, et Suzanne perdant l'équilibre, tombait dans la boue. Elle éclata en sanglots tandis que son adversaire pirouettant sur ses talons chantait d'une voix ironique :

Il pleut, il pleut, bergère,
Ramenez vos moutons....

— Méchant voleur ! s'écria Suzanne outrée de colère, tu vas me rendre mon panier tout de suite, ou sinon, tu t'en repentiras !

— Répète encore que je suis un voleur, reprit Julien d'un ton qu'il voulait rendre menaçant, tu ferais mieux d'aller raccommoder tes bas,

— Oui, je le dirai encore et si je voulais, je pourrais te faire payer cher tes méchancetés d'aujourd'hui. Tu n'es pas embarrassé pour en avoir, toi, des bas, on sait comme tu t'y prends.

— Et qui est-ce qui croirait une petite menteuse

comme vous ? Vous avez une belle réputation ! C'est dommage, et on vous aime bien dans le pays ! Tenez, le voilà, votre panier, il est malpropre comme sa maîtresse et je n'aurais pas dû le toucher.

Ces gracieuses paroles furent les dernières. La petite fille s'en alla tout en larmes ; elle rencontra Pierre à l'entrée du bois. Les paroles de Julien l'avaient humiliée. Elle jeta un regard sur sa toilette et pour la première fois, peut-être, s'aperçut qu'elle était malpropre et déguenillée.

A la vue du jeune garçon elle rougit et cacha sa tête dans son tablier.

— Pourquoi pleures-tu, Suzanne, lui dit-il avec bonté ?

— Parce que je suis malheureuse, répondit la petite, tout le monde me repousse, mon père me bat, les petits garçons me jettent des pierres et disent que je suis laide. Oh ! si je pouvais leur rendre tout le mal qu'ils me font !

— Tu serais méchante alors et personne ne pourrait plus t'aimer.

— M'aimer ! dit la pauvre Suzanne en levant ses grands yeux étonnés, qui donc songerait à cela ? Quand je passe dans la rue, les mères disent : « Voilà la petite guenon, et leurs marmots me jettent de la boue, et quand je rentre à la maison je trouve mon père à moitié ivre qui me maltraite encore plus que les autres, alors je me sauve dans les courtils et ceux qui me voient là, cachée sous une haie, m'appellent *vilain oiseau*, *chouette* et me chassent quelquefois. Oh ! je suis bien malheureuse ! Et elle se jeta à terre en pleurant si fort et si amèrement que le bon cœur de Pierre n'y résista point. Il s'assit près d'elle et lui dit :

— Écoute, Suzanne, je vais te parler comme un ami ; si je te parais sévère aussi, tu ne te fâcheras point car c'est pour te faire du bien que je te montrerai la vérité. Veux-tu m'écouter ?

— Oui, dit Suzanne en adoucissant son regard sauvage et défiant, je n'ai jamais eu d'ami.

— Eh bien ! je pense qu'on a tort de te dire des injures et de te faire tant de méchancetés ; mais toi, si tu n'inspires ni intérêt, ni compassion, c'est un peu ta faute. Par exemple, sais-tu pourquoi on t'appelle guenon ?

— Parce que je suis laide et que j'ai les cheveux roux.

— Non ; d'abord, tu n'es pas laide, mais tes cheveux sont toujours en désordre, ta figure est barbouillée, tes mains sales. Regarde plutôt ? Te voilà grande, pourtant. Ursule n'a qu'un an plus que toi, et tu ne sais pas coudre, tu portes des vêtements en lambeaux, des bas troués et du linge malpropre ! Voyons, Suzanne, regarde-toi, y a-t-il une petite fille aussi mal soignée que tu l'es ?

Suzanne baissa la tête, elle se sentait honteuse. Cependant les bonnes paroles de Pierre allaient à son cœur. C'était la première fois qu'on lui parlait ainsi. Orpheline dès le berceau, la pauvre enfant avait grandi toute seule, courant l'hiver à demi nue dans la neige, l'été dans les champs, secourue par la pitié des voisines et recevant de toutes parts moins de caresses que de coups. Son père, autrefois laborieux ouvrier, s'était *dérangé* après la mort de sa femme. Trouvant son foyer désert, il avait cherché à l'auberge une société de son goût. Il travaillait peu, rentrait tard et toujours de si mauvaise humeur, que sa fille avait peur de lui.

— Pierre, dit Suzanne après avoir pensé un moment, est-ce que je suis méchante ?

— Non, je crois même que tu pourrais devenir une bonne fille et apprendre à travailler, si tu voulais seulement y essayer. Il faudrait aussi aller au catéchisme, car tu es à l'âge de faire ta première communion. Tu apprendrais là des choses qui donnent du courage et qui vous aident à souffrir.

— Les petites filles ne voudront pas s'asseoir à côté de moi.

— Tu t'asseoiras toute seule. Le bon Dieu t'aimera autant avec tes pauvres habits que les autres enfants avec leurs belles robes.

Suzanne n'avait presque jamais entendu parler du bon Dieu.

— Ainsi, tu crois Pierre, que je ne suis ni méchante, ni laide et que le bon Dieu pourra m'aimer un peu ?

— J'en suis sûr, et dans le village on t'aimera aussi.

— Alors dis-moi ce qu'il faut faire et je commencerai tout de suite.

— C'est bien, ce que tu dis-là, Suzanne, et je suis content de toi.

Elle le remercia d'un regard plein d'humilité et de reconnaissance. La pauvre enfant venait de trouver ce qu'Archimède demandait pour soulever la terre : un point d'appui. La parole amie d'un enfant a répandu l'huile et le baume sur les plaies ulcérées de son cœur. Un rayon de lumière est entré dans son âme ; elle n'est plus seule, méprisée, destinée d'avance à devenir la proie de tous les vices qu'entraîne la misère.

Pierre lui donna de bons conseils, lui promit l'amitié d'Ursule si elle avait du courage et se mettait à l'œuvre.

— Je ferai tout ce que tu m'as dit, répondit Suzanne d'un ton décidé.

Pierre lui tendit la main, elle la serra. Il y avait une grande promesse dans ce serrement de main. Tous deux se quittèrent joyeux et plus forts, comme on l'est après une bonne action.

Marianne et Ursule préparaient le souper et les petits jouaient dans la rue quand Pierre arriva. Après leur avoir conté sa journée, il parla de sa rencontre avec la petite Suzanne, et fit un tableau si touchant de son malheur et de sa détresse, que Marianne qui n'aimait point les paresseux se sentit prise de compassion. « Elle n'a pas de mère, maman, et son père est un ivrogne ; qui est-ce qui lui aurait appris à faire quelque chose ? » disait Pierre.

— Tu as raison, mon fils, dit la bonne femme attendrie à cette parole, si elle a vraiment bonne volonté, elle peut venir chez nous. Je ne lui refuserai pas un conseil.

Ursule qui aimait tendrement son frère, lui promit d'apprendre à coudre à Suzanne et de la mener au catéchisme. Le lendemain elle trouva moyen de voir la petite abandonnée et lui demanda par manière de conversation ce qu'elle avait fait depuis le matin.

— J'ai nettoyé la maison, répondit-elle, et je vais essayer de raccommoder mes hardes.

— Viens avec moi, Suzanne, dit Ursule, je dois coudre aussi toute l'après-midi, nous partagerons les conseils de maman.

— Marianne ne voudra pas me laisser avec toi, Ursule, dit la petite dont le front se rembrunit.

— Au contraire, Suzanne, maman a dit elle-même que tu peux venir ; Pierre lui a parlé de toi, hier, il serait content si on t'apprenait à travailler et à devenir une ménagère habile et soigneuse, et nous aimons tant mon frère, vois-tu, que nous ferons pour toi tout ce qu'il voudra.

Un éclair de joie passa dans les grands yeux bleus de Suzanne.

— Alors j'irai, Ursule, mais avant, rentre avec moi et jette un coup d'œil dans la maison pour voir si c'est bien rangé.

Ursule entra, la maison était balayée, les carreaux lavés, seulement une blouse, un gilet et quelques outils traînaient sur les meubles, la fille de Marianne en fit l'observation.

— Je n'ose pas y toucher, dit Suzanne, papa les a jetés là, il me battrait si je les mettais ailleurs. Voudras-tu dire à Pierre que j'ai commencé à suivre ses conseils ?

— Oui, certainement. Maintenant, prends ton ouvrage et viens avec moi.

— Non, non ! Je ne passerai pas dans les rues. Madame Grandguillot dirait à tout le monde que la petite *guenon* est devenue l'amie d'Ursule. Je ferai le tour par les courtils, je ne suis pas embarrassée pour sauter une haie, et j'aime mieux me faire un accroc de plus que de t'exposer à passer pour mon amie.

En disant ces mots Suzanne ferma la porte et plantant là Ursule, prit sa course autour du village. Elle arriva chez Marianne en même temps que sa compagne.

CHAPITRE XLIV.

L'INTÉRIEUR D'UNE HUMBLE FAMILLE.

Pierre ne manqua point de conter à Gabrielle l'histoire de Suzanne, il la pria de parler à M. le curé pour sa première communion.

— M. le curé a dit l'autre jour que cette petite fille est la plus méchante du village, répondit Gabrielle, il ne voudra point croire tout de suite à sa conversion.

— Et moi-même je n'y crois pas tout de suite non plus, mais j'espère ; Suzanne m'a dit en pleurant qu'elle n'a jamais eu d'ami. Ursule et moi nous allons l'aimer. Maman lui apprendra les choses qu'une femme doit savoir, à coudre, repasser, laver, et qui sait? En devenant plus heureuse, Suzanne deviendra peut-être bonne ; on ne l'appellera plus *guenon*, elle ne sera plus repoussée et elle oubliera tous les vilains mots qu'elle entend dire à son père quand il rentre du cabaret, et qu'elle répète en colère à ceux qui se moquent d'elle.

— Tu es bon, Pierre, dit Gabrielle après un silence. Si ta protégée obéit bien à ta mère et que tu sois content d'elle, je lui parlerai un dimanche au sortir de la messe pour l'encourager et montrer à tout le monde que je ne la méprise pas. Crois-tu que cela lui ferait plaisir ?

— Oh ! oui, mademoiselle, c'est vous qui êtes bonne ! Je voudrais rendre à Suzanne un peu du bien que vous m'avez fait. J'étais pauvre et mendiant comme elle quand vous êtes venu à mon secours, j'avais aussi mes défauts et par moment des découragements et des chagrins qui me donnaient envie de mourir. Monsieur votre père a soulagé notre pauvreté, vous m'avez donné du travail et ce qui est une chose plus précieuse, de l'instruction. Eh bien ! ce n'est pas là ce qui m'a touché le plus, ce qui m'a excité à apprendre et à tâcher de devenir bon. Ce n'est pas là ce qui a mis dans mon cœur de saintes pensées et de nobles désirs.

— Qu'est-ce donc, Pierre, qui a fait cela ?

— C'est que vous m'avez aimé un peu ; vous avez écouté la confidence de mes chagrins, vous avez partagé mes peines et cherché à me tirer des difficultés qui survenaient dans mon chemin et j'ai eu du courage. Aussi, hier, en voyant cette pauvre Suzanne si abandonnée, j'ai promis au bon Dieu de l'aider à mon tour, de l'encourager et de lui donner des conseils.

— Je t'aiderai, Pierre, c'est une bonne action que tu entreprends et tu l'entreprends de la bonne manière. Papa dit toujours que le seul moyen de faire un peu de bien aux autres, c'est de beaucoup les aimer.

Au même instant, dans la maison de Marianne, assises toutes deux en face d'une petite table sur laquelle on voyait des ciseaux, du fil et des aiguilles, Suzanne et Ursule cousaient ensemble. C'était un jeudi, les petits, après avoir joué dans le jardin et dans la cour apprenaient leurs leçons dans un coin, Marianne repassait. De temps à autre, elle jetait un coup d'œil sur le travail des enfants, redressait une couture à sa fille, montrait à Suzanne comment il fallait s'y prendre pour ajuster convenablement une pièce d'étoffe sur un trou, puis retournait à ses fers.

La figure ouverte et souriante de Marianne, l'activité d'Ursule, je ne sais quel air de joie et de contentement, les belles images encadrées qui ornaient les murailles, et jusqu'aux branches de vigne enguirlandées autour de la fenêtre, tout faisait impression sur la pauvre Suzanne, elle respirait dans l'atmosphère de cette famille une autre vie que dans sa chaumière abandonnée.

On est heureux ici, pensait-elle, et elle comparait à son foyer glacé la vivifiante chaleur du foyer chrétien, la parole douce et tendre de la mère, l'affection et le respect des enfants, l'obéissance joyeuse ! Jamais on ne lui avait adressé une parole douce, à elle ! Quand Thibaut rentrait, il se jetait sur son lit en maugréant, et le matin, s'il ordonnait quelque chose à sa fille, c'était d'une voix dure et menaçante qui la faisait trembler.

Plongée dans ces réflexions, Suzanne répondait à peine aux questions d'Ursule. Tout à coup, elle baissa la tête et fondit en larmes.

— Qu'as-tu ? Qu'y a-t-il ? s'écrièrent à la fois Marianne et sa fille.

Suzanne essaya de sourire.

— Ce n'est rien, dit-elle en essuyant ses yeux encore gonflés, c'est une idée qui me passait.

Le petit Jacques, à peu près de l'âge de Suzanne, quitta son livre, et venant près de l'orpheline lui passa les bras autour du cou et l'embrassant lui dit : « Ne pleure pas, je te montrerai mes deux chats et le beau lapin blanc que Pierre m'a rapporté du château.

— Ma petite, dit Marianne, une idée qui fait pleurer, il ne faut pas la garder pour soi : ça vous charge le cœur et ça lui retire sa force ; conte-nous ton chagrin, nous pourrons peut-être le consoler.

— Oh ! non, c'est impossible ! Je voudrais avoir une maman et des frères comme Ursule ! Pourquoi suis-je toute seule, sans parents, sans personne qui m'aime ?.. et des larmes qu'elle retenait en vain troublèrent encore la voix de Suzanne.

— Mon enfant, c'est vrai, le bon Dieu t'a imposé une grande peine le jour qu'il t'a pris ta mère ; mais il ne faut pas l'accuser ni se révolter contre lui, au contraire. Il sait mieux que nous ce qui nous est utile et les orphelins qui le prient ne sont jamais abandonnés. Demande-lui d'avoir soin de toi et de mettre de bonnes pensées dans ton cœur ; tu ne te sentiras plus toute seule, ni sans famille, si tu te souviens qu'il est toujours près de toi et qu'il t'aimera pourvu que tu ne l'offenses pas.

— Oui, Pierre m'a dit que le bon Dieu m'aimera ; mais je ne sais pas le prier, je ne sais pas non plus quand je l'offense.

— Ursule t'apprendra tes prières ; mais il y en a une que tu peux faire toute seule, c'est de dire au bon Dieu tout ce que tu penses comme s'il était ta maman. Quant à l'offenser cela t'arrive souvent : Quand tu disputes avec les autres enfants et que tu leur dis de vilains mots, quand tu te mets en colère, quand tu désobéis à ton papa et aussi quand tu cours les champs au lieu de travailler, tout cela déplaît au bon Dieu. Il n'aime que les petites filles douces et sages, attentives à leur devoir et courageuses au travail.

— Est-ce que vous me permettrez de revenir chez vous, Marianne ? Je vous dirai tout ce que je pense et vous m'apprendrez à faire mon devoir.

— Viens tant que tu voudras, mon enfant ; ta pauvre mère serait bien contente, là-haut, si elle te voyait suivre son exemple : elle a beaucoup travaillé et beaucoup souffert aussi, cette brave Catherine! Nous étions du même âge, on dirait que c'est hier qu'elle est morte. Tu reviendras, ma petite, nous tâcherons de remplacer ta mère, et si tu es docile, tout ira bien.

— Je serai docile, Marianne, vous verrez !

CHAPITRE XLV.

LES GENDARMES.

Pierre suivait la route de Malivaux : il allait s'informer si le second courrier apportait une lettre de Paris pour M. Demérans. Chemin faisant sa tête travaillait. M. Paul lui avait donné un très-difficile problème. *Vouloir c'est pouvoir* : l'enfant voulait, il devait donc réussir. Son regard fixe ne voyait rien autour de lui ; absorbé dans ses réflexions, il suivait les importantes opérations de sa pensée, et ses jambes, pour répondre sans doute à l'activité de son esprit, dévoraient le chemin. Armé d'un crayon et d'un bout de papier, il marchait, donnant juste assez d'attention à sa route pour se garer des voitures et ne point heurter les autres voyageurs. Tout à coup il s'arrête, crayonne quelques chiffres et portant la main à son front :

— Je me suis trompé ! s'écrie-t-il.

Il se remet en marche plus animé que jamais, car il est sur la voie d'une solution juste, lorsque deux ou trois pas plus loin, ses pieds s'embarrassent et il tombe... sur un homme couché là et à moitié endormi dans l'herbe ; c'était Thibaut, le père de Suzanne.

— En voilà-t-il un d'étourneau qui vient s'abattre sans plus de cérémonie sur la tête des honnêtes gens ! Ah ! ça, mon garçon, probablement que tu ne vois plus clair. Il faut te procurer des lunettes, dit le dormeur en se frottant les yeux. Je te recommande père la Rapette.

— Je vous demande pardon, Monsieur, répondit Pierre en essuyant son nez qui saignait et son visage un peu écorché, je ne vous avais pas vu !

— Tu regardais la lune sans doute ! t'as de la chance de n'avoir pas été te casser le nez sur l'épaule de mon compagnon !

Ce compagnon était un homme d'assez mauvaise mine que Pierre ne connaissait pas, quelque ivrogne sans doute, de mauvaise composition après avoir bu. Thibaut, lui, avait le vin poli, ce jour-là du moins.

Sa mission remplie, l'enfant revint sur ses pas. Il approchait de Mérans lorsque la solution tant cherchée frappa son esprit. Un petit banc abrité contre le soleil par une haie touffue l'invita à s'asseoir. « Mon crayon ! se dit-il avec inquiétude, aurais-je perdu mon crayon ! » Il vida ses poches plusieurs fois, chercha autour de lui ; le crayon se trouva dans un fossé au bord duquel il s'était penché pour cueillir une plante médicinale. Vite, il écrit sa solution, et le voilà reparti, gai comme un pinson, porter la réponse au château.

Le lendemain, vers midi, Pierre triomphant montrait son problème à M. Paul. Il en reçut des félicitations.

Pan ! pan ! ran tan plan ! vran ! vran ! wrrrantan-plan !

— On tambourine ! je cours voir ce qu'il y a de nouveau, dit Pierre.

M. Vatou, qui cumulait avec les honorables fonctions de garde-champêtre, les fonctions non moins honorables de tambour, s'appuya contre le puits, et de sa voix la plus forte s'efforça de lire couramment ce qui suit :

Le maire de la commune de Malivaux — fait savoir — qu'il a été perdu hier — à mi-chemin de Mérans à

Malivaux, — vers les onze heures du soir, — un portefeuille — contenant pour 3,000 fr. de valeurs. — Celui qui les aura trouvées — est prié de les remettre — à leur propriétaire M. Durand — notaire à Malivaux. — Bonne récompense.

Le Maire de Malivaux.
BARDOUX.

M. Vatou achevait à peine de débiter son annonce, que deux gendarmes à cheval parurent dans Polhay. Ils saluèrent le garde-champêtre et entrèrent chez M. Grandguillot.

— Il fait encore assez chaud pour se rafraîchir, dit le brigadier à l'aubergiste. Donnez-nous une bouteille de bière, s'il vous plaît.

— Tout de suite ! Messieurs.

La servante s'empressa de courir à la cave.

— Vous n'avez pas grand chose à faire par le temps qui court, messieurs ; il y a longtemps qu'on n'entend plus parler de rien. Les voleurs sont en vacance, il paraît.

— Il faut bien qu'ils donnent aux gendarmes le temps de se reposer ; je suis sûr que vos ivrognes n'en font pas autant, M. Grandguillot ? Il y a cent à parier contre un que le gros Thibaut vous empêche régulièrement tous les soirs de dormir avant onze heures. Voyons, est-ce vrai ? Pas plus tard qu'hier on l'aurait trouvé ici de neuf heures à minuit.

— C'est justement ce qui vous trompe, brigadier ; il n'est pas venu hier du tout, et c'est peut-être la première fois qu'il y manque depuis plus de six mois.

— L'exception prouve la règle, observa le brigadier en faisant un signe d'intelligence à son compagnon. Allons ! à cheval ! Au revoir, M. Grandguillot !

Un peu plus loin, les gendarmes rencontrèrent Julien.

— Ah! c'est toi, petit, dit l'un d'eux en lui faisant signe d'approcher; j'avais envie d'entrer hier soir chez vous pour demander à ton père l'adresse du vieux Marin ton grand oncle; il était si tard que je n'ai pas osé frapper à la porte : à dix heures vous étiez sans doute couchés ?

— Papa n'y était pas, monsieur, il s'est absenté toute la journée.

— Il aura été vendre ses lapins à la ville; c'est dommage, ma femme parlait de lui en acheter une paire : elle s'y est prise trop tard.

— Non, monsieur, nous en avons encore de très-gros.

— Ah! Eh bien! nous nous reverrons un de ces jours.

Les gendarmes s'arrêtèrent encore au milieu d'un groupe de paysans à qui M. Vatou racontait comment s'était perdu l'argent qu'il réclamait. Le premier clerc de M. Durand revenait hier très-tard de la ville. Il rapportait une somme d'argent considérable et son cheval marchait vite mais sans galoper, lorsqu'arrivé à peu près en face du petit banc, sur la route de Mérans, l'animal s'effraie, fait un bond de côté et aurait renversé son cavalier s'il n'eût été un très-habile écuyer.

Il y avait probablement des voyageurs attardés comme lui sur le chemin; il entendit marcher par derrière et pensa qu'on venait à son secours; mais son cheval repartit comme l'éclair et il lui fut impossible de le maîtriser avant d'entrer à Malivaux.

Le clerc a perdu un portefeuille; il croit qu'il aura sauté de sa poche au moment où le cheval a fait un écart. Celui qui l'aura trouvé aura eu de la chance, car il paraît que M. Durand paiera bien.

Ainsi parlait M. Vatou.

— Ce n'est personne de Polhay qui l'aura trouvé, dit un paysan ; il aurait fallu passer par là au petit jour, et aucun de nous n'a affaire de ce côté. Ceux de Mérans, je ne dis pas !

— Ou un étranger, ajouta le brigadier ; il y a des colporteurs et des marchands ambulants qui se lèvent avant le jour pour continuer leur voyage ; il y a aussi des ouvriers qui cherchent de l'ouvrage.

— Oui, et qui prient Dieu de ne pas en trouver, dit Nicolas, comme ce batteur qu'est venu chez Paul Duraincy et qui n'a jamais pu s'arranger. La grange était trop petite, qu'il disait. Un rude lapin, celui-là !

— Nous l'avons rencontré à Villers, je crois, dit un gendarme ; il avait une blouse marron très-longue et une casquette à visière frisée.

— C'est justement ça, monsieur ; quelque garnement qu'on ne veut pas nourrir à rien faire dans son pays et qui cherche fortune ailleurs. Il a une figure de potence et l'air agréable comme un fagot d'épines. Moi je n'aime pas les *feignants*. On a toujours assez de ceux du pays.

— Vous avez raison, Nicolas ! Bonne journée, messieurs, nous allons continuer notre tournée. Et les gendarmes repartirent au galop.

CHAPITRE XLVI.

UN BON CONSEIL.

Mathurin qui était un *finaud* et avait selon son expression *ménagé* sa *langue* en présence des respectables gardiens de l'ordre public, Mathurin tira Nicolas à part et lui dit :

— Crois-tu que les gendarmes se promènent comme ça dans notre pays et s'arrêtent à l'un et à l'autre uniquement pour le plaisir de jaser ? On ne me fera jamais avaler ça, mon compère ! Ils ont leur idée...

— Je le croirais bien ! Tu vois plus loin que moi, Mathurin !

— J'ai observé le brigadier. Il examinait la figure de tout le monde pendant que son camarade bavardait avec toi ; quand il a vu qu'on ne lui fournissait pas de renseignements, ils ont filé sans faire de compliments. Je parie qu'ils ont encore accroché quelqu'un par là dans la rue de Mérans. Hola ! hé ! Jean ! tu passes bien au large, mon camarade ! Viens ici, qu'on te glisse un mot dans le tuyau de l'oreille.

— Je suis pressé, je viens de m'amuser encore avec Paul Duraincy que les gendarmes ont *gouaillé* parce qu'on ne peut pas battre dans sa grange.

— Quand je disais qu'ils suivent une piste ! et qu'est-ce qu'il a répondu, Paul Duraincy ?

— Ce qu'il y avait à répondre : à savoir que les mauvais ouvriers ont toujours de mauvais outils et que les bons font argent de tout.

— C'est la vérité ; et de fil en aiguille le brigadier lui aura fait dire à quelle heure son individu a passé et le chemin qu'il a pris.

— Justement. Et il lui a promis de lui envoyer un batteur qui ne se plaindra pas de sa grange et lui fera de bon ouvrage.

— Oui, c'était pour cacher son jeu. Qui est-ce qui sait si les 3,000 francs de M. Durand ont été vraiment *perdus*, c'est encore un malin, le notaire !

— Tu as raison, Mathurin ; mais si on les lui a volés, il faut croire qu'il ne serait pas assez simple pour penser qu'on va les lui rapporter.

— Il y a quelque chose là-dessous, dit Mathurin en s'en allant.

Le soir, quand M. Vatou passa le long du bois pour aller à Mérans, il aperçut deux enfants assis sur l'herbe à côté de la borne blanche; ils se reposaient sans doute ou attendaient quelqu'un.

— Ah ! pardienne ! s'écria le garde-champêtre en s'adressant à Suzanne, du diable si je t'aurais reconnue, la petite ! T'as changé de peau, il paraît, te voilà ma foi belle et brave comme une fille de bonne maison.

— Il faut bien s'endimancher un peu pour aller à Mérans, M. Vatou. Suzanne vient de chez M. le curé, elle va suivre le catéchisme, dit Pierre.

— Ah ! c'est bien ! ça lui vaudra mieux que de courir dans les courtils et de rôder dans les champs comme une maraudeuse. Allons, bonsoir les enfants ! Marianne est sans doute à la rivière que vous êtes là à monter la garde ?

— Oui, et Ursule aussi ; je les attends pour prendre la hotte de maman qui est lourde et la rapporter à la maison. Ursule n'a qu'un panier.

— Tu es un bon fils, Pierre, je t'approuve : faut pas

avoir peur de mouiller ses habits quand on veut soulager sa mère.

Et M. Vatou continua son chemin.

Le vieux garde avait dit vrai. Suzanne était transformée. Elle portait une petite jupe d'indienne propre et bien repassée, un corset rouge où l'on ne voyait pas un trou ; un fichu blanc ; ses cheveux roux, lisses et pommadés, encadraient un visage dont l'expression adoucie avait quelque chose de triste et de résigné. Ses grands yeux bleus, ordinairement allumés d'un feu sombre, étaient en ce moment rougis de larmes.

— Ma pauvre Suzanne, disait Pierre, puisque tu ne peux pas me dire ton chagrin, il faudrait le confier à maman ; elle gardera ton secret et te donnera un avis.

— Écoute, Pierre, j'ai confiance en toi autant qu'en Marianne, mais il faut que je me taise ; papa m'a dit que si je parlais il me tordrait le cou comme à un moineau, et tu sais qu'il est homme à le faire. Dis-moi seulement comment je dois répondre si d'autres me questionnaient ; à présent que je ne mens plus, je suis quelquefois embarrassée.

— Il ne faut jamais mentir, dit Pierre avec un accent profond. Le bon Dieu le défend et les hommes méprisent le menteur comme un lâche. Suzanne, si tu mentais, je ne serais plus ton ami.

— Alors, que Dieu ait pitié de moi, dit la petite d'un air résolu, je ne mentirai pas !

En disant ces mots elle s'enfuit : elle voulait cacher à son ami qu'un nouveau malheur la menaçait encore.

CHAPITRE XLVII.

LES ARBRES RESPIRENT.

C'est dimanche. Nous retrouvons M. Paul au milieu des hommes du village à l'endroit ordinaire de ses *Conférences*. Nous pouvons déjà donner ce nom aux savants entretiens de la rue, car il est sérieusement question de les continuer, ou plutôt de les recommencer cet hiver, d'une façon méthodique aussi intéressante qu'instructive.

Aujourd'hui encore le choix du sujet dépend du caprice des auditeurs ; un mot jeté au hasard, une expression dont le sens est mal compris suffisent pour le fixer. *Les arbres respirent*, disait l'autre jour M. Paul en revenant par le bois au milieu des ouvriers. Cette parole vient de lui être rappelée. Il faut qu'il *s'explique là-dessus*, comme dit Paul Duraincy, et il y a autour de lui plus d'un incrédule qui se demande intérieurement s'il viendra à bout de se tirer d'affaire.

Des arbres qui respirent, allons donc ! C'est comme si l'on disait qu'ils ont une bouche et des poumons ! Mais laissons faire M. Paul. Gabrielle et Henri sont là. Emile, Robert, tous les officiers du régiment. Les enfants ouvrent de grands yeux ; ils attendent quelque chose qui ressemble à un conte de fée.

Le Directeur commence.

M. PAUL. — Vous me pardonnerez, Messieurs, d'en revenir toujours à nommer des gaz ; mais j'ai besoin que vous connaissiez parfaitement l'*acide carbonique*, et, si j'ai bonne mémoire, nous ne l'avons entrevu qu'un instant, à peine assez pour lui demander son nom. Je vais vous le présenter une seconde fois.

On dit que nos vieux ancêtres les Gaulois, quand ils accueillaient un étranger, lui demandaient toujours de raconter son histoire. Ils en voulaient connaître tous les détails, ce qui, entre nous, était passablement indiscret. Nous allons faire comme eux à l'égard du gaz *acide carbonique*. Mais si vous lui demandez des nouvelles de sa famille; il va bien vous étonner, car il vous dira qu'il est lui-même son père et sa mère.

Ne croyez pas qu'il plaisante, c'est la pure vérité, vous allez voir! L'oxygène, avons-nous dit, est un grand ami du charbon ; quand il le rencontre, il l'embrasse, à la manière des gaz, mais si fort, qu'au lieu de deux gaz il n'y en a plus qu'un seul. Vous avez beau chercher la trace de l'oxygène et du charbon, vous ne la trouverez point. Ils ont disparu, ils n'existent pour ainsi dire plus et il y en a un autre à la place, un autre qui n'est ni de l'oxygène ni du charbon, et qui cependant est tous les deux à la fois, c'est *l'acide carbonique*.

Quel est maintenant son caractère, à ce nouveau venu, est-ce un assassin? est-ce un être bienfaisant? Ni l'un ni l'autre. Il ressemble à beaucoup de gens qui ne font ni bien ni mal et demeurent toute leur vie des hommes inutiles. L'acide carbonique n'est pas un poison. Il asphyxie cependant, mais c'est par incapacité d'entretenir la vie. Mais s'il est inutile aux hommes, il est nécessaire aux plantes.

Vous me croyez bien loin des arbres, n'est-ce pas ? je suis pourtant tout à côté ; le gaz dont je parle, est pour eux d'une grande importance.

Les arbres respirent, et la respiration a pour objet

d'apporter continuellement au sang les gaz de l'atmosphère. Les arbres ont donc du sang ? Oui, certainement et vous le nommez tout bas : c'est la *sève*. La sève, pompée dans la terre par les mille suçoirs des racines chevelues, monte dans l'arbre tout droit et va trouver les feuilles.

Quand je dis monte, je n'entends pas vous faire croire que l'arbre a des veines, mais prenez un morceau de sucre et faites-le seulement toucher à l'eau par un bout, qu'est-ce qui arrivera ?

MATHURIN. — L'eau montera toute seule jusqu'à ce qu'elle ait rempli le morceau de sucre, c'est connu de tout le monde.

M. PAUL. — Eh ! bien, la sève monte de la même manière dans l'arbre, elle se rend droit aux poumons sans passer par le cœur. Ici, le bon Dieu a jugé que les arbres n'ont pas besoin de cœur ; leur sang se dirige immédiatement vers les feuilles qui sont une machine à respirer tout comme une autre. On pourrait les appeler les poumons de l'arbre.

En cet endroit, que se passe-t-il ? Un échange encore. L'air donne à la *sève* de l'*acide carbonique* et il reçoit à la place de l'*oxygène*. C'est tout le contraire de ce qui se passe chez nous. Admirez la grande sagesse du Divin Ingénieur ! Si les arbres s'étaient mis à respirer de l'oxygène comme nous, notre part eût été diminuée et le pauvre *oxygène*, enlevé partout, eût fini par disparaître. Nous n'avons point cela à craindre : tandis que nos poumons chassent l'*acide carbonique* fabriqué par notre sang, les plantes en vivent et chassent l'oxygène dont nous vivons.

NICOLAS. — C'est ma foi bien inventé tout de même !

M. PAUL. — Il y a ici une curieuse observation à

vous faire : toutes les plantes respirent à la façon des arbres, mais seulement dans leurs parties vertes, car, remarquez bien ceci, les fleurs qui ne sont pas vertes et les fruits et tout ce qui porte une autre couleur que les feuilles, respire aussi *autrement*. Au lieu de prendre l'acide carbonique, ils le chassent, et s'emparent de l'*oxygène* comme nous.

Ceci vous fera comprendre pourquoi les fleurs ne doivent pas être gardées la nuit dans un appartement ; elles respirent notre oxygène. Il ne faut pas davantage garder des bouquets de feuillage, car, *dans l'obscurité* les feuilles aussi produisent de l'acide carbonique ou plutôt, comme les savants le croient, ne pouvant décomposer l'acide carbonique apporté par leurs racines, elles le laissent s'en aller dans l'air.

Vous savez qu'il y a dans les arbres la *sève ascendante* et la *sève descendante*. La première est une eau limpide qui monte par l'intérieur de l'arbre ; elle correspond à notre sang veineux ; la seconde qui redescend par l'écorce a reçu au contact de l'air sa provision de carbone, elle le distribue partout sur son chemin comme font nos *artères* dans notre corps avec leur *sang artériel*. Ici la *sève descendante* nourrit un fruit, là une fleur. Elle dépose, en passant, un peu de charbon dans les milles branchettes de l'arbre, suivant sa route sans broncher, entre l'écorce et le bois.

Les arbres sur lesquels vous êtes assis ont été coupés à la *blanche taille*, pouvez-vous me dire l'âge de celui-ci ?

GRANDGUILLOT. — Très-facilement, Monsieur, un.. deux, trois, quatre.... il a trente ans.

M. PAUL. — C'est-à-dire il a trente cercles qui von toujours en s'agrandissant à partir du centre. Cela vous prouve que l'arbre s'accroît *extérieurement*.

Tous les ans deux nouvelles couches de bois viennent s'ajouter aux autres ; l'une forme un cercle de plus, l'autre appartient à l'écorce qu'elle rajeunit en repoussant les anciennes couches d'écorce que vous voyez se crevasser et s'écailler à la surface des arbres et qu'on peut faire tomber sans danger puisqu'elles sont mortes.

L'année suivante la sève descendante produira encore une couche de bois et une couche d'écorce, amassant ainsi lentement par son travail continuel une énorme quantité de charbon que nous admirons l'été dans nos forêts sous la forme de chênes, de hêtres, de bouleaux ; qui nous donnent des fruits savoureux sous les noms de poiriers, pommiers, cerisiers, etc., et avec laquelle nous faisons du feu l'hiver quand le thermomètre descend au-dessous de 0 et que la neige couvre la terre.

CHAPITRE XLVIII.

LES ŒUVRES DE DIEU.

Je ne vous ai pas dit, car cela nous eût entraînés à de trop longs détails, tous les rapports qu'il y a entre la circulation du sang dans notre corps et la circulation de la sève dans l'arbre ; vous avez pu remarquer que l'arbre respire à peu près comme nous, quoique les instruments qu'il emploie pour cette opération ne ressemblent point aux nôtres.

Mais les instruments ne sont qu'un moyen et peu importe leur forme, s'ils atteignent le même but. Il s'agit de respirer pour donner au sang de quoi nourrir l'homme et la plante, et l'homme et la plante respirent, accomplissant un même acte qui produit les mêmes résultats.

Nous retrouvons cet acte chez tous les êtres. Du haut en bas de la création, depuis l'insecte microscopique jusqu'à l'éléphant, depuis le brin d'herbe jusqu'à l'immense catalpa, tout ce qui vit est soumis à la même loi. Unité dans la diversité, telle paraît être la devise du Créateur. Cette unité, Dieu l'a voilée sous des formes infiniment variées ; il l'a déguisée et ornée de mille façons admirables. Sa puissance s'est jouée dans la nature, créant tout sur le même moule; avec les mêmes éléments, elle n'a rien fait de pareil.

Contemplez ces myriades d'oiseaux de tout plumage, de toute taille, de mœurs et d'instinct différents ; ces multitudes d'animaux qui remplissent la terre : les insectes, les poissons; tous, à des degrés divers, se rallient au même système d'organisation dont nous admirons la perfection dans le corps de l'homme. Tous mangent et respirent à peu près de la même manière et à peu près les mêmes choses.

J'en puis dire autant des plantes, non moins semblables dans leur façon de se nourrir qu'elles sont différentes pour leur forme et leurs propriétés.

Comprenez-vous maintenant, Messieurs, que le savant qui vit pour ainsi dire face à face avec Dieu dans la contemplation de ses œuvres, rencontrant à chaque pas des merveilles qui épouvantent son intelligence et le confondent d'admiration, comprenez-vous qu'il lui soit impossible de ne pas se découvrir pour tomber à genoux devant le grand Ouvrier dont la toute-puissance éclate à nos yeux dans la composition d'un grain de sable comme dans celle du soleil. Comprenez-vous que du fond de son cœur dont tous les battements sont réglés par la main divine, il s'abandonne à ce grand Dieu avec un amour plein de confiance, tranquille sous son regard comme l'enfant dans les bras de sa mère ?

Et maintenant, M. Grandguillot, vous semble-t-il encore qu'un vrai savant ne puisse pas croire en Dieu.

M. GRANDGUILLOT. — Faudrait être un fier imbécille pour n'y pas croire ! Tenez, M. Paul, voulez-vous que je vous dise ma pensée ?

M. PAUL. — Dites, Monsieur Grandguillot.

M. GRANDGUILLOT. — Eh bien ! je trouve que nous ne ressemblons pas mal quelquefois à de vrais animaux, nous autres ; nous vivons sans réfléchir à rien, ni plus ni moins qu'une poule qui cherche du grain et se contente de ça ; nous ne voyons pas plus loin que le bout de notre nez : le blé pousse, comment? pourquoi ? Ça nous est égal, nous le coupons ; les fruits mûrissent, c'est bien ! nous les mangeons ; le bon temps passe, le mauvais survient, les saisons arrivent, chacune à son tour, l'almanach nous les annonce à jour fixe avec le lever et le coucher du soleil et de la lune ; c'est régulier dans la manœuvre comme un régiment, et l'idée ne nous vient pas que pour maintenir une pareille discipline, conserver un ordre si exact, il faut à la tête un fameux directeur !

M. PAUL. — Vous avez raison, Monsieur Grandguillot, l'ordre est le signe de l'intelligence ; on découvre bien des choses quand on réfléchit.

MATHURIN.—Comment ! encore les gendarmes ! Nous sommes gardés de près depuis quelques jours.

Le brigadier entra dans la cour de Baptiste. Pierre

se leva pour les recevoir dans le cas où Marianne serait absente ou dans son jardin.

— Donnez-vous la peine d'entrer, Monsieur, dit le jeune garçon en ouvrant la porte et en présentant une chaise. Voulez-vous que j'appelle mon père ?

Il n'y avait, en effet, personne à la maison.

— C'est inutile, jeune homme ; ne dérange personne et mets-toi là.

Ce disant, le brigadier fouilla dans sa poche et en tira un couteau avec une forte lame et deux canifs, dont le manche était blanc.

— Reconnais-tu ce couteau ?

— Certainement, dit Pierre joyeusement ; il est bien à moi ; je l'ai perdu avant-hier en allant à Malivaux chercher les lettres de M. Demérans.

— Tu n'es point allé ailleurs qu'à Malivaux ? demanda le gendarme en fixant un regard scrutateur sur le visage de Pierre.

— Non, Monsieur.

— A quelle heure en es-tu revenu ?

— Sitôt l'arrivée du second courrier ; il pouvait bien être deux heures et demie.

— Et ce papier ?

— Oh ! ce papier, je l'ai jeté exprès ; il ne valait pas la peine d'être ramassé ; j'avais écrit dessus quelques opérations d'un problème qui était manqué et que j'ai réussi sur une autre feuille.

— A quel endroit as-tu jeté ce papier ?

— Là-bas, au petit banc de la haie, sur la route de Mérans. C'est là que j'ai dû perdre mon couteau pendant que je cherchais mon crayon tombé dans le fossé, à deux pas de la haie.

Le brigadier réfléchit.

— Du reste, Monsieur, si vous voulez vous assurer

que ce couteau est à moi, vous pouvez prendre à témoin plusieurs des enfants qui sont dans la rue ; il y a longtemps que je l'ai, ils le connaissent.

Habile physionomiste, le brigadier se leva.

— Mon garçon, lui dit-il, ton couteau est le moindre de mes soucis ; il n'a point été trouvé sur la route et je te le rendrai plus tard.

— Je ne l'ai pourtant pas perdu autre part ; mais gardez-le tant que vous voudrez, monsieur ; il est en bonnes mains et je suis content qu'il soit retrouvé.

Le gendarme alla détacher son cheval et se préparait à repartir quand une idée subite le fit rentrer dans la maison.

— Dis-moi, Pierre, n'as-tu rencontré personne en revenant de Malivaux ?

— Il a passé beaucoup de monde en voiture et à pied ; mais j'étais si occupé de mon problème que je n'ai pas tourné la tête ; et, pour vous en donner une preuve, — mais c'est en allant, cela, — je marchais tout droit devant moi sans regarder par terre, lorsque mon pied s'est embarrassé dans les jambes de quelqu'un et je suis tombé sur ce gros ivrogne de Thibaut qui dormait là étendu sur l'herbe. Voyez ! j'en porte encore les marques ; mon nez s'est écorché dans cette chute étourdie.

— Thibaut était seul ?

— Non, Monsieur, il y avait à côté de lui un autre dormeur d'une figure peu avenante. Il paraît que si j'étais tombé sur celui-là je n'en aurais pas été quitte à bon marché, du moins Thibaut m'a dit cela.

— Quelle heure pouvait-il être ?

— J'écrivais mon problème vers deux heures et demie... je n'ai fait qu'entrer et sortir à la poste... il pouvait être au plus deux heures moins le quart.

— C'est bien, merci ; je rapporterai ton couteau une autre fois.

— Oh ! je n'en suis pas inquiet, Monsieur.

Le brigadier remonta à cheval.

Pierre, en arrivant dans la rue, s'aperçut que la conférence était achevée ; quelques hommes restaient encore.

— Eh bien ! Pierre, dit Mathurin, c'est-il que tu vas t'enrôler gendarme ?

— Non ; le brigadier est venu me montrer mon couteau que j'ai perdu l'autre jour.

— Ton couteau à trois lames ? Voyons ! Tu as de la chance que ce soit lui qui l'ait trouvé. Un autre ne te l'aurait peut-être pas rendu.

— Je ne l'ai pas, Mathurin ; il a dit qu'il me le rendra plus tard. Je ne sais pas où il l'a trouvé ; il prétend que ce n'est pas sur la route ; cependant je ne suis pas allé autre part. Il me le rendra quand il voudra, du reste; je n'en suis pas pressé.

Pierre parlait encore, quand le brigadier reparut accompagné de Thibaut qui paraissait le suivre d'assez mauvaise grâce.

Mathurin s'avança jusque sur la place et vit qu'ils s'en allaient du côté de Malivaux par un petit sentier qui tourne au pied du jardin de M. Paul et remonte les champs de Polhay pour joindre plus haut le chemin vicinal du canton. Un instant après l'autre gendarme emmenait Julien Claude, le père de l'ami d'Edmond.

— Quelque braconnage, pensa Mathurin. Pourvu toutefois qu'il n'y ait pas autre chose !

CHAPITRE XLIX

L'ASSASSINAT.

— Mon Dieu ! mon Dieu ! il ne me manquait plus que ce dernier malheur, disait en sanglotant la pauvre Suzanne, tandis qu'Ursule émue comme elle se jetait à son cou.

— Non, Ursule, ne m'embrasse pas ! Laisse-moi. C'est déjà trop de recevoir chez vous la fille d'un voleur. Un voleur... Hélas !

— Mon enfant, calme-toi, dit Marianne ; il est injuste de punir les enfants pour la faute de leur père ; mais les hommes ne considèrent pas cela. Quelques-uns te jetteront la pierre, ne réponds rien à leurs injures ; fais plus, ne t'en souviens pas. Le bon Dieu aura pitié de ton malheur ; il te frappe, sois douce et résignée à sa volonté ; de meilleurs jours viendront pour toi, et les honnêtes gens qui te verront humble et courageuse oublieront le crime de ton père pour ne voir que l'infortune et les bonnes qualités de sa fille. Tu coucheras ici ce soir. Nous ferons un lit pour toi dans la chambre d'Ursule et tu ne sortiras pas dans le village.

La bonne Marianne avait de tristes raisons pour ne pas laisser sortir Suzanne. Une terrible accusation pesait sur son père : le premier clerc de M. Durand, attaqué la nuit par des malfaiteurs qui l'attendaient sur la route, n'avait été sauvé de leurs mains que par la vitesse de son cheval. Effrayé par la présence subite de deux hommes qu'il distingua mieux que son maître dans l'obscurité, l'animal se cabra au moment où l'un des voleurs étendait la main pour l'arrêter ; puis il partit au galop, affolé de terreur, vers Malivaux. Le clerc, habile cavalier, pressentant qu'une chute lui coûterait la vie, fit les derniers efforts pour se tenir en selle et parvint sans autre malheur à la porte du notaire.

Il s'aperçut alors de la perte de son portefeuille. Les autres clercs et le notaire lui-même, bien armés, retournèrent avec lui sur la route jusqu'à l'endroit de l'attaque, dans l'espoir que le portefeuille aurait sauté de la poche du jeune homme pendant la course insensée de son cheval. Ce fut en vain, on ne trouva rien. C'est alors que Me Durand, en homme d'esprit qu'il était, feignit de croire à un simple accident, fit tambouriner l'annonce que nous connaissons, afin que si le coupable se ravisait, il pût rentrer dans le bon chemin au grand profit du notaire qui lui eût remis pour la peine une petite somme assez ronde.

Cela n'empêcha point de prévenir la justice. La justice avait déjà une autre affaire sur les bras ; elle pensa que l'attaque du premier clerc pourrait bien n'être que le premier acte d'une scène plus tragique, et que les voleurs avaient pu essayer de se faire la main avec le fondé de pouvoir de M. Durand qu'ils n'attendaient peut-être pas. Toujours est-il qu'une heure après cette tentative de vol, un autre crime avait été commis non loin de Malivaux, mais du côté opposé. Il se trouve par là une grande plaine bordée de peupliers et coupée par la route. Les villages sont éloignés, la route est déserte ; çà et là, entre les peupliers, s'élève un buisson ; les fossés d'ailleurs sont assez profonds pour cacher un malfaiteur.

C'est dans cette plaine qu'un maraîcher, passant à la pointe du jour, aperçut le corps inanimé d'un homme dont la tête souillée de boue était maculée de sang ; il descendit ; tout secours était inutile, le cœur ne battait plus, depuis longtemps peut-être. A quelque distance errait un cheval tout sellé. Le maraîcher remonta dans sa voiture et se hâta de prévenir les gendarmes. Un médecin fut appelé : il constata que la mort avait dû avoir lieu à minuit.

La victime frappée de plusieurs coups de couteau paraissait avoir été attaquée à l'improviste et précipitée de cheval, car on trouva sur sa monture de bons pistolets d'arçon chargés et dans la poche de son paletot un révolver encore enfermé dans sa gaîne avec ses six cartouches. Un coup de bâton violemment asséné lui avait fendu le crâne, et des coups de couteau, à la gorge et dans la poitrine, avaient ouvert de larges plaies.

Point d'or ni de bijoux sur le cadavre dont les vêtements annonçaient au moins un homme d'une position aisée.

On trouva sur la route, dans l'herbe, un couteau enveloppé d'un chiffon de papier, une tabatière faite en écorce d'arbre, fermée d'un couvercle qu'on tirait avec une lanière de cuir et deux boutons.

Un peu plus loin, sur la terre humide, on saisit l'empreinte de pas d'hommes ; les souliers, ferrés au talon, étaient garnis de grosses rangées de clous. On releva ces empreintes avec un soin minutieux ; il sembla aussi qu'on apercevait des pas d'enfant, mais le cheval en piétinant les avait presque effacées.

Enfin trois lettres en anglais furent trouvées sur la

victime ainsi qu'un carnet à demi couvert par des notes de voyage.

On transporta le corps à Malivaux, et avant que la nouvelle de l'assassinat se fût répandue dans les villages voisins, les gendarmes dressèrent une liste de tous les individus mal famés qu'ils connaissaient ou soupçonnaient capables de commettre un crime. Julien Claude, connu pour un braconnier émérite, accusé par la rumeur publique d'avoir tiré plusieurs fois sur les gardes dans la forêt de Malmifay, devait tout naturellement être arrêté ; mais Thibaut passait pour un honnête homme, malgré ses habitudes de paresse et d'ivrognerie ; jamais il ne manquait un légume dans le jardin de Madelon sa voisine, et, si une poule s'égarait dans sa cour, il en prévenait obligeamment la propriétaire. Aussi était-il bien vu dans le quartier ; on s'accordait à rejeter ses vices sur la paresse de sa fille qui, à douze ans, disait-on, devrait tenir un peu la maison et préparer les repas de son père.

Les mauvaises langues n'avaient pas tort ; mais au lieu d'écraser de leur mépris la pauvre Suzanne, elles eussent montré plus de justice et de bon sens et se seraient mieux employées en apprenant à la petite fille la manière de remplir ses devoirs. Suzanne, nous l'avons dit, s'était élevée toute seule, ne mangeant pas quand elle manquait de pain, souffrant du froid quand Madelon oubliait de l'appeler pour venir se chauffer à son poêle ; elle usait l'un après l'autre pour se vêtir les habits que sa mère lui avait laissés, ne s'inquiétant point s'ils étaient trop larges et lui donnaient, selon l'expression de Melle Flore, l'air d'un fagot. Ne sachant rien de la vie, repoussée par les petites filles de son âge, elle fuyait la société ; ses jeux étaient solitaires : elle aimait à cueilllir les fleurs des champs pour en faire des guirlandes, à courir avec les agneaux de Madelon qu'elle menait paître le long du bois, et quand elle avait du chagrin ou que son père l'avait battue, elle s'asseyait des heures entières au pied d'une haie, comme pour chercher dans la solitude une protection contre les hommes.

Ah ! s'ils savaient les petits enfants qui ont une mère, tout ce qu'ils doivent de reconnaissance à Dieu, ils deviendraient bons et pleins de tendresse pour les pauvres orphelins. Et les mères qui ont des petits enfants qu'elles entourent de soins, de caresses et d'amour, comment font-elles pour se montrer dures aux enfants sans mère ? Elles ne pensent donc pas que la mort pouvait les frapper aussi près du berceau de leur fille et mettre des larmes dans ces yeux brillants qui les caressent et changer le sourire en tristesse sur ces lèvres roses qui leur disent : Maman. Marianne, en ouvrant sa maison à la fille de Thibaut, lui ouvrit son cœur ; elle résolut de la protéger contre une nouvelle douleur et ne lui dit point que son père était sous le coup d'une accusation d'assassinat.

CHAPITRE L.

UNE LETTRE DE GEORGES.

Pendant ce temps, un nouveau convive se rendait au château. M. Demérans avait invité à déjeûner le juge d'instruction arrivé de bonne heure à Malivaux. M. Paul s'y trouvait aussi.

On parla du crime qui mettait tout le canton en émoi.

— Est-on parvenu à établir l'identité de ce malheureux ? demanda M. Demérans.

— Il paraît que c'est un gros négociant de Londres qui voyageait en France pour sa santé. On a trouvé sur lui plusieurs lettres parmi lesquelles il s'en trouve deux fort touchantes d'un jeune colonel américain, qui s'appelle je crois Georges de Saint... de Saint... j'ai oublié le reste.

— Ne serait-ce pas de Saint-Genet, ajouta M. Paul machinalement et comme par distraction.

— C'est cela même ! Enchanté, Monsieur, que vous connaissiez ce nom, peut-être pourrez-vous nous procurer quelques indications. Il est impossible de savoir l'adresse de la victime, ce jeune colonel pourrait prévenir la famille.

— J'ai connu autrefois à Paris une famille de Saint-Genet, répondit le directeur, mais elle s'est dispersée depuis longtemps. Quelques-uns de ses membres sont morts, d'autres expatriés ; je ne pourrai, Monsieur, vous donner sur elle aucun renseignement.

Le visage, ordinairement si pâle de M. Paul, pâlit encore lorsqu'il prononça ces paroles. Le juge d'instruction continua.

— Si je vous lisais les lettres du colonel ? outre qu'elles sont intéressantes à cause des malheurs et des fautes noblement réparées du jeune homme, elles pourraient peut-être rappeler vos souvenirs, et vous nous rendriez un véritable service en nous aidant à découvrir les parents de ce malheureux.

— Ses fautes... murmurait M. Paul en portant la main à son front comme pour y contenir des pensées brûlantes, son repentir...

— Oui, oui, lisez, répondit M. Demérans. Il est étonnant que ce colonel ne donne pas son adresse.

— Ou cette adresse était bien connue du malheureux auquel il écrivait, ou ces lettres ont été précédées par d'autres que nous n'avons pas. Les meurtriers qui l'ont dépouillé doivent avoir enlevé son portefeuille dans lequel nous aurions peut-être trouvé ce que nous cherchons. Voici la première lettre.

Mon cher Monsieur John,

Vous n'avez rien de mieux à faire, me dites vous, que de consacrer à vos amis le voyage de France auquel vous êtes condamné, et, s'il vous plaît de vous occuper de mes affaires, aucune fatigue ne vous arrêtera, je le sais ; mais avant d'accepter votre généreux dévouement, je dois vous faire le récit de mes torts, vous ne connaissez guère encoré que mes malheurs.

Je vous ai parlé du caractère de mon père, c'est l'honneur et la vertu en personne, mais la miséricorde n'a point d'accès dans son cœur et j'ai creusé entre lui et moi un abîme que mon repentir et mes chagrins ne combleront point.

Vous n'ignorez point comment je me suis marié malgré les conseils de mon père et contre sa volonté. Ce fut le commencement de mes malheurs. Quelques temps après, un de mes amis, qui avait fait d'inutiles efforts pour me réconcilier avec ma famille, se hasarda à me donner des conseils que repoussa mon amour-propre.

— Fais le premier pas, me disait-il, va trouver ton père, ce n'est point à lui de venir au-devant de toi.

Je m'y refusai ; plusieurs fois mon ami revint à la charge, ses pressantes sollicitations m'irritèrent à la fin ; je lui en voulais de parler comme ma conscience, de réveiller sans cesse des remords qui me tourmentaient, et, un jour, devant des camarades, je l'insultai lâchement.

A cela il n'y avait qu'une réponse : un duel. Il fut résolu.

Dieu sait que je fis tous mes efforts pour épargner le sang de mon ami, mais quelle protection méritait celui qui violait ainsi volontairement le divin commandement : « *Tu ne tueras point.* » Quelle miséricorde pouvait obtenir l'orgueilleux qui, revenu de sa colère, ne voulut point faire d'excuses à celui qu'il avait si bassement offensé ?

Émile vint à moi le front calme, un peu triste, cédant malgré lui à ce faux point d'honneur qui veut qu'on s'égorge pour une parole insensée, prononcée dans un moment de folie.

Hélas ! tandis que mon unique préoccupation était de ne point blesser mon ami, un faux mouvement d'Émile le jeta sur mon épée et il tomba... baigné dans son sang. Je me précipitai en poussant un cri de douleur, je le soulevai dans mes bras, je l'inondai de larmes en lui demandant pardon. Il me tendit sa main défaillante.

— « Fuis ! me dit-il. Je te pardonne ! »

Mes témoins m'arrachèrent à cet affreux spectacle et j'emportai dans mon cœur une blessure que le temps n'a point cicatrisée.

Il fallait fuir. La justice humaine poursuit le crime que l'opinion ne flétrit point. Mais auparavant je voulais une dernière fois revoir ma mère, tomber à ses pieds, lui montrer mon désespoir et arracher son pardon. Je me cachai et la fis supplier de venir. Elle me répondit que ma sœur était à l'extrémité.

La mort d'Émile avait jeté sa famille dans une immense douleur, il était fils unique et depuis trois semaines fiancé à ma sœur. Mon père, en apprenant le nom du meurtrier, se sentit cruellement atteint dans son honneur et dans ses affections, il ne vit en moi qu'un assassin, il me maudit.

Ma douce Jeanne se jeta suppliante au devant de cette malédiction, mais ne put la retenir sur les lèvres paternelles. Brisée d'émotions, de douleur, elle fut saisie d'une fièvre cérébrale qui l'enleva en trois jours, à dix-huit ans ! Sa dernière parole fut une prière pour moi : — « Pardonnez-lui ! » disait-elle encore à mon pauvre père atterré devant ce lit de mort.

J'appris ce funeste événement. Je reçus de ma mère une somme d'argent réunie en secret et je partis, ayant au front comme Caïn une tache de sang. Meurtrier de ma sœur et meurtrier de mon ami, il semblait que la mer aussi se soulevât contre moi. Une tempête nous assaillit presque à la vue des côtes d'Angleterre, elle fut terrible, mais aucun passager ne périt.

Alors se levèrent d'autres obstacles, d'autres ennemis. Le premier qu'il fallut combattre fut la pauvreté. Que dis-je ? la pauvreté, un dénuement absolu, une misère inouïe ! Je me présentai comme simple ouvrier dans la grande usine de sir Charles Reming ; je cachai mon nom ; je m'imposai mille privations et je gagnai ainsi péniblement le pain de ma femme et le loyer d'une mansarde.

Un peu de joie dans l'âme, la noble fierté de l'homme dont le bras vaillant triomphe de l'infortune par un généreux travail ; en un mot la satisfaction du devoir accompli aurait payé et au-delà mes humiliations et mes fatigues. Rien de tout cela ne soutint mon courage.

L'homme aux passions violentes, qui n'a jusqu'ici point accepté de frein, ne devient point du jour au lendemain un homme de devoir, surtout quand le devoir se présente sans consolation. Le remords non plus ne se change point tout à coup en courageux repentir. Dieu seul donne le repentir comme il donne seul la persévérante volonté du devoir. Je ne lui demandai point son secours. Mon froid désespoir était plein d'orgueil, une prière m'eût humilié.

Mais je touchais au fond de l'abîme, de cet abîme où l'on roule de chute en chute et comme entraîné par le vertige, dès qu'on a fait un premier pas hors de la route.

Une grève éclata parmi les ouvriers, l'usine resta déserte. Trop fier pour mendier de mes camarades un secours qu'ils ne m'eussent point refusé, je me trouvai pour la première fois en présence de *la faim*. Elle est *mauvaise conseillère*, oui, mais ce fut l'orgueil qui me précipita. Je rougis de mon affreuse misère, un feu sombre s'alluma dans mon cœur ; la triste et silencieuse résignation de ma femme, au lieu de m'attendrir, m'exaspéra. Je sortis de la mansarde où nos souffrances s'étaient cachées. Je n'y rentrai plus !... Un vaisseau américain se trouvait dans le port ; il emmenait des volontaires aux États-Unis pour l'armée du Nord. Je m'offris. Et cette nuit-là même la vapeur nous emporta vers le Nouveau-Monde. J'allai combattre les esclavagistes, tandis que la malheureuse que j'avais abandonnée était recueillie dans un *work-house* où elle mourut avec son enfant. La femme de Georges dans un *work-house* !... (1)

J'appris sa mort trois mois après, quand je la cher-

(1) Maison de refuge pour les pauvres.

chai pour lui envoyer du secours. Le secours arrivait trop tard. Il fallut dévorer cette nouvelle douleur et perdre ma dernière illusion : celle de réparer mes fautes et de vaincre la mauvaise fortune par une conduite glorieuse. Je tombai dans un morne désespoir, la fièvre ne me quittait plus, d'infernales pensées troublaient mon esprit, je me jetai à corps perdu dans la bataille, j'espérais mourir, hélas !... Je devins *célèbre* ! On ne parla bientôt plus dans mon régiment que du *terrible Français*, terrible en vérité ! Ce héros des batailles tremblait devant un quart-d'heure d'isolement. Tous les fantômes évoqués par mes remords se levaient un à un dans la solitude, fantômes des morts et fantômes des vivants... Ah ! si mon père avait connu cette agonie de son fils !... Son cœur n'aurait pu résister à la pitié, il aurait ouvert ses deux bras, révoqué sa terrible malédiction.

Et ma mère !... pardonnez, Monsieur, cet épanchement d'une âme dont vous êtes l'ami, c'est de ma mère que je voulais vous parler ; qu'est-elle devenue ? où est-elle ? si, d'après les indications que je vous ai données, il vous est possible de la retrouver, dites-lui, oh ! dites-lui bien que le cœur de son malheureux fils est plein d'amour pour elle. Dites-lui que ses remords ont changé de nom, qu'il s'appelle maintenant le repentir et, pour elle, pour consoler son cœur déchiré, mais fort parce qu'il est chrétien, écoutez encore un trait de ma vie que vous lui raconterez.

Je commandais un jour une reconnaissance sur un terrain dangereux, coupé de rivières et de marais, couvert de grandes herbes et de buissons, un véritable coupe-gorge où des hommes moins déterminés que les miens auraient avec raison tremblé de s'aventurer.

Vous savez si je craignais la mort ! la pensée d'un

péril imminent me faisait sourire. Nous avancions avec précaution mais sans crainte dans un chemin creux où il eût été désagréable d'être rencontré, lorsque tout à coup...

— Mais c'est bien long, Messieurs, et je vous ennuie peut-être, dit le juge d'instruction, malgré moi ce jeune homme m'intéresse.

— Poursuivez, je vous en supplie, répondit M. Paul avec anxiété.

... Lorsque tout à coup, nous sommes entourés par une reconnaissance ennemie trois fois plus forte que la nôtre. Mes hommes se rangent en bataille, pas le moindre signe d'épouvante sur ces mâles visages. Ce qui se passa fut terrible : en moins de dix minutes, par un mouvement dont je n'eus pas le temps de me rendre compte, la reconnaissance ennemie fut cernée à son tour, cernée, massacrée ; le chemin creux regorgeait de sang.

Les malheureux vaincus demandaient grâce, mes soldats n'entendaient point, l'ivresse du carnage les emportait ; ils tuaient, ils tuaient jusque dans les bras de leur capitaine qui essayait vainement de les arrêter. Je ne pus sauver qu'un homme, un jeune sous-lieutenant à qui je fis un rempart de mon corps. Il me sauva à son tour, vous allez voir comment.

Trois mois après je retrouvai mon jeune homme près d'une ville où sa sœur était religieuse, il me pria de l'accompagner dans une visite qu'il allait lui faire. « Je veux lui montrer mon sauveur » , disait-il. Je le suivis au couvent, la jeune religieuse m'accueillit avec une reconnaissance si vraie, si noble, si touchante que j'en fus ému. Nous causâmes longtemps. Devant l'ami de son frère elle parlait à cœur ouvert et revenait sans cesse sur un sujet qui depuis longtemps sans doute trouvait le sous-lieutenant rebelle.

— N'est-ce pas, Monsieur, me dit-elle, comme pour me prier de lui venir en aide, que dans une vie de dangers comme la vôtre, il faut se mettre en grâce avec Dieu et se préparer à paraître devant Lui ?

Je balbutiai, n'osant répondre ; le rouge me montait au front ; si cette pure et sainte jeune fille avait su à qui elle s'adressait !

Elle continua : Je ne sais ce qui vous tient vous autres militaires, vous vous faites un épouvantail de la religion. N'avez-vous donc point de fautes qui vous pèsent, point de regrets, point de souffrances ? Vous n'auriez point un cœur d'homme si vous disiez non. Eh ! bien, ce fardeau qui vous blesse et que vous traînez, déposez-le, jetez-le aux pieds de Dieu. Vous avez besoin d'être forts pour affronter vos horribles combats, mais aussi vous avez besoin d'être aimés. Qui vous rendra forts sinon le Dieu des armées ; qui vous aimera comme lui d'un amour infini plus tendre et plus miséricordieux que l'amour d'une mère ?

Mais peut-être avez-vous peur de sa justice? Essayez seulement de sa miséricorde, et vous verrez si la profondeur de la paix qu'il donne est comparable à la plus grande des joies humaines.

Elle parlait avec feu, excitée par son amour fraternel et par l'ardeur de sa conviction. Elle rencontra mon regard, je ne sais ce qu'il disait. Sa voix devint plus pressante encore, elle s'adressa aussi à moi, je me souviens de cette parole : « Oh ! Monsieur, si je parviens jamais à vous ramener à Dieu, si mes prières obtiennent cette grâce, nous serons quittes ! Vous m'avez rendu mon frère, moi, je vous aurai rendu... votre âme ! ».

Que vous dirai-je ? les prières de cet ange avaient

sans doute pesé plus lourd que mes crimes dans la balance divine. Un bon mouvement m'inspira de donner une joie à la sœur de mon ami, je cédai, et prenant la main du jeune sous-lieutenant : « Madame, dis-je, il serait ingrat de ne pas nous rendre, indiquez-nous un confesseur. Peu s'en fallut qu'elle ne se précipitât dans mes bras pour me remercier.

— Ah ! vous me le rendez deux fois ! s'écria-t-elle en me jetant un regard que je n'oublierai jamais. Et elle pleurait appuyée sur le bras de ce frère pour qui elle avait déjà beaucoup souffert et beaucoup prié. Le jeune homme non moins ému laissait tomber de douces larmes, et moi qui participais au bonheur de ce moment je sentais pour ainsi dire mes maux suspendus ; c'est un rêve, me disais-je, et je n'osais faire un mouvement de peur de le voir s'évanouir, je retenais dans mon cœur ce faible rayon de soleil, cette goutte de miel, et mes yeux depuis si longtemps secs et brûlants, mes yeux se mouillèrent, je pleurai aussi, pour la première fois depuis la mort d'Émile.

Une heure après deux officiers s'agenouillaient aux pieds d'un humble religieux ; j'étais le premier, mon ami vint après. Quand nous nous relevâmes, nos yeux se rencontrèrent et ce qu'ils exprimaient... aucune parole ne saurait le dire ! La paix, cette profonde paix que la jeune religieuse nous avait promise, elle était descendue même dans mon cœur ! Et, aujourd'hui, dites-le à ma mère, je suis chrétien et ma foi est aussi ferme que mon épée ! Je ne cherche plus à mourir ; si j'ai un désir, c'est d'embrasser ma mère et, plus tard, après quelques années de travail, d'honneur, de dévouement à toutes les causes généreuses, de revenir dans ma patrie me jeter aux pieds de mon père, le forcer de m'appeler son fils, de m'aimer encore...

Voilà, Monsieur, une bien longue lettre, mais avant de me connaître vous m'avez traité en ami. « C'est un Français, disiez-vous, qu'on lui ouvre toutes les portes ! » Je devais répondre à votre confiance par toute la mienne, mais quelle reconnaissance vous donnerai-je pour le dévouement qui vous fait si chaleureusement embrasser ma cause et chercher ma famille pour l'assurer vous-même que je suis devenu moins indigne d'elle !

J'attends avec impatience votre réponse et suis à jamais, Monsieur, votre profondément dévoué,

GEORGES DE SAINT-GENET,

Colonel au service des États du Nord.

Il n'avait point été au pouvoir de M. Paul d'entendre cette lettre avec indifférence ; il fit de vains efforts pour rendre à ses traits leur placidité habituelle, ces efforts mêmes trahissaient une violente agitation. Quand le juge prononça le nom de Saint-Genet on le vit tressaillir.

— Ce jeune homme m'intéresse extrêmement, dit M. Demérans, et je suis attendri par cette lettre. Malgré ses folies que je soupçonne et ses fautes, graves comme des crimes, je me sens tout prêt à lui tendre la main et à lui offrir mon amitié. Comment cela se fait-il ?

— Il est malheureux, dit Henri, il regrette ses fautes, il aime sa famille, c'est comme moi quand je suis paresseux, vous me pardonnez tout de même, cher père, et vous m'aimez encore ; si je connaissais le papa de M. Georges, je le supplierais d'accorder son pardon et j'écrirais au colonel qu'au château de Mérans nous sommes tous ses amis, n'est-ce pas, M. Paul ?

— Vous avez un noble cœur, mon enfant, répondit le directeur en lui tendant la main. Cette main tremblait.

— Vous parliez de deux lettres, M. le juge d'instruction, la seconde ne donne-t-elle point l'adresse du jeune homme?

— Non, Monsieur, si la seconde vous intéresse, je vous en ferai lecture demain, puisque vous voulez bien encore m'offrir l'hospitalité de votre table.

— Nous l'entendrons avec plaisir et je vous remercie d'avance.

L'heure s'avançait, on se sépara plus préoccupé du sort de M. Georges que de celui du malheureux à qui il adressait des lettres aussi intimes.

On remarqua à la filature que M. Paul fut distrait et préoccupé le reste du jour. Le soir venu, il s'en alla seul et ne s'aperçut point à son arrivée de la tristesse de Pierre et de Marianne.

— Les gendarmes sont revenus, Monsieur, dit enfin cette dernière pour entamer la conversation, ils ont fait perquisition chez Thibaut et les souliers de ce malheureux couvrent exactement une des empreintes qu'on voit à l'endroit du crime.

— C'est une grande preuve contre lui, répondit M. Paul.

— Mais ce qu'il y a d'affreux, continua Marianne, dont les sanglots étouffèrent la voix, c'est qu'ils sont venus chercher les souliers de Pierre, comme si le pauvre enfant était capable d'assister au meurtre d'un homme. Ils disent qu'il y a des pas d'enfant. Heureusement Pierre a le pied aussi grand que son père, mais que dira-t-on dans le village où il y a tant de jaloux? Tout ça à cause de ce malheureux couteau qu'il a perdu et qui aura été trouvé par un de ces misérables.

— Mais, ma bonne Marianne, tranquillisez-vous, Pierre ne peut pas même être soupçonné, et d'ailleurs il sera facile de prouver un *alibi*.

— M. Vatou m'a rencontré à neuf heures du soir à la borne Blanche, dit Pierre, mais à minuit je dormais ; aucun témoin ne peut l'affirmer.

— Rassure-toi, mon enfant, tu n'as pas une figure ni des antécédents à te faire accuser d'un crime. On ne tue pas un homme pour commencer et tu peux dormir tranquille, la justice a trop d'expérience pour se tromper à ce point.

— Je vous crois, Monsieur, cependant... voilà encore les gendarmes !

— Prie-les d'entrer.

Le brigadier se présenta seul.

— J'ai à vous parler de cet enfant que vous effrayez, Monsieur, dit le directeur; veuillez m'expliquer en quoi il se trouve mêlé à ce déplorable crime.

— Son couteau a été ramassé sur le théâtre de l'assassinat, voilà pourquoi nous avons dû nous assurer que ses souliers ne sont point ceux qui ont laissé des empreintes, nous les rapportons. Il est probable que son couteau a été volé par un des coupables.

— Il n'a été que perdu, Monsieur, j'en suis sûr, et c'est au banc sur la route, à côté du fossé qu'il a dû tomber.

— Perdu ou volé c'est tout un. Il n'y a point de quoi te tourmenter, mon garçon, je crois que nous avons notre affaire et que le gibier est pris. Dors sur tes deux oreilles et bonne nuit ! J'ai l'honneur de vous saluer, M. Paul.

Le brigadier se hâta d'aller rejoindre son camarade.

Cette nuit-là tout le monde dormit de bon cœur à

Polhay, à l'exception d'une petite fille qui pleura silencieusement, c'était Suzanne.

CHAPITRE LI.

LA SECONDE LETTRE.

Le lendemain on attendait avec impatience au château la seconde lettre de M. Georges. Aussi tout le monde se réunit de bonne heure dans le salon avant le déjeûner.

— Malheureusement, disait Gabrielle, nous ne saurons jamais la fin de son histoire.

— Qui sait ? reprit Henri, quand je serai militaire nous nous rencontrerons peut-être. On a vu des choses plus étranges.

Le juge d'instruction ouvrit la seconde lettre :

Cher Monsieur et ami,

Merci mille fois de vos démarches infructueuses à Paris, merci du fond de mon cœur pour le pieux sentiment qui vous a porté à chercher la tombe de ma sœur et à prier pour elle. J'aurais dû être près de vous. Pauvre Jeanne ! Elle m'a pardonné et du haut du ciel elle protége son malheureux frère. Puisse-t-elle le conduire au foyer paternel !

Je reprends le récit que vous voulez bien me demander d'achever : Vous avez deviné que je gagnai tous mes grades sur le champ de bataille ; je venais de passer colonel lorsqu'arrivèrent des incidents qui eurent une grande influence sur ma destinée.

Deux officiers de mes amis se prirent de querelle dans une taverne. Ils avaient la tête échauffée par quelques libations, peut-être aussi par l'admiration et les applaudissements de ceux qui les entouraient, car tous deux s'étaient couverts de gloire à la dernière bataille. Malheureusement il se trouvait là beaucoup d'épaulettes, la querelle s'envenima, des paroles blessantes furent échangées ; bref, il fut décidé qu'on viderait l'affaire *sur le terrain*. Le préjugé est en Amérique aussi fort qu'en France, et les jeunes têtes ne sont point toujours assez solides pour y résister.

L'un des officiers me choisit pour témoin, je lui avais à peine répondu que l'autre arrivait chez moi pour me demander le même service.

— Je serai votre témoin à tous les deux, répondis-je, car j'ai résolu que vous ne vous battrez point. Il y aura ici dans ma chambre, et à l'instant si vous le voulez, un duel de raison, de sagesse et de générosité...

— Mais, colonel, interrompit le plus jeune, vous n'y pensez pas, le défi a eu lieu en présence de plusieurs officiers, le jour du combat est fixé. On nous prendra pour des lâches si nous reculons !

— Souffrez d'abord que je vous prenne pour d'honnêtes gens. Quel est le sujet de la querelle ?

Mes deux officiers parurent aussi embarrassés l'un que l'autre. En réalité ils ne savaient point parfaitement sur quoi il y avait eu la veille désaccord entre eux.

— Je puis vous assurer, colonel, dit enfin Marsham, que *Monsieur* a prononcé hier à mon adresse des paroles qu'un militaire ne supporte point.

— Appelle-le William, encore, lui dis-je ; je suis sûr qu'en partant hier tous les deux de bonne amitié pour la taverne de Woodcock, vous n'aviez ni l'un ni l'autre l'intention de vous offenser...

— Non, colonel, interrompit William, mais le malheur a voulu que nous fissions la folie de nous provoquer ; à cela il n'y a point de remède et l'honneur exige des coups d'épée.

— C'est-à-dire qu'une folie ne peut être réparée que par une folie plus grande ? Et c'est vous, William, l'homme froid et calme, dont on estime la sagesse dans le conseil, qui venez me dire en face une telle énormité ! Voyons, mes amis, tâchons de raisonner un peu, car enfin, il ne faut pas éteindre sa lumière au moment où l'on a le plus grand besoin de voir clair.

Qu'est-ce que l'honneur ? C'est l'observance exacte des lois chrétiennes de la justice qui font la base de tous les codes, et par conséquent, en première ligne, c'est le respect du bien d'autrui.

Cette notion est d'une pratique vulgaire, le plus simple honnête homme en fait la règle de sa conduite. Mais votre âme noble et fière a visé plus haut : je vous ai vu en mille occasions vous ranger toujours du côté de l'opprimé, défendre le faible, soutenir les droits des petits et des pauvres. Votre dévouement est au service de toutes les saintes causes. Il vous met aujourd'hui l'épée à la main contre l'esclavage, cette grande iniquité des hommes.

Et cependant voilà qu'aujourd'hui, vous abdiquez tout à coup vos qualités chevaleresques, vous abdiquez le plus élémentaire devoir d'un honnête homme, et vous avez la prétention d'affirmer ou de venger votre honneur en violant la plus sacrée des lois de l'honneur : le respect du bien d'autrui, de son premier bien : *la vie !*

Qu'en pensez-vous, Messieurs ? Hélas ! Ce n'est point seulement absurde ! Demain, l'un de ces deux hommes dont je suis fier d'être l'ami, sera devenu le meurtrier de l'autre ! Oui, ne vous indignez point ; celui qui tue mérite ce nom et vous voulez tuer. L'un de vous aura versé le sang de son frère pour obéir à une coutume barbare, aussi méprisable que criminelle.

Vous craignez d'être appelé lâche, Marsham, si vous n'allez pas demain tuer William en présence de deux témoins. Vous ferez cela malgré votre raison, votre conscience, malgré votre cœur aussi, car une longue amitié ne peut s'éteindre en vingt-quatre heures, et vous ne voyez pas que devant Dieu comme devant les hommes, commettre un crime par crainte d'un préjugé absurde et cruel c'est la plus insigne...

— Achevez, colonel... la plus insigne des lâchetés.

— Oui, vous avez raison ! s'écria le jeune officier ; et tendant la main à William :

— Pardonne-moi, lui dit-il, et redeviens mon frère d'armes comme par le passé !

À ce mot de pardon si noblement prononcé, William se jeta au cou de son ami et tous deux me remercièrent chaleureusement d'avoir ainsi arrangé l'affaire.

Cette réconciliation fit beaucoup de bruit et la sagesse du colonel français devint fameuse dans le camp. Un vétéran de la gloire, le général Burns, qui déjà sexagénaire et couvert de glorieuses cicatrices, avait repris son épée au début de la guerre, vint un jour à moi et me félicita publiquement de ce qu'il appelait ma noble conduite à l'égard des deux jeunes officiers. Il ajouta en me tendant la main :

— Si jamais vous avez besoin d'un ami, colonel, souvenez-vous du général Burns.

Vous verrez si plus tard, en effet, il se montra mon ami.

Une autre fois, je retournais au camp à travers un bois, en compagnie de William, Marsham et quelques soldats, lorsqu'un cliquetis d'armes et le bruit d'une lutte frappa nos oreilles.

Nous fîmes halte pour mieux écouter.

— Ce sont des brigands, dit William, l'ennemi ne serait point là à cette heure-ci.

Tout à coup un cri parvint jusqu'à nous :

— Le Nord ! à moi ! au secours !

Nous nous précipitâmes. Quelques-uns des nôtres étaient tombés dans une embuscade, ils succombaient sous le nombre. A notre approche le combat changea de face. Nous chargeâmes avec furie ; plusieurs ennemis tombèrent, les autres se rendirent.

L'homme que nous avions sauvé était encore le général Burns.

Mais j'abrége ce long récit auquel vous voulez bien vous intéresser.

La guerre finie je m'établis à Boston pour prendre un peu de repos et songer à l'avenir. J'y retrouvai le général Burns. Il me traita avec une affection toute paternelle, me présenta à sa femme et à sa fille comme un ami sans lequel l'une serait veuve et l'autre orpheline. Madame Burns m'accueillit comme un fils, et à dater de ce moment cette famille devint réellement la mienne. Quelques mois après le général m'offrait la main de sa fille unique, miss Ellen, et le colonel français épousait la noble femme que vous connaissez.

Dès les premiers jours de notre mariage elle me dit :

— Georges, le devoir doit passer avant le bonheur. Nous ferons en Angleterre notre voyage de noces, et de là nous irons en France chercher votre père. Je veux qu'il vous pardonne, je veux lui dire qu'il aura en moi une autre Jeanne.

Le général approuva cette résolution et nous partîmes. La Providence voulut que vous fussiez arrivé le premier, afin que dans cette ville où j'ai tant souffert, une main amie serrât la mienne au retour.

Hélas! notre voyage de France ne fut point heureux. J'y acquis la presque certitude de la mort de ma mère. Il me fut impossible de trouver la trace de mon père.

Aujourd'hui, Monsieur, que des années ont passé sur cette première espérance trompée, le désir de retrouver mon père est aussi vif qu'autrefois. Nous espérons que vous réussirez dans vos recherches. Dieu accordera ce bonheur aux prières d'Ellen, à l'innocence de ma douce Lina. Ah ! qu'il me tarde de tomber aux pieds de mon père, de lui rendre, au lieu d'un fils coupable, un ange d'innocence qui fera la joie de ses cheveux blancs. Hâtez-vous de découvrir la retraite où il cache le secret de sa douleur et de son abandon, je partirai aussitôt que vous me le direz, mais vous devinez dans quelle anxiété j'attends votre prochaine lettre.

Votre dévoué et reconnaissant,

GEORGES DE SAINT-GENET.

— Pauvre jeune homme, dit M. Demérans, il l'attendra peut-être longtemps, sa lettre, avez-vous fait insérer dans les journaux anglais le malheur qui vient de frapper la famille de ce pauvre M. John ?

— Oui, mais ce nom de John est si commun en Angleterre que je doute fort du résultat de l'annonce.

On se mit à table et l'on ne parla point d'autre chose que du colonel de Saint-Genet et de miss Ellen.

— Je suis sûre qu'elle est aussi bonne que jolie, disait Gabrielle.

— Si je le rencontre un jour, continua Henri fidèle à son idée, il sera bien étonné que je possède son secret, mais je lui prouverai que je mérite sa confiance et son amitié, et j'obtiendrai les deux avant de lui laisser même entrevoir que je connais son nom.

— Est-ce que ces lettres intimes seront lues à la cour d'assises ? demanda encore M. Demérans.

— Non, monsieur ; j'espérais en vous les communiquant obtenir quelques renseignements sur leur auteur, et parvenir par son moyen à la famille de la victime.

M. Paul, absorbé dans ses réflexions, comprit enfin que cette parole s'adressait à lui, et comme s'il s'éveillait d'un songe :

— Pardon, monsieur, mais j'ai beau interroger mes souvenirs, je ne vois personne dans mes amis de ce temps-là qui puisse me donner la moindre indication sur cette famille. Il y a longtemps qu'elle a quitté Paris et, depuis tant d'années beaucoup d'événements se sont succédé ! Si le jeune homme a pris tous ses grades en Amérique, il est probable qu'il y a fait un long séjour. Qu'est-il advenu du père et de la mère ? Morts peut-être... le chagrin double les années, et M. Georges pourrait bien s'apercevoir qu'il a précipité tous les siens dans la tombe.

— Nous avons tous été jeunes, observa le juge d'instruction, d'un ton qui semblait demander grâce pour les erreurs du colonel américain.

— Oui, monsieur, mais il est bon d'apprendre aux enfants qu'il y a des folies qu'on doit appeler des crimes ! Un caractère bouillant, des passions ardentes n'excusent point le jeune homme qui foule aux pieds la volonté de son père, et son tardif repentir, fruit de ses malheurs et de ses remords, ne répare point les souffrances et le deuil qu'il a jetés dans le cœur des autres.

— Vous avez raison, mon ami, dit M. Demérans ; il en est des lettres de M. de Saint-Genet comme de beaucoup de romans ; la peinture qu'il fait de ses maux déplace l'intérêt, on s'attendrit sur le coupable et l'on oublie les victimes, c'est une injustice. Voilà pourquoi sans doute on rencontre dans le monde tant d'esprits faux, les héros de romans sont presque toujours vicieux, l'auteur s'efforce de les rendre intéressants. Pour y parvenir, il ne craint point de dénaturer à la fois le vice et la vertu, et le pauvre lecteur, accoutumé à ces tableaux malsains, perd le goût du beau et le sens du vrai, trop heureux encore quand sa raison ne chavire pas tout à fait comme il arrive à un grand nombre qui ne voient juste en rien.

— Mais, papa, que peut faire de plus M. Georges, puisque sa faute est irréparable !

— Rien, mon enfant, et tu vois que la générosité de son repentir lui a gagné toutes nos sympathies. Il faut profiter de son exemple pour éviter ses fautes qui ont fait son malheur et celui de sa famille.

— Oh ! oui, papa, je me souviendrai qu'un caractère bouillant n'est point une excuse, dit Henri en regardant M. Paul.

CHAPITRE LII.

L'ÉPIDÉMIE.

Retournons maintenant à Polhay. La Providence, qui mesure l'épreuve à notre faiblesse et qui pousse l'homme dans sa voie par des moyens connus d'elle seule, permit que l'attention de Suzanne fût détournée de ses malheurs par un événement douloureux et subit. Ursule tomba malade. Une de ces fièvres malignes et compliquées auxquelles on donne le nom de typhoïde cloua l'enfant sur son lit. Grande fut l'inquiétude dans la pauvre chaumière de Marianne. Ursule est frêle et délicate, comment pourra-t-elle résister à cette terrible maladie ? Suzanne s'installa auprès du lit de la malade. M. Paul vint la visiter et lui donner des soins.

— Ce sera long, disait-il à la pauvre mère, mais avec l'aide de Dieu ! nous la sauverons. — Pourvu qu'elle vive, répondait Marianne, le temps ne me sera rien !

Gabrielle et Henri partageaient le chagrin de Pierre et tâchaient de le consoler par l'espérance de la guérison. Mais bientôt M. Paul ne permit plus à l'enfant d'aller au château, deux autres personnes venaient de tomber malades dans le village, l'une d'elles fut emportée en trois jours. La terreur se répandit parmi les habitants.

— Quand une épidémie s'abat sur la montagne, disaient-ils en secouant la tête, elle ne s'en va qu'après de grands ravages.

L'épidémie s'abattit sur Polhay. En moins de quinze jours il y eut jusqu'à vingt malades à la fois et plusieurs morts.

M. Paul se multipliait.

— Restez à Polhay, lui avait dit M. Demérans, et ne craignez point de m'appeler si je puis être utile, je vous remplacerai à la filature.

Il n'y avait point de pharmacie dans le village. Une voiture du château fut envoyée à la ville, et le lendemain le directeur se trouva pourvu de tout ce qui pouvait lui être utile.

Cependant l'habile médecin demanda du secours. Jour et nuit au chevet des malades il sentait ses forces s'épuiser. Un jeune docteur arriva de la ville pour mettre son dévouement au service de M. Paul. La maladie le frappa le lendemain et on s'empressa de l'éloigner du village infecté.

Durant ces tristes jours, que faisait Pierre ? Ursule hors de danger entrait en convalescence. Suzanne l'avait soignée comme une sœur ; il n'y avait plus d'alarmes au foyer. Marianne avait repris sa gaieté, Pierre put satisfaire son vif désir d'accompagner M. Paul et de lui venir en aide suivant ses forces. Le médecin le repoussa d'abord. Il craignait de le voir tomber à son tour, victime de la contagion.

— Laissez-moi vous suivre, dit Pierre suppliant, je résisterai mieux à la maladie que les étrangers accoutumés à un air plus pur.

M. Paul céda. Il s'aperçut bientôt qu'il s'était donné un auxiliaire précieux. Attentif à toutes les paroles du médecin, prompt à exécuter ses ordres, expliquant aux uns la manière d'employer les remèdes, rendant compte à son maître de l'état des malades, faisant lui-même quelques préparations faciles, il épargnait à M. Paul beaucoup d'allées et venues et, veillant lui-même sur cette chère santé, ramenait le directeur chez lui à l'heure habituelle de ses repas et le forçait de prendre un peu de repos.

Deux longs mois se passèrent ainsi. Pendant ce temps le procès des meurtriers de M. John se déroulait devant la cour d'assises. A peine s'en aperçut-on dans Polhay. Le malheureux village aux prises avec la mort restait sans communication avec le dehors ; même les habitants de Mérans hésitaient à gravir la montagne pour visiter des parents ou des amis. La nouvelle de la condamnation de Thibaut n'y parvint donc point tout de suite, et l'on apprit en même temps que la peine de mort prononcée contre son complice, l'étranger endormi à ses côtés sur la route de Mérans, avait été commuée pour lui en celle des travaux forcés à perpétuité. L'infortuné ne s'attendait point à cette grâce. Il en fut heureux. L'homme tient tant à la vie !

Un jour Suzanne courut prévenir M. Paul que Madelon aussi venait de tomber malade ; la vieille femme, pauvre et sans famille, n'avait personne pour la soigner. Suzanne se dévoua, mais le cœur de la généreuse petite fille était plus grand que ses forces, et Pierre la trouva un soir tout en larmes parce qu'elle ne pouvait point soulever la malade qui voulait se retourner sur son lit de douleur.

— Appelle-moi quand tu seras embarrassée, lui dit-il, je viendrai tout de suite, et pour commencer ils se mirent ensemble à réparer de leur mieux le lit de la pauvre femme afin qu'il fût moins rude à ses membres endoloris.

Durant trois semaines entières, Suzanne, attentive

auprès du lit de Madelon, lui prodigua les soins d'une fille. Chaque fois que M. Paul entrait, la petite était là, ses joues roses un peu pâlies par les veilles, mais douce et souriante, car le médecin l'encourageait d'une bonne parole, approuvait son zèle, et elle avait du plaisir à le voir. Par les soins de Gabrielle, Suzanne ne manquait de rien. Mademoiselle Demérans fit dire à la pauvre enfant qu'elle viendrait la voir aussitôt qu'il lui serait permis de monter à Polhay. Quel honneur pour la fille de Thibaut, et comme Pierre fut content de la joie de sa petite amie !

Quand Madelon fut guérie, Suzanne s'établit chez elle, mais elle continua de travailler souvent chez Marianne qui l'initiait à tous les petits détails du ménage et lui enseignait à faire les travaux qui conviennent à une femme. Intelligente et docile, la petite devint adroite et fit bientôt honneur à la maîtresse. Elle traversait maintenant les rues du village sans être insultée, la charité avait réhabilité la fille du voleur dans l'esprit de tout le monde. On lui savait des amis. M. Paul ne la rencontrait jamais sans lui parler et s'intéresser à ce qu'elle faisait, et Madelon aurait certainement levé son bâton sur quiconque eût osé dire une parole désagréable à la pauvre Suzanne.

Par une convention tacite personne ne parlait de Thibaut, il semblait que des années eussent passé sur le crime de la veille. La mort plus puissante que le temps avait jeté l'oubli autour d'elle. Il n'y avait de souvenir en ce moment que pour les tombes nouvelles qui peuplaient le cimetière de Mérans.

A mesure que l'épidémie diminuait, le village reprit sa figure accoutumée. Les ouvriers retournèrent à la filature, les enfants à l'école, les laboureurs se remirent au travail interrompu ; seule, la douleur des mères continua d'être vive, car c'est la jeunesse que la mort avait moissonnée.

M. Paul put enfin respirer ; mais à la surexcitation fébrile qui l'avait soutenu pendant les longues semaines de péril succéda une profonde mélancolie. Plus que jamais il aimait à rester seul absorbé dans ses pensées. Quelquefois il se promenait des heures entières dans un petit jardin, sans toucher une fleur, sans prononcer une parole, le regard fixe, arrêté sans doute sur de lointains spectacles, et son front, souvent chargé de nuages, prenait tout à coup une expression attendrie ; le sentiment qui dominait tous les autres sur cette physionomie grave et noble, c'était la douleur, une douleur contenue, résignée, chrétienne, vaincue en de terribles luttes, mais qui demeurait comme aux premiers jours, ardente, implacable, sombre, à côté d'un autre sentiment comme elle invincible et dont les sollicitations étaient opposées.

Si Pierre, inquiet et attristé des préoccupations de son maître, n'avait point quitté sa demeure, il aurait pu entendre bien avant dans la nuit le pas agité de M. Paul sur le parquet de la chambre réservée où se trouvaient les portraits de famille. La fenêtre ouverte sur le vallon laissait entrer l'air refroidi, encore plein du parfum des fleurs d'automne, et le vent gémissait au loin dans les cimes jaunissantes de la grande forêt.

Est-ce la beauté grandiose de la nuit qui tenait M. Paul éveillé à l'heure où tout dormait de ce sommeil paisible et doux que donne la fatigue jointe à la tranquillité de l'esprit ? Rêvait-il encore aux générations éteintes de l'antique Malmifay et croyait-il entendre leurs voix dans la plainte lugubre du vent !

Non, la plainte venait de son propre cœur, c'est là que grondait, violent comme la tempête, un de ces souvenirs qui empoisonnent la vie et peuplent de fantômes la solitude et la nuit. Par moments des paroles entrecoupées s'échappaient de ses lèvres : « Georges !... Une autre Jeanne !... pauvre enfant ! non, non ! pas encore !... et d'ailleurs c'est impossible !... Laissons la justice de Dieu accomplir son œuvre ! »

CHAPITRE LIII.

LE BAROMÈTRE.

Le dimanche suivant, M. Paul prenait place dans la grande salle de M. Grandguillot. Aucune altération ne se voyait sur ses traits ; il salua en souriant ses anciens amis, les auditeurs assidus de ses conférences en plein air. Il y avait si longtemps et on avait tant souffert depuis la dernière réunion, qu'on se retrouvait avec bonheur. Tous les cœurs étaient pleins de reconnaissance et d'affection, et tous les regards se portaient sur M. Paul. Quand l'assemblée fut au complet et que femmes et enfants eurent envahi la salle, Paul Duraincy prit la parole au nom de tous, et avec sa droiture accoutumée sans phrases et sans préliminaires, il s'adressa au Directeur.

— Nous venons d'être bien malheureux, Monsieur ; un grand nombre des nôtres sont en deuil et il n'y aurait eu personne d'épargné si vous n'étiez venu à notre aide avec votre incomparable dévouement. Vous n'avez pas montré plus de courage sur les champs de bataille de la Crimée. Respirer la mort dans nos maisons empoisonnées, c'est la même chose que de courir au-devant des balles, et pendant deux mois vous n'avez fait que cela. Vous dire comme nous pensons là-dessus, c'est impossible ! Vous remercier comme il faudrait, je ne m'en charge pas non plus ! Les trois quarts de nous vous doivent la vie, c'est tout dire. Je vous réponds que nous ne l'oublierons pas ! Mais comme vous êtes capable de ne pas vous en souvenir, vu qu'il entre dans vos habitudes de vous sacrifier pour les autres, nous avons décidé de vous offrir un petit cadeau. Bien entendu il n'a été choisi que d'après l'avis de M. Demérans. C'est lui qui s'est chargé de l'acheter ; il n'est pas grand, il tiendrait dans la poche d'un enfant. Si petit qu'il soit, nous espérons que vous nous ferez le plaisir de l'accepter. Il vous rappellera les mauvais jours que nous venons de passer et la reconnaissance de tout un village qui vous respecte et vous sera toujours reconnaissant.

— Paul Duraincy dit la vérité, Monsieur, s'écria Mathurin ; nous pensons tous comme lui. Vous nous avez rendu de fameux services !

— Si mon pauvre garçon en a réchappé, c'est bien grâce à vous, ajouta Nicolas.

— Et moi, donc ! Et moi, donc ! dirent ensemble plusieurs voix.

Le cadeau du village était un simple presse-papier : une plaque de marbre noir sur laquelle reposait un groupe de bronze représentant la Foi, l'Espérance et la Charité.

La Foi tenait à la main un bâton de voyage surmonté d'une croix ; elle marchait le front calme dans une attitude de résolution ferme et de tranquille énergie ; un serpent se tordait sous ses pieds.

L'Espérance, résignée et souriante, regardait le ciel à travers ses larmes et s'appuyait sur une ancre.

La Charité, les mains étendues, était penchée sur un malade couvert de plaies ; un enfant à demi nu se cachait dans son manteau.

Ces statuettes d'un style très-pur étaient admirablement groupées. On y reconnaissait à première vue un artiste chrétien ; l'artiste, épris de son œuvre l'animait du souffle de son génie et de sa foi : le chrétien avait souffert.

M. Paul admira le sujet, remercia Paul Duraincy de son discours, les villageois de leur présent, et promit de le placer sur son bureau où il le verrait tous les jours.

On s'assit, les uns sur des bancs, les autres sur des chaises, et M. Paul allait demander sur quel sujet ils désiraient l'entendre, lorsque Nicolas, qui se grattait l'oreille et paraissait avoir quelque chose à dire, s'y décida tout à coup.

NICOLAS. — Vous allez penser, Monsieur Paul, que je ne suis pas le plus fin de la société, et, ma foi, ça peut bien être vrai tout de même ; mais vous avez dit, si j'ai bonne mémoire, que les plantes respirent par les feuilles ; eh bien ! depuis ce temps-là, j'ai examiné de près beaucoup de feuilles ; je n'y ai pas trouvé un seul trou ; par où donc que ça entre l'air, s'il vous plaît ?

MATHURIN. — Tu n'as pas mis tes lunettes, Nicolas !

M. PAUL à PIERRE. — Va, mon enfant, chercher mon petit microscope et apporte une branche de feuillage ; apporte aussi le grand flacon de verre et une cuvette ; et vous, messieurs, veuillez me suivre dans la rue où nous camperons encore aujourd'hui sous les rayons de ce pâle soleil d'automne. Autrement, Nicolas n'y verrait pas, et peut-être vous non plus.

Tandis qu'on s'installait à nouveau sur les arbres de M. Grandguillot, Pierre et Ursule apportaient les objets demandés et de plus un manteau que Marianne tenait à voir placé sur les épaules du directeur.

— Il nous faudra tout à l'heure un seau d'eau, dit M. Paul.

— Vous allez l'avoir à la minute.

Et Baptiste, ayant emmené Émile, reparut bientôt avec un seau plein. L'enfant posa à côté la table traditionnelle.

M. Paul prit une feuille de lilas dont il enleva l'épiderme adroitement et présentant son microscope à Nicolas.

— Regardez, maintenant; en voyez-vous, des trous?

NICOLAS. — Si j'en vois! Je le crois bien. Jamais de la vie je ne pourrais les compter; c'est par millions et par milliards!

M. PAUL. — Cela dépend de l'étendue de la feuille. Les savants ont plus de patience que vous, mon bon Nicolas, car, sur une petite surface pas plus large qu'un centimètre carré, ils ont compté jusqu'à 23,000 de ces petits trous sur une feuille de lilas comme celle-ci.

Pendant ce temps, le microscope passait de main en main, et des exclamations sortaient de toutes les bouches.

PAUL DURAINCY. — Sans être trop curieux, puis-je vous demander, Monsieur, à quoi va servir le seau d'eau de Baptiste?

— Vous allez le voir tout à l'heure, quand Pierre m'aura apporté une bouteille d'eau de seltz que j'ai oublié de lui demander. En attendant, mettez la table au soleil, emplissez d'eau la cuvette. Bien! Voici

Pierre. Merci, mon enfant. Mets-toi là en face et tu vas faire l'expérience. Emplis le flacon avec la bouteille d'eau de seltz. Vous savez, messieurs, que l'eau de seltz contient de l'acide carbonique en dissolution ; c'est ce qui lui donne une saveur piquante.

PIERRE. — Paul Duraincy, mettez-moi bien vite cette branche de feuilles dans le flacon tandis que je soulève le bouchon.

M. PAUL. — C'est cela ; il ne faut pas laisser notre acide carbonique s'évaporer. Renverse le flacon dans la cuvette, Pierre, et regardez tous la surface des feuilles.

MATHURIN. — Ah ! voilà de toutes petites bulles qui se forment ; elles s'agitent et ont l'air de ne pas savoir si elles vont monter ou descendre.

M. PAUL. — Elles sont plus légères que l'eau.

PAUL DURAINCY. — Alors, elles vont monter. Oui, les voilà qui arrivent en haut, elles crèvent dans le vide. En voilà une masse ! ça monte ! ça monte ! Qu'est-ce qu'il y a dedans ?

M. PAUL. — De quoi se compose l'acide carbonique, Nicolas ?

NICOLAS. — Il y a du charbon dedans, Monsieur ; mais l'autre a un diable de nom... si baroque... Je n'ai pas pu le garder dans ma tête.

PAUL DURAINCY. — L'autre c'est l'*oxygène*, je comprends ! La feuille mange l'acide carbonique, non... ce n'est pas cela !

M. PAUL. — C'est cela, mon ami ; la feuille respire l'acide carbonique, puis elle le décompose, garde le *carbone* et chasse l'*oxygène*. Ces petites bulles que vous regardez crever à la surface de l'eau, sont de l'oxygène. Y a-t-il des fumeurs, ici !

— Oui, oui, à votre service, Monsieur !

— Donnez-moi une allumette. Allumez-la, Mathurin. Vous n'avez pas oublié que tous les corps brûlent dans l'oxygène avec un grand éclat. Soufflez l'allumette, à présent ; attendez un peu. Bien ! il ne reste plus qu'un petit point rouge ; enlève le second bouchon, Pierre ; et vous, Mathurin, placez vite votre allumette dans l'air du flacon sans toucher l'eau.

Nicolas. — La voilà qui se rallume ! gare à tes doigts, Mathurin ! Elle brûle bien mieux que dans l'air.

M. Paul. — Parce qu'il y a plus d'oxygène. Comprenez-vous maintenant que la plante respire et absorbe le carbone qui est dans l'air, nous laissant charitablement la bonne part d'oxygène dont nous avons besoin pour vivre. Les feuilles vertes sont ses poumons. Là encore se décomposent les substances alimentaires apportées par les racines. Elles en gardent le carbone et dégagent l'oxygène ; mais, remarquez-le bien, ce n'est pas pour y voir plus clair que j'ai fait mettre le flacon au soleil. Les feuilles ont besoin de lumière pour décomposer l'acide carbonique : si vous les placez dans l'obscurité, elles feront le contraire et se mettront à respirer comme les animaux en prenant bel et bien l'oxygène de l'air et en exhalant de l'acide carbonique apporté par les racines et qu'elles n'ont sans doute plus la force de décomposer pour se nourrir.

Paul Duraincy. — Ainsi elles font comme nous, elles veulent voir clair pour travailler, ça se comprend ! Il faut bien prendre le temps de dormir aussi, et le meilleur c'est encore la nuit. Mais quand je voudrai conserver des plantes pendant l'hiver, je les ferai coucher autre part que dans ma chambre. De cette façon, je serai sûr d'avoir mon compte d'oxygène. C'est assez précieux pour qu'on y regarde.

NICOLAS. — Je ferai comme toi, Paul ; je n'ai pas envie d'être volé non plus. Comment appelles-tu ça ? de l'oc... je ne m'en souviens déjà plus !

PAUL DURAINCY. — De l'*oxygène*. Je vous le serinerai dans les oreilles, père Nicolas, toutes les fois que je vous rencontrerai.

NICOLAS. — Tu as une tête à ça, toi ! Il est curieux comme un démon, ce Paul, et il retient tout ce qu'on lui dit ; moi j'ai une caboche plus dure que cette borne là-bas. C'est un malheur, mais on ne se refait pas !

GRANDGUILLOT. — M'est avis, Monsieur, qu'il doit y avoir dans l'air une fameuse provision de charbon, car les gens, les bêtes et les plantes en dépensent terriblement.

M. PAUL. — C'est toujours le mouvement perpétuel : l'acide carbonique n'est point dans l'air à l'état de *provision*. Mais à mesure que l'air livre ce gaz aux animaux et aux plantes, il lui en revient de tous les côtés une quantité à peu près égale à celle qu'il perd continuellement. Jamais le réservoir n'est à sec. Tout est si bien combiné que l'air conserve toujours la même composition. Ainsi sur *dix mille* litres d'air, il y a trois ou quatre litres d'acide carbonique. Cette proportion est la même partout. Vous avez beau respirer plus abondamment ici que là-bas, enlever des masses d'acide carbonique comme font les grandes forêts pendant le jour, la répartition se fait si vite que l'équilibre n'en est pas rompu. A cette perfection vous reconnaissez l'Ouvrier.

— Voulez-vous savoir maintenant ce que vous dépensez par jour d'oxygène et de charbon?

MATHURIN. — Comment, on peut savoir cela ?

M. PAUL. — A peu près. On a calculé qu'un homme

de force moyenne consomme en 24 heures 592 grammes d'oxygène pour brûler 166 grammes de carbone et 19 d'hydrogène. La combustion produit 307 litres d'acide carbonique et 171 grammes d'eau qui sont expulsés quand nous respirons. Qu'est-ce que tu écris, Pierre ?

— C'est Paul Durainoy qui voudrait avoir ces chiffres, et je les note.

PAUL DURAINCY. — Je voudrais bien connaître encore le nom du savant qui a eu l'esprit de trouver que notre corps est une espèce de fourneau.

M. PAUL. — C'est un Français nommé Lavoisier dont je puis vous raconter l'histoire en deux mots.

CHAPITRE LIV.

LAVOISIER.

Lavoisier naquit à Paris en 1743 ; il étudia l'astronomie, la botanique et la chimie avec les savants de ce temps-là. Sa vie tout entière fut consacrée à la science ; mais comme il n'était point assez riche pour se procurer les choses nécessaires à ses études, il fut nommé fermier-général, puis appelé à la trésorerie en 1791. Cette place équivalait à celle de fermier-général. Elle fut cause de sa perte. Les travaux de Lavoisier avaient fait une révolution dans la science ; il les poursuivait avec une ardeur encouragée par des succès éclatants, lorsque la *Terreur* couvrit la France de sang et de ruines. Lavoisier fut arrêté sous un frivole prétexte et condamné à mort. « Accordez-moi quelques jours, demanda-t-il à ses juges farouches ; je voudrais terminer des expériences utiles à l'humanité. »

Mais le féroce Fouquier-Tinville refusa le sursis.

— Nous n'avons pas besoin de savants et de chimistes, répondit-il ; le cours de la justice ne peut être interrompu.

On conduisit à l'échafaud l'illustre Lavoisier, l'une des plus nobles gloires de la France, et il légua à la postérité son œuvre inachevée.

Quand Lagrange, un autre savant, apprit le supplice de son ami: «Hélas! s'écria-t-il, il ne leur a fallu qu'un moment pour faire tomber cette tête, et cent années peut-être ne suffiront pas pour en reproduire une pareille ! »

PAUL DURAINCY. — Il n'avait que 53 ans ! Quel malheur, Monsieur, que des monstres comme ce Fouquier-Tinville aient été si longtemps les maîtres dans notre pauvre France ! — Qu'est-ce que tu tires comme ça sous ta blouse, Mathurin ? Je parie que c'est ton baromètre !

MATHURIN. — Pourquoi pas? On dit qu'il ne faut pas le remuer; mais, puisqu'il est dérangé, je ne risque rien.

M. PAUL. — Vous avez bien fait, mon brave Mathurin ; il est bien juste que vous ayez votre tour, et je suis tout à vous. Apportez votre chaise ici à côté de moi et commençons tout de suite.

— L'air que vous respirez enveloppe la terre comme un océan de gaz, vous savez cela ? C'est lui qui a cette belle couleur bleue que nous admirons et toutes les teintes de l'aurore et du soleil couchant. Sans lui nous ne verrions au ciel qu'une voûte noire, et les astres paraîtraient à nos yeux la nuit comme le jour.

L'air est pesant et vous croyez peut-être que ce poids ne vaut pas la peine d'en parler ; mais réfléchissez : une plume est bien légère aussi, cependant supposez qu'on mette des plumes l'une sur l'autre, et cela continuellement jusqu'à ce que lon ait atteint la hauteur de 12 à 15 lieues. Croyez-vous que le poids léger d'une plume, à force d'être répété, ne deviendra pas très-respectable ?

Mathurin. — Certainement, Monsieur, et s'il fallait le porter loin on pourrait se reposer en route.

M. Paul. — Il en est de même de l'air. Mais il n'y a pas longtemps qu'on le sait. Voici comment la chose est arrivée : Il y avait une fois un grand-duc de Toscane qui dépensait beaucoup d'argent pour embellir ses jardins. Ses fontainiers trouvèrent qu'il serait superbe de faire monter l'eau à la hauteur de soixante pieds. Les voilà qui placent leur pompe dans un puits, on lève le piston, et l'eau monte, monte... jusqu'à 32 pieds. Impossible de lui faire dépasser cette limite. On s'y ingénie de mille manières sans aucun résultat. Les princes n'aiment point qu'on les contrarie, le grand-duc, irrité de cette résistance de l'eau, fait un appel aux physiciens les plus distingués. Personne ne comprend rien à cet entêtement de l'eau. On recommence sur de nouveaux frais pour voir qui restera le maître à la fin de la matière ou du génie de l'homme; l'eau persiste à ne point monter au-delà de 32 pieds, c'est son dernier mot.

Le bruit s'en répand au loin et cela fait travailler l'esprit d'un jeune homme appelé Toricelli qui étudiait la physique à Rome. Il cherche à s'expliquer la mésaventure des fontainiers de Florence et, tout à coup, devinant la cause par l'effet, il lui vient une idée lumineuse :

« Si l'eau monte dans le corps de pompe jusqu'à la hauteur de 32 pieds, se dit-il, c'est sans doute parce que l'air qui pèse à la surface du puits a un poids égal à cette colonne de 32 pieds d'eau.

MATHURIN. — Je ne comprends pas bien cela, Monsieur.

M. PAUL. — Je vais tâcher de m'expliquer mieux. Les couches d'air qui forment l'atmosphère sont posées les unes sur les autres, n'est-ce pas ? Eh bien ! comprenez-vous que la couche d'air qui repose sur la terre supporte un poids plus lourd que celle qui est placée au-dessus de toutes les autres ?

MATHURIN. — Oh ! oui, Monsieur, c'est comme la pierre de fondation dans un édifice, elle a la charge de toutes les autres.

M. PAUL. — Précisément. Si maintenant je déplace une colonne d'air au dessus de la surface de l'eau, ce sera comme si je retirais une pierre de fondation, avec la différence que l'eau montera à la place de la colonne d'air et soutiendra les couches supérieures qui pesaient sur elle. Donc...

PAUL DURAINCY. — Permettez, Monsieur, pour voir si j'ai compris... Si l'air que vous avez retiré supportait une colonne d'air pesant 10 ou 20 kilos, l'eau qui monte à sa place aura la même force et portera le même poids. Est-ce cela ?

M. PAUL. — Parfaitement. Et pour prouver la vérité de cette découverte, nous allons faire autrement : le mercure, lui, est treize fois et demi plus lourd que l'eau. Combien croyez-vous qu'il en faudra pour soutenir la même colonne d'air ?

MATHURIN. — J'y suis, Monsieur, il en faudra treize fois et demi moins.

M. PAUL. Très-bien. Toricelli pensa comme vous

et se dit : si c'est la pression de l'air qui fait monter l'eau dans la pompe jusqu'à 32 pieds de haut, en remplaçant l'eau par le mercure je dois avoir une colonne treize fois et demi plus courte, c'est-à-dire haute de 76 centimètres. Essayons. Il essaya et la colonne de mercure s'éleva jusqu'à 76 centimètres comme il l'avait prévu.

C'est donc Toricelli qui a inventé le baromètre et je vais vous le montrer. Mais avant, sachez encore que votre colonne d'eau de 32 pieds, si vous lui donnez un centimètre de largeur, pèse 1 kilo 33 grammes et que la colonne de mercure de 76 centimètres ayant aussi un centimètre de largeur...

Paul Duraincy. — Pèse 1 kilo 33 grammes, puisqu'elle porte la même colonne d'air.

Grandguillot. — Voilà Paul Duraincy qui devient un savant, il ne faut pas demander si ça l'amuse ! Il fait des oreilles et des yeux comme s'il allait avaler toutes les paroles de M. Paul.

Mathurin. — C'est pas si bête de dire qu'on avale des paroles par ses oreilles, reste à savoir quel estomac se trouve au bout pour leur offrir l'hospitalité.

Paul Duraincy. — C'est le cerveau parbleu ! Ne vois-tu pas qu'il faut digérer ce qu'on entend pour le bien comprendre; le cerveau, mon vieux, c'est le département de la réflexion.

Nicolas. — Bravo ! Paul, voilà qui s'appelle parler. Si tu veux nous changerons de département. Je te donnerai le mien et...

Paul Duraincy. — Impossible, mon ami, il ne faut jamais essayer d'administrer des gens qu'on ne connaît pas. Restons chez nous, c'est toujours mieux. Il me vient l'idée de savoir si tu connais encore le gaz que nous respirons.

NICOLAS. — Oh ! que oui ! C'est le coqci... l'ogresi...

PAUL DURAINCY. — *Très-haut à l'oreille de Nicolas.* L'o...xy...gène ! Pierre, tu feras bien d'apprendre ce mot-là à *Margot* et de prêter ta bête à Nicolas.

NICOLAS. — Et Nicolas tordra le cou à la bête si elle est plus savante que lui.

PIERRE. — Alors, vous n'aurez pas *Margot*.

NICOLAS. — Faut pas te fâcher de ça, mon petit, je ne voudrais pas faire de mal à ton oiseau, mais Paul est un vrai blagueur... Voyons, répète-le moi encore son cosaque de mot.

PIERRE. — L'oxygène.

NICOLAS. — L'oxygène ! Cette fois, je m'en souviendrai longtemps.

GRANDGUILLOT, *riant.* — Jusqu'à ce que tu l'aies oublié.

PAUL DURAINCY. — Voilà une vérité de M. de la Palisse, mais il ne faut pas qu'elle nous fasse oublier le baromètre de Mathurin.

M. PAUL. — Il n'y a plus qu'un mot à dire et vous serez capables de construire vous-même un baromètre. L'essentiel est de remplir soigneusement avec du mercure ce petit tube de verre que vous voyez-là, mais de façon à ce qu'il n'y ait point d'air dedans. On obtient ce résultat en faisant bouillir le mercure. Ensuite on divise le tube en centimètres et en millimètres, en écrivant 0 sur une ligne qui correspondra au niveau du mercure dans la cuvette.

Je vous ai dit que l'air humide est plus léger que l'air sec, il en résulte donc que, par les vents du sud et de l'ouest qui nous amènent la pluie, l'atmosphère est chargée de vapeurs et alors...

MATHURIN. — Le baromètre baisse parce que l'air pèse moins lourd sur le mercure de la cuvette.

M. PAUL. — Et par les vents secs et froids du nord et de l'est, qui nous donnent un temps clair...

MATHURIN. — Le baromètre monte parce que l'air pèse davantage sur le mercure.

M. PAUL. — Le baromètre n'est donc point un prophète qui indique la pluie et le beau temps comme beaucoup de personnes le croient, mais un instrument qui mesure la force de pression de l'air.

JEAN. — C'est égal, Monsieur, il y a là-dedans quelque chose de bien singulier. Car enfin, si une colonne d'air d'un centimètre carré avait une force d'un kilo 33 grammes, ce qui fait 2 livres passé, il serait impossible de ne pas être écrasé par l'air! Calculez un peu. Supposons seulement à mes épaules une surface de 50 centimètres sur 0.10 de large, cela fait tout de suite 500 centimètres carrés qui, pesant 2 kilos chacun, me mettraient un poids de deux mille la charge d'un cheval ; allons donc ! Ce Monsieur Toricelli n'y pensait pas !

PAUL DURAINCY.—C'est donc ça que tu ruminais dans ton coin, mon pauvre Jean, que tu avais l'air si occupé?

M. PAUL. —Croyez-vous, Jean, que les poissons qui nagent dans la mer sont écrasés par l'eau?

JEAN. — Oh ! non, Monsieur, il suffit de les voir filer là-dedans pour en être sûr, ils ont l'air bien contents au contraire.

M. PAUL. —Pourtant l'eau est très-lourde, et quand les poissons s'enfoncent dans la mer, ils en ont sur le dos un poids respectable.

JEAN. — C'est vrai, Monsieur, mais ce n'est pas eux qui la portent, et voici comment: l'eau qui est en dessous supporte l'eau qui est en dessus et les poissons, portés eux-mêmes, n'ont qu'à se promener aussi librement que l'oiseau dans l'air.

M. Paul. — Je vous y prends! Et l'air qui est en dessous ?...

Jean. — Vous avez raison, Monsieur!... soutient l'air qui est en dessus. Je suis étourdi comme un enfant.

Émile. — Je vous demande bien pardon, Jean, nous l'avons compris tout de suite et sans faire de si longs calculs que vous.

Jean. — Vous êtes de grands garçons, vous, et pas des enfants!

Grandguillot. — Il n'y en a plus d'enfants! Je suis sûr que les moutards qui se roulent là-bas auraient réclamé comme Émile.

M. Paul. — Maintenant, mes amis, je vais vous souhaiter le bonsoir et j'emporte mon presse-papier que je mettrai en bonne place sur mon bureau.

Mathurin. — C'est bien de l'honneur que vous nous ferez M. Paul. Moi, j'ai à vous remercier pour mon compte d'avoir expliqué mon baromètre; malgré sa bonne volonté, Paul Duraincy ne s'en serait pas tiré comme vous.

M. Paul. — Il est maintenant de force à en composer un lui-même; vous pouvez être aussi sûr de sa mémoire que de son intelligence.

Chacun regagna lentement sa maison et le directeur accompagné de Pierre rentra aussi chez lui. Marianne avait préparé le dîner dans le jardin du côté où la vue plonge dans la vallée. Déjà les prairies se couvraient de brouillard, c'était comme un immense nuage de vapeur sur lequel on distinguait la ligne noire des peupliers plantés au bord de la rivière. Un silence profond régnait déjà; peu de personnes voyagent le dimanche, et le roulement lointain d'une voiture sur la route de Malivaux troublait à peine la tranquillité générale.

M. Paul jouissait avec délices de ce spectacle et de ce repos ; longtemps après que Marianne et Pierre lui eurent dit adieu, il se tint là, rêveur, noyant sa pensée et son âme dans ce calme solennel de la nature qu'il enviait peut-être.

CHAPITRE LV.

LE DÉPART.

Plusieurs années s'écoulèrent sans que rien vînt troubler la monotonie tranquille de Mérans et de Polhay. Heureux, dit-on, les peuples dont l'histoire est ennuyeuse ! Il en est de même des individus. Mais nous sommes des voyageurs sur la terre, et le calme n'est point précisément ce qu'on a lieu d'attendre en voyage. Les incidents, même les dangers, naissent de partout : de la route qui franchit monts et vallées, traverse des rochers, côtoie des précipices ; du ciel où se forment les tempêtes, d'où vient la pluie, le vent, l'obscurité.

Déjà le château de Mérans a perdu l'un de ses joyeux hôtes : Henri est à Saint-Cyr. Gabrielle sent vivement cette séparation, et son père lui-même trouve le château bien vaste. Quand il se promène dans les grandes allées du parc, elles lui paraissent silencieuses comme le désert. Henri faisait à lui seul plus de bruit que tout le monde. Tour-à-tour à cheval ou en chasse, ses cris joyeux remplissaient le bois, et les aboiements des chiens ne manquaient pas d'attirer quelques jeunes soldats de son régiment qui l'aidaient à vaincre l'ennemi représenté ce jour-là par d'infortunés lapins.

La veille de son départ, Henri se promenait avec Pierre dans le sentier couvert qui mène à la butte aux ronces. C'était leur dernière conversation et tous deux étaient tristes.

— Je ne puis me faire à l'idée que vous allez partir, Monsieur Henri, quoique je sache que vous êtes content. J'ai envie de pleurer quand j'y pense, et mon courage ne peut rien contre ce chagrin-là.

— Moi aussi, Pierre, je me sens malheureux. Mérans ne m'a jamais été aussi cher qu'à la veille de le quitter ; je tâche d'être gai pourtant afin de consoler Gabrielle et de montrer à papa que j'ai du courage ; mais à chaque instant mon cœur se gonfle et j'ai bien de la peine à paraître content. Et puis il me semble que tout est triste de me voir partir : depuis ce matin, *Caro* ne fait que rôder autour de moi, comme s'il savait qu'il ne m'aura plus demain ; après le déjeûner, je suis allé à l'écurie, mon pauvre Ali-Bey m'a regardé d'un air que j'ai trouvé plaintif ; il ne faisait peut-être que me demander son morceau de pain comme à l'ordinaire, mais je vois tout en noir aujourd'hui. Je te recommande mon cheval, Pierre ; prends-le pour aller à Polhay ou à Malivaux, il est accoutumé de sortir si souvent !

— Soyez tranquille, Monsieur Henri, j'aurai soin de tout ce qui est à vous et d'Ali-Bey en particulier. M. Vatou a déjà pensé à dresser les petits terriers Black et Light pour vos premières vacances. Vos bêtes ne souffriront point de votre absence ; il n'y aura que nous. Mais vous écrirez souvent et nous partagerons par la pensée votre vie de Saint-Cyr.

— J'ai promis à papa de beaucoup travailler, de n'avoir plus jamais ni paresse ni colère ; cependant il ne se montre point aussi rassuré que je le voudrais. M. Paul aussi est préoccupé : il m'a donné des conseils très-sérieux ; il redoute la fougue de mon caractère, il voudrait plus d'énergie dans ma volonté, plus de constance dans mon travail ; il rêve de me voir devenir un officier distingué capable de servir son pays et d'honorer sa famille ; et moi je n'ai qu'un désir, celui de leur faire plaisir en réalisant tous leurs vœux. Mon père m'aime tant, M. Paul est un ami si dévoué ! Je vois bien cependant que tout en accueillant mes promesses avec satisfaction, ils se souviennent encore des mauvais jours de Mérans, avec M. André... Et toi, est-ce que tu doutes aussi de moi ?

— Non, je suis sûr de votre cœur. Il n'y en a point de plus noble et de plus généreux ; mais c'est par la volonté qu'on est fort et...

— Oui, tu crois que je manque de volonté... Il est vrai que je cède trop vite à mes impressions ; j'aurais dû prendre l'habitude de les dominer. M. Paul a raison : il faut savoir commander à soi-même ; c'est plus difficile que de commander aux autres. On n'est un homme qu'à ce prix et je veux devenir un homme, Pierre ; j'essaierai, tu verras... Et voilà pourquoi je désire que tu sois mon ami. Tu as plus de caractère que moi. Je t'ai vu supporter les insultes d'Edmond et les lâches insinuations de sa mère sans essayer de te venger. Tu souffrais pourtant.

— Je souffrais, mais avec l'espoir que Dieu manifesterait un jour mon innocence, et vous voyez que l'estime des honnêtes gens n'a pas hésité entre Edmond et moi. On a dit tout de suite que Mme Richard et son fils me calomniaient par jalousie, et, si je m'étais battu contre Edmond, moi qui suis plus fort que lui; j'aurais donné à sa haine un motif qu'elle cherche peut-être.

— Tu as raison. Et moi, si tu ne m'avais retenu, je ne me serais point refusé le plaisir de le souffleter dans la rue, quand il nous a croisés l'autre jour si insolemment.

— Vous avez le bras prompt à se lever lorsqu'il s'agit de défendre les autres, Monsieur Henri. C'est une qualité très-belle ; malheureusement vous ne réfléchissez guère à vos actions qu'après les avoir accomplies ; cela m'arrive aussi bien des fois, et je crois, comme le dit M. Paul, que c'est le meilleur moyen de faire beaucoup de sottises.

— Justement ! Et des sottises, vois-tu, tout le monde attend cela de moi avec une confiance que je ne suis pas loin de partager.

— C'est déjà du découragement. Non, vous ne ferez pas de sottises ; vous songerez à ceux qui vous aiment; vous travaillerez pour devenir un officier distingué, vous écrirez à Mérans...

— Et à Polhay, mon ami ; je te dirai les progrès de ma sagesse naissante et tu soutiendras mes efforts. J'ai foi en toi, Pierre ; ton affection est aussi indulgente que dévouée ; cependant tu ne me flattes jamais.

— Ce serait vous trahir; vous me mépriseriez, et avec raison.

Là-dessus les deux amis s'étaient quittés après avoir mis le sceau à leurs promesses en se jetant dans les bras l'un de l'autre.

Depuis ce temps-là, Pierre et Henri n'avaient cessé d'échanger des lettres fréquentes. Comme l'avait dit le jeune Demérans, l'amitié de Pierre lui fit du bien. Elle le soutint dans la résolution de devenir fort en commençant par se dompter lui-même, et les occasions ne manquaient point à Saint-Cyr.

La gaieté d'Henri, son esprit, l'amabilité de son caractère lui donnèrent bientôt des amis dans l'école. Son intelligence et son travail obtinrent des succès, etil devint en peu de temps l'un des meilleurs élèves.

Quelques lignes adressées à Pierre le feront mieux connaître qu'une longue peinture.

« ... Je me trouve content de ma nouvelle position; mes camarades sont de bons jeunes gens point du tout mélancoliques, un peu trop portés, selon moi, à s'amuser de tout, et à côté desquels l'étourdi qui se nomme Henri Demérans passerait aisément pour un homme sérieux.

« Il n'y a point de duel entre nous, rassure Gabrielle ; l'arme la plus employée parmi nous est la plaisanterie.

« L'autre jour, un pauvre *nouveau* en fut la victime : c'est un jeune homme timide, d'une santé délicate. Sa grand'mère l'a élevé comme une petite fille, avec des soins exagérés qui seraient ridicules si l'on ne savait que la pauvre femme a perdu tous ses enfants, et que, d'une nombreuse famille, il ne lui reste plus que cet orphelin. Il a des cheveux blonds, les yeux bleus, une figure douce. On l'appelle en riant *Mademoiselle*, et c'est la seule parole dont il ait eu à se plaindre jusqu'ici.

« Depuis qu'il fait froid, sa grand'mère lui apporte tout ce qu'elle peut trouver pour l'empêcher de souffrir : cache-nez, gants fourrés, mille choses. La dernière fois qu'elle vint, un camarade qui allait parler à son tuteur la rencontra par hasard : elle donnait à son petit-fils... une *paire de mitaines*.

« Te figures-tu un Saint-Cyrien portant des mitaines !...

« L'aventure était trop jolie pour qu'on en gardât le secret. Le camarade la conta à quelques amis, elle passa de bouche en bouche et à la récréation suivante, quelqu'un ayant chanté sur un air d'opéra : « Avez-vous des mitaines ?... » un fou rire éclata parmi les élèves ; une grêle de quolibets et de bons mots plus ou moins spirituels tomba sur *Mademoiselle*. On l'entoura, on fouilla dans ses poches, et les mitaines furent exposées aux regards des spectateurs et saluées d'applaudissements et de cris.

« Le malheureux écolier, effrayé de tout ce tapage, se troubla, rougit, perdit la tête et allait pleurer, quand, touché de sa confusion, je suis intervenu.

« Je me plaçai résolûment à côté de lui et demandai la parole par un signe de la main.

« — *Mademoiselle* a un champion ! Silence ! cria-t-on.

« — Messieurs, leur dis-je en rejetant la tête en arrière d'un air assuré, notre camarade est le dernier rejeton d'une famille dont tous les membres sont morts à la fleur de l'âge. Lui-même ne doit la vie qu'aux soins incessants de sa vénérable aïeule. Pas un de vous, messieurs, ne parle sans un profond respect des sollicitudes de sa mère ; mais si, l'âme pleine de deuil, au souvenir de la mort qui a brisé toutes ses affections, cette mère craintive vous continuait jusqu'ici les attentions qu'elle prodiguait à votre enfance, je connais vos cœurs ; plutôt que d'alarmer sa tendresse, vous prendriez tout ce qu'elle vous offre, oui, vous accepteriez tout, jusqu'à des mitaines...

« Ce pourquoi je déclare, ajoutai-je en riant, et je suis prêt à soutenir *envers et contre tous, à pied ou à cheval, à la lance ou à l'épée*, que M. Fernand de

Rivière a fait une noble action en acceptant... pour les mettre dans sa poche, les mitaines de sa bonne grand'mère.

« — Bravo! bravo! cria-t-on. Vive le chevalier Demérans! Nous instituerons l'*Ordre de la Mitaine!*

« La cloche sonna au moment où nous allions improviser des statuts. Fernand raconta cette scène à sa grand'mère, et Mme de Rivière m'invita à dîner chez elle pour le jour de la prochaine sortie. »

Quelques semaines après, Henri recevait de Pierre une longue lettre pleine d'une seule et importante nouvelle.

Lettre de Pierre.

« Mon cher Monsieur Henri,

« Je vous ai promis que vous sauriez tout ce qui me concerne : voici un grand événement qui va m'éloigner de Polhay et dont je suis encore bouleversé quoique je le sache depuis hier.

« Nous étions comme à l'ordinaire chez M. Grandguillot, serrés autour de son grand poêle, car la neige tombait fine et drue, et vous savez si le froid est vif chez nous! M. Paul nous parlait de l'Océan et de la circulation des eaux qu'il comparait à la circulation du sang dans le corps humain. Tout-à-coup on entend le galop d'un cheval. L'instant d'après Valentin entre et remet à M. Paul une lettre couverte de timbres étrangers. Elle était arrivée à Mérans par exprès avec une dépêche pour M. votre père. Je n'aime pas, pour beaucoup de raisons, l'arrivée de ces messages. M. Paul est toujours plus triste qu'auparavant quand il reçoit des nouvelles de ses amis. Aussi mon cœur se serra en voyant cette lettre, et je devins si préoccupé que je n'entendais plus ce qu'on disait.

« Nicolas pourtant faisait beaucoup rire par ses réflexions saugrenues. Grandguillot et Paul Duraincy parlaient souvent. Rien ne put me remettre. Oh ! voyez-vous, il y a des pressentiments vrais !

« La conférence achevée, je retournai avec M. Paul, qui monta dans son cabinet tandis que je restai avec maman dans la salle à manger ; au bout d'un quart-d'heure, il m'appela. Il se promenait à grands pas dans cette chambre et de temps à autre regardait le crucifix au bas duquel il y a deux dates inscrites sur une plaque d'ivoire. Voici à peu près ses paroles :

« — Il y a longtemps que je songe, mon enfant, à te faire terminer ton éducation par un voyage qui te permette d'étudier l'industrie ailleurs qu'en France. Une magnifique occasion se présente aujourd'hui : J'ai rendu quelques services en Crimée à un grand seigneur anglais dont l'amitié m'est restée fidèle. Toute sa fortune, et elle est immense, est consacrée à fonder autour de son château des établissements industriels où il occupe des milliers d'ouvriers ; mais à force d'agrandir son œuvre, il est arrivé à se créer un travail qui dépasse ses forces ; aussi, après m'avoir supplié maintes fois d'aller le rejoindre pour lui prêter le secours de mon expérience et de mon dévouement, il ne parle de rien moins aujourd'hui que de m'enlever malgré moi à mes occupations et à ma retraite et se prépare à venir en personne tenter ce coup de main.

« Je ne veux point qu'il se donne une peine inutile, et j'ai résolu de t'envoyer à ma place en Angleterre. Annonce cela à ta mère comme une bonne nouvelle, car ta position sera magnifique et au-dessus de ce que tu pouvais rêver. Je compte sur ton zèle et sur ta conscience pour l'accomplissement de tes nouveaux devoirs, et quoi qu'il m'en coûte de me séparer de toi, je fais ce sacrifice avec joie puisqu'il est pour ton bonheur.

« Je ne pus répondre un mot, les larmes m'étouffaient. M. Paul me prit la main, il m'interrogea du regard : je me jetai dans ses bras en sanglotant ; il aurait fallu le remercier et ne sentir peut-être que la reconnaissance pour ce nouveau bienfait qui s'ajoute à tant d'autres ; mais je ne sentais que le déchirement de mon cœur.

« — Pardonnez-moi, lui dis-je enfin, ce silence qui doit vous paraître ingrat ; vous savez que j'obéirai, fallût-il aller cent fois plus loin ; mais il s'agit de quitter ceux que j'aime le plus, et vous, mon bienfaiteur et mon ami. Qui me guidera désormais dans la vie ? Quelle parole fixera mes incertitudes, soutiendra ma faiblesse ? Quelle main me conduira droit et ferme dans le chemin de la justice ? Je ne suis qu'un enfant sans expérience et sans sagesse. Vos conseils dirigent toutes mes actions et jusqu'à mes pensées ; que deviendrai-je sans vous ?

« M. Paul laissa passer cette explosion de douleur, puis il me dit :

« — As-tu remarqué ce que font les oiseaux quand leurs petits ont des plumes et que leurs ailes sont déjà fortes ?

« — Oui, ils les poussent doucement hors du nid pour les forcer de se soutenir et lenr apprendre à voler.

« — Eh bien ! mon enfant, ce moment d'apprendre à voler qui arrive pour les petits oiseaux et que leur mère connaît, sans jamais se tromper, il vient aussi pour l'enfant. La Providence nous le signale par la voix des événements, par les conseils de nos amis et ceux de notre raison : quand nous l'avons reconnu, quoi que dise notre cœur, il faut agir et entrer vaillamment dans le nouveau chemin où il y aura des épreuves et des devoirs, des souffrances peut-être. Qu'importe! C'est par un exercice continuel et quelquefois violent que s'établissent dans l'âme et dans le cœur les mâles vertus qui font vraiment l'homme; c'est par la lutte qu'elles se développent et se fortifient. Dieu l'a voulu ainsi et nous n'avons pas le droit de nous soustraire à sa volonté.

« Considère maintenant les avantages de ta nouvelle position. Je fixe moi-même les appointements à 4,000 fr., chiffre qui sera ratifié et dépassé par mon ami, je le sais. Te voilà donc en mesure de venir en aide à ta famille; tu peux mettre Ursule en pension et tes petits frères au collége, leur assurant ainsi à tous le bienfait d'une éducation solide. Il te restera assez pour offrir à la vieillesse de ton père un repos qui lui devient chaque jour plus nécessaire, et ton cœur éprouvera l'immense, l'incomparable joie de donner le bonheur à ceux qu'il aime. Dis, mon enfant, ne dois-tu pas remercier Dieu au lieu de verser des larmes ?

« Oh! oui, m'écriai-je, Dieu et vous! Je n'avais regardé que le sacrifice et vous m'en faites voir les fruits; j'étais ingrat. Je partirai de bon cœur, emportant avec le souvenir de votre bonté pour moi une reconnaissance que rien n'exprimera parce qu'elle est au-dessus de toute parole.

« Jamais jusqu'à ce jour mon affection pour M. Paul n'avait osé s'exprimer si vivement, jamais non plus je ne l'ai vu si attendri. Au moment de se briser, le lien qui m'attache à lui se resserre plus profondément. On dit que nous n'apprécions réellement nos amis qu'au moment de les perdre. C'est peut-être vrai...

« Ce soir-là j'appris tout à ma mère, en commençant par faire ressortir les avantages de ma nouvelle carrière. Vous jugez si la pauvre femme fut éblouie surtout quand je lui parlai de mettre Ursule et mes petits frères en pension et d'assurer le repos de mon père en mettant mon travail à la place du sien.

« — Serait-il possible ! s'écria-t-elle, des enfants de pauvres gens comme nous en pension ? Tu n'y penses pas, Pierre, la proposition de M. Paul te fait perdre la tête.

« Dieu permit que cette brillante perspective détournât du cœur de ma mère l'idée de la séparation, elle s'endormit dans la joie de son âme, et moi, déjà consolé par le spectacle de son bonheur, je m'abandonnai à cette divine Providence qui nous jette parfois sur des routes que nous ignorions, mais, où nous attendent d'abondantes bénédictions et la paix promise aux hommes de devoir et de bonne volonté.

« Ce matin mes petits frères sont venus m'embrasser avec un plaisir qu'ils expriment hautement, ils me regardaient avec une admiration naïve comme si j'étais déjà un grand personnage ; l'envie de rire que j'ai éprouvée a déridé mon front. Mon père est tout fier de voir son fils appelé si jeune à un poste de confiance. J'ai dit adieu à Paul Duraincy ; l'excellent homme veut que je lui écrive ; sa franche et droite amitié m'a fait du bien. Ce soir, j'irai au château et je ne dis pas que mon courage tiendra contre cet adieu. Vous n'y serez pas, mais votre souvenir est partout. Si vous saviez, M. Henri, comme il nous est impossible d'avoir une conversation où vous ne soyez pas mêlé ! Et aujourd'hui... mais je ne veux pas m'attendrir, il faut réserver toutes mes forces pour demain, car c'est demain que je pars, M. Paul dit que l'affaire étant décidée, le plus tôt sera le mieux.

« Ma prochaine lettre vous sera donc adressée d'Angleterre; quand il vous plaira que j'écrive en anglais, vous me le direz. M. Demérans désire que vous ne perdiez point l'habitude de parler cette langue. Caro et Ali-Bey se portent bien ; j'ai monté ce dernier il y a deux jours pour aller à Mont-vert avec M. Paul et Mademoiselle Gabrielle qui est toujours enchantée de son poney. Nous nous sommes bien amusés malgré le froid très-piquant et le vent qui nous cinglait la figure en montant à la forêt.

« Adieu, Monsieur Henri, je serai toujours là-bas comme ici votre plus dévoué serviteur et ami.

« PIERRE DUMONT. »

CHAPITRE LVII.

LES ADIEUX.

— Le voilà ! papa, je l'aperçois dans l'allée des sapins, disait Gabrielle à qui M. Demérans venait d'apprendre le soudain départ de Pierre.

— Il vient nous dire adieu, ma fille ; le pauvre enfant, je suis sûr, a le cœur bien gros, M. Paul lui-même est tout affligé de voir partir son élève; mais avec sa générosité accoutumée, il met avant tout le bonheur de Pierre.

— Cela me fait beaucoup de peine aussi, papa, on dirait qu'Henri nous quitte une seconde fois. Quel malheur qu'on ne puisse grandir sans être obligé de se séparer ainsi ! Nous étions si heureux tous ensemble, croyez-vous qu'Henri ne regrette pas quelquefois la maison paternelle?

— Je l'espère, et j'en suis sûr, car ton frère nous aime tendrement.

— Et son affection ne sert qu'à le faire souffrir ! Il en sera de même de Pierre, je le sais bien. Heureusement que je suis une fille, cher papa, je vous resterai, pour vous consoler des absents et leur écrire bien souvent.

— Tu ne sais pas encore si Pierre t'écrira, dit le père en riant.

— Oh ! papa, l'idée ne lui viendra même pas qu'il puisse faire autrement, il écrit à Henri toutes les semaines et des lettres si raisonnables et si pleines d'affection que mon cher petit frère en est ravi. Tenez, papa, regardez plutôt, dit-elle, en tirant de sa poche une enveloppe brisée, dans laquelle on apercevait une feuille de papier rose, voici comme il en parle :

« Je n'ai point de meilleur ami que Pierre et je défie qu'on trouve sur la terre une âme plus grande et plus droite que la sienne. Il m'aime assez pour m'avertir de mes défauts, il me confie les siens avec une candeur et une simplicité qui augmentent mon estime pour lui et accroissent d'autant son influence sur moi ; bref, il met en commun avec moi son intelligence, sa raison et son cœur ; cette intimité me fait beaucoup de bien, vous ne me reconnaîtrez plus quand j'irai à Mérans tant je suis changé... en mieux naturellement.»

— Dieu le veuille, mon pauvre Henri ! Il faut encourager sa correspondance avec Pierre. J'ai toujours pensé que cet enfant nous rendra plus que nous ne lui avons donné, mais le voilà.

— Je t'attendais plus tôt dit Gabrielle, j'ai amené papa ici pour te voir venir, comment arrives-tu si tard?

— Ah ! Mademoiselle, je pars demain, M. Paul a dû vous le dire, il y a tant de choses à faire la veille d'un départ ! Et puis je réservais ma visite au château pour la dernière, c'est la meilleure et aussi... des larmes lui coupèrent la voix.

— Écoute, mon enfant, dit M. Demérans, l'Angleterre n'est pas loin d'ici, ne pleure pas comme si tu nous quittais pour toujours, quand les vacances d'Henri seront venues, j'ai promis un voyage pour le récompenser de son travail et il se pourra que nous allions te faire une visite.

Un éclair de joie brilla dans les yeux humides de Pierre. Il serrait la main de M. Demérans, et Gabrielle qui tenait l'autre remerciait son père de cette bonne promesse.

Il faudra bien d'ici là se hâter d'apprendre l'anglais, ajouta M. Demérans en regardant sa fille.

— Oh ! papa, ce ne sera pas long, je le sais déjà pas mal.

— Et je vous écrirai en anglais, Mademoiselle, si vous le permettez, j'ai déjà proposé à M. Henri de correspondre aussi avec lui dans cette langue, je suis sûr qu'il le voudra bien.

— Et moi, mes enfants, j'approuve entièrement le projet, et je prierai Pierre de souligner toutes les fautes de Gabrielle, de les corriger et de lui renvoyer sa lettre.

— Oh ! papa, ce serait comme mes devoirs d'ici.

— J'aime mieux les recopier, Monsieur, je lis plusieurs fois les lettres qu'on m'écrit, et, là-bas, voyez-vous, j'aurai le mal du pays.

Pierre resta plus d'une heure au château. Au moment où il se disposait à partir, M. Demérans l'emmena dans sa chambre, il prit un petit écrin doublé de soie bleue qui semblait placé tout exprès sur une étagère, et le donna au jeune voyageur ; c'était une belle et bonne montre de Genève avec sa chaîne d'or, le cadeau d'adieu de son protecteur.

— Henri a reçu la pareille en nous quittant pour Saint-Cyr, je sais que je lui ferai plaisir en te faisant le même présent, dit affectueusement M. Demérans.

— Vous me comblez, Monsieur, s'écria Pierre dont la reconnaissance manquait d'expression. Que je serais heureux si je pouvais un jour vous témoigner quel est mon respect et mon dévouement pour vous !

— Je crois que Gabrielle te prépare aussi quelque souvenir, mon enfant, et tu sais qu'il ne faut point mettre sa patience à une trop longue épreuve ; vois donc si elle est au salon, je vais vous rejoindre à l'instant.

Gabrielle attendait avec deux objets dans les mains ; Pierre lui montra sa belle montre pareille à celle d'Henri.

— Oui, je le savais, dit-elle, mais moi, je suis très-embarrassée, n'ayant que des bijoux de jeune fille qu'on ne peut donner à un garçon. Voici cependant une croix pour laquelle je suis décidée. Je désire, Pierre, que tu ne la quittes jamais. Elle vient de Rome, elle a touché aux tombeaux des saints apôtres et à plusieurs reliques vénérées, ce souvenir te fera du bien. Si quelquefois tu as du chagrin, ce qui peut bien t'arriver comme aux autres, tu regarderas ta petite croix et demanderas du courage au bon Dieu. Tu n'oublieras pas non plus que je prierai pour toi comme je le fais tous les jours pour mon frère absent. Enfin, si tu étais malheureux et qu'il t'en coutât trop de le dire, ou que tu craignisses d'affliger M. Paul, tu me le diras, à moi, je le veux !

— Je vous le promets ! Mademoiselle. Là-bas comme ici je n'aurai point de secrets pour vous.

— Maintenant je voulais te donner aussi ce médaillon avec ma plus jolie photographie, mais c'est un étrange cadeau. Voilà papa, il va me donner son avis.

— Quel est donc le point qui t'embarrasse si fort, mignonne ?

— C'est que je voudrais donner ma photographie à Pierre, et les garçons ne portent pas comme nous du velours au cou avec un médaillon. Alors qu'est-ce qu'il en fera ?

— Tiens-tu absolument à ce qu'il porte ton médaillon suspendu à son cou, demanda M. Demérans en riant.

— Je tiens, oui, à ce qu'il le porte, c'est-à-dire je veux qu'il le regarde quelquefois, afin qu'il ne m'oublie pas, et, s'il le met dans un tiroir...

— Rapportez-vous-en à moi là-dessus, Mademoiselle, dit Pierre en prenant des mains de Gabrielle le bijou qu'elle tenait encore.

Pierre attacha le médaillon de Gabrielle au même cordon que sa petite croix d'or et les pressa sur son cœur.

— Je ne les séparerai pas, lui dit-il ; après l'image de Dieu celle de mon ange gardien ! Toutes deux m'inspireront de saintes pensées et de nobles actions. Adieu, mademoiselle !

Il lui tendit la main, Gabrielle les yeux pleins de larmes l'embrassa en lui disant :

— Adieu pour Henri et pour moi !

M. Demérans serra Pierre dans ses bras, lui souhaita un bon voyage, et le château se trouva encore un peu plus désert qu'auparavant.

Le lendemain ce furent d'autres larmes ; Marianne à la fois triste et contente s'efforçait de sourire pour ranimer le cœur de son enfant. Ursule pleurait et les petits frères demandaient à Pierre « s'il ne reviendrait donc plus jamais .» M. Paul abrégea les adieux en emmenant le jeune voyageur. Ce fut encore Paul Duraincy qui cette fois conduisit à la ville le directeur et son petit protégé. Une fois en chemin de fer Pierre ne devait plus s'arrêter.

Quand il se trouva seul, tous les visages amis qu'il venait de quitter revinrent l'un après l'autre se présenter à l'imagination du pauvre enfant, et sa douleur, longtemps comprimée, éclata enfin.

CHAPITRE LVIII.

LE VOYAGE.

Il ne vit rien des paysages qui fuyaient sur sa route à droite et à gauche, son regard cherchait les doux ombrages de Mérans et l'âpre montagne de son cher Polhay. Tout à coup une parole de M. Paul revint à sa mémoire. « Ne laisse pas ton esprit s'abattre en de vaines tristesses, il faut aller au devoir d'un pas allègre et d'un air content. Les rêveries inutiles amollissent l'âme et énervent la volonté à l'heure même où l'on a le plus grand besoin d'être fort. »

Docile à cette voix amie dont il avait tant de fois éprouvé la sagesse, Pierre commanda à son cœur d'être résigné. Il regarda le médaillon de Gabrielle, versa une dernière larme sur sa petite croix d'or, et replaçant ces chers objets sur son cœur, il chercha à se distraire en contemplant la nature à demi cachée sous un voile de neige. Les arbres couronnés de givre secouaient au vent leur blanche chevelure, on les voyait passer en courant comme une procession de fantômes, et la plaine s'étendait au loin éblouissante sous son linceul immaculé.

Cette morne beauté de l'hiver qu'on pourrait appeler la poésie de la mort allait bien à l'âme de Pierre, mais elle ramena les rêveries qu'il voulait fuir, il s'y arracha par un violent effort de volonté et se remit à penser à autre chose jusqu'à ce que, brisé par la fatigue, il s'endormit d'un profond sommeil.

CHAPITRE LIX.

L'ARRIVÉE.

Pierre se réveilla pour s'embarquer ; la mer qu'il voyait pour la première fois le frappa d'admiration, presque d'épouvante. Longtemps ses yeux contemplèrent les vagues houleuses dont la crête écumante battait le flanc du navire ; son regard et sa pensée, perdus dans cette immensité d'eau, interrogeaient le fond de l'abîme ; et le souvenir des conversations de M. Paul, de ses récits sur les merveilles de l'Océan charmait son imagination et l'emportait sous les flots à la recherche des mondes inconnus qui célèbrent la puissance de Dieu dans leurs profondeurs incommensurables.

Quand on aperçut les blanches côtes de l'Angleterre et le terme prochain du voyage, Pierre songea à l'accueil peut-être froid et hautain que lui ferait lord Brightman ; à son isolement au milieu d'étrangers qui ne savaient point sa langue et parmi lesquels il n'avait point d'ami. Le courageux enfant prit alors la résolution de ne jamais se laisser dominer par les sentiments qu'il éprouverait, mais de régler sa conduite d'après le jugement de sa raison et les exigences de son devoir.

Cette détermination lui donna un grand calme.

Après avoir remonté la Tamise il arriva à Londres et trouva au débarquement une voiture de lord Brightman avec deux domestiques en livrée qui s'empressèrent d'enlever son léger bagage, et, après lui avoir demandé s'il lui plaisait de partir, ouvrirent respectueusement la portière.

Qu'aurait dit Marianne si elle avait vu son fils, dans cette belle calèche, escorté de laquais galonnés et emporté dans les rues de Londres par deux grands chevaux de race qui secouaient leurs têtes superbes, impatients du frein ? L'humble Pierre ne fut point ébloui. La simplicité de ses manières, qui reflétait comme un miroir la simplicité de son âme, donnait à ses paroles et à ses mouvements une aisance pleine de dignité. Il n'appréhendait point de se trouver jeté tout à coup dans la société d'un grand seigneur, lui le petit paysan de Polhay ; n'avait-il point vécu durant de longues années dans l'intimité de M. Demérans et de M. Paul ? Pourquoi craindrait-il de se trouver dans l'intimité d'un homme, environné de plus d'éclat extérieur sans doute, mais qui ne leur était supérieur par aucun côté?

La voiture s'arrêta du côté de Westminster, en face d'une fontaine ; quelques minutes après un personnage que Pierre n'avait point remarqué et qui se promenait de long en large, en causant avec un ami, vint se placer à côté de lui. Il commença par s'envelopper d'un grand manteau de fourrure qu'un des laquais lui présenta, donna ensuite l'ordre de partir, et ayant achevé de s'installer confortablement, lord Brightman, car c'était lui, tendit cordialement la main à son voisin, l'examina un instant des pieds à la tête, et comme s'il était satisfait de son examen, lui dit avec un sourire :

— Enchanté de vous voir, mon jeune ami, j'espère que le voyage ne vous a pas trop fatigué.

La conversation roula sur des sujets indifférents jusqu'à l'arrivée de la voiture à la porte d'un grand hôtel de West-end, quartier le plus aristocratique de Londres. Un laquais descendit et la porte s'ouvrant à deux battants, les voyageurs furent bientôt en face d'un perron recouvert d'une marquise dont les riches sculptures soutenaient un vitrage transparent comme le cristal.

— Conduisez monsieur à son appartement, dit lord Brigthman à un domestique, et prévenez miss Mary de mon retour.

Pierre aurait sans doute admiré la richesse de cet appartement s'il avait pu faire attention à autre chose qu'au sans-gêne parfait avec lequel son hôte l'introduisait dans sa maison. Est-ce familiarité, est-ce hauteur, se demandait-il ? Ce n'était ni l'un ni l'autre.

Je te confie tout à fait en secret une chose qui me fait de la peine et qui t'en fera aussi. M. Paul a du chagrin : il garde cela pour lui tout seul dans son âme et en souffre davantage. Pourquoi ne s'ouvre-t-il pas à mon père qui lui est si entièrement dévoué ? Il me semble que nous trouverions quelque moyen de le consoler.

J'ai risqué une allusion à cela un jour dans le parc, il m'a regardée avec une expression mélancolique et si résignée que j'en ai été toute émue, j'ai pris sa main dans les miennes et je l'ai serrée avec effusion.

— Chère enfant !... a-t-il murmuré, puis il a passé la main sur son front comme pour en chasser une pensée pénible et il a parlé d'autre chose. Je crois bien que notre affection le touche, il l'accepte, il s'y accoutume, mais il y a dans son âme une profonde blessure, de celles peut-être que le temps ne cicatrise jamais entièrement. Ne nous reste-t-il donc qu'à prier pour lui ? Espérons au moins que nos vœux seront exaucés et qu'un jour il sera plus heureux. Il le mérite tant !

On croit que M. Edmond a passé en Angleterre ; il serait singulier que tu le rencontrasses un jour dans les rues de Londres. Sa famille est désolée et honteuse. Le nom de voleur a quelque chose de si odieux !

Toutes nos bêtes vont bien ; ma *ménagerie* s'est augmentée d'un jeune lapereau que *Mylord* a déterré je ne sais où. Je m'en suis emparée avec l'intention fort généreuse, dit-on, de sauver la vie à cet innocent animal. Il boit du lait comme un petit chat et paraît reconnaître sa bienfaitrice. *Margot* est en bonne santé, elle bavarde et saute avec sa grâce ordinaire.

Il est peu convenable de placer Suzanne après *Margot* ; il faut pourtant te dire qu'elle vient en journée au château. Julie la trouve gentille et lui apprend à faire les robes ; ainsi aidée par tout le monde, ta protégée finirait par gagner sa vie facilement, mais il est question de lui faire apprendre un état. On l'enverra je crois à la ville en payant son apprentissage.

Ma cousine est très-contente d'Ursule, elle la trouve intelligente et modeste et s'attache à elle tous les jours.

Parle-moi un peu de miss Mary et aussi de tes autres amis, je doute que tu en aies à Londres de meilleurs qu'à Mérans, pour ne pas dire d'aussi bons.

Tu es devenu si grand que j'avais résolu de ne plus te tutoyer dans mes lettres, mais je viens de m'en souvenir tout à l'heure, juste au moment de finir celle-ci. Ce sera pour une autre fois.

Adieu. Papa et M. Paul t'embrassent.

Ta petite amie,

GABRIELLE.

CHAPITRE LXIV.

ÉCHANGE DE LETTRES.

Réponse de Pierre,

Je reçois votre lettre, Mademoiselle, au moment de partir pour Birmingham ; j'y veux cependant répondre tout de suite. Vous me feriez une peine infinie en cessant de me tutoyer, je ne crois pas avoir mérité ce chagrin. Pierre n'est pas si grandi que vous le croyez,

Lord Brightman veut te faire cadeau d'un magnifique fusil de chasse que nous avons admiré tous les deux dans une rue de la *cité*. Impatient de te l'envoyer, il a chargé l'armurier de l'expédier ce soir même, je ne pourrai donc l'essayer comme j'en avais le désir, mais je suis convaincu de sa perfection, et d'ailleurs nul doute que le noble lord ne me gratifie bientôt d'une arme pareille.

M. Henri Demérans est invité après sa sortie de Saint-Cyr à venir chasser dans les bois de *Long hills' stone* en compagnie de son ami et de quelques jeunes Anglais.

Je n'ose attacher aucune espérance à ce projet quand je songe aux bois de Mérans et à tout le bonheur qui t'attend au château, mais je suis heureux que lord Brightman le désire.

J'ai fait ces jours-ci une étrange rencontre, je revenais seul assez tard à l'hôtel par un clair de lune superbe, lorsque j'aperçus un jeune homme qui prenait le frais près d'un square en fredonnant d'un air qui n'avait rien d'anglais. Son allure insouciante, la vivacité de ses mouvements, ce je ne sais quoi qui partout fait reconnaître un Parisien m'intriguèrent. Je m'approchai du pas grave et mesuré d'un citoyen de Londres, et devine qui je reconnus ?...

... Victor Desnoyers, le peintre, camarade d'Arthur ! Nous nous embrassâmes, et sans souci d'effaroucher les statues solennelles qui semblaient défendre le silence de ce lieu, une vive et joyeuse conversation commença entre nous ; tout parlait : la bouche, le geste et jusqu'à la canne de Victor ; ajoute à cela que nous parlions très-haut et que nos éclats de rire, ce bon rire français qui part si franchement du cœur, devait scandaliser les nobles gentlemen de ce quartier aristocratique.

Aucun policeman cependant ne vint nous rappeler à l'ordre, seulement un groupe de passants s'arrêta à quelques pas de nous et j'entendis l'un d'eux dire à son voisin :

— Ce sont des Français, je les reconnaîtrais à leur *genre* au milieu de tous les autres peuples.

— Si j'étais *présenté*, ajouta un homme encore jeune, dans notre chère langue, j'irais de bon cœur leur serrer la main. Ils ont l'air si joyeux, et ils y vont si franchement que cela me tente.

— Entre Français vous n'y regardez pas de bien près ; allez-y donc !

Notre compatriote se contenta de nous envoyer un *bonsoir Messieurs !* que nous lui rendîmes chaleureusement et nous restâmes seuls.

Victor a entrepris les peintures d'un vaste hôtel qu'on bâtit non loin de nous, il en a pour longtemps et nous nous reverrons. Il m'a prié de le rappeler à ton souvenir et désire que tu ne le juges point d'après ses relations avec Arthur de Balley.

Je t'envoie un ballot d'ouvrages anglais et j'écris à Mérans par le même courrier. Adieu, mon ami.

Gabrielle à Pierre,

J'ajoute quelques lignes à la lettre de papa pour te parler plus en détail de beaucoup de choses qui t'intéressent. Mon oncle est tout à fait guéri, mais M. Paul vient d'être un peu malade. Papa a exigé qu'il demeurât au château. Il n'a point voulu de médecin et nous l'avons soigné de notre mieux d'après ses propres indications. Le voilà en convalescence, il se promène tous les jours avec moi et *Caro*. Papa ne le laissera retourner à la filature que lorsqu'il sera entièrement remis.

— Comment s'appelle votre grand-père, chère enfant, demanda Pierre ?

— Je ne sais pas, répondit la fillette, mais je le demanderai à papa et je vous le dirai. Les Français de Londres viennent tous dîner chez mon papa ; est-ce que vous n'y viendrez pas aussi ?

— Quelque jour peut-être, répondit Pierre en souriant.

Il se faisait tard. Les gouvernantes emmenèrent les enfants, et Pierre ayant aidé miss Mary à ranger ses joujoux, retourna avec elle à l'hôtel.

CHAPITRE LXI.

LES AIGUILLES A COUDRE.

Lettre de Pierre à sa mère.

Chère maman, M. Paul vous aura dit que lord Brightman, me comble de bontés, mais vous ne savez peut-être pas qu'il veut s'acquitter ainsi d'une vieille dette contractée en Crimée envers mon bienfaiteur. Un jour de grande bataille où Français et Anglais se sont trouvés ensemble, M. Paul a sauvé la vie à lord Brightman, et le riche seigneur ne sait comment lui en témoigner sa reconnaissance, c'est donc moi qui en reçois toutes les marques.

Je suis bien content que papa ait du plaisir à se reposer, je suis sûr qu'il est toujours dans son jardin autour de ses arbres et de ses vignes. Quel bonheur de revoir tout cela quand je reviendrai, mais ce ne sera point sitôt que je le désire ! Mes occupations s'accroissent tous les jours, et j'espère qu'il me sera bientôt possible de rendre véritablement service à lord Brightman. Sa confiance en moi est sans bornes, il remet en mes mains les affaires les plus délicates, jusqu'ici j'ai eu le bonheur de réussir à son gré. Il me charge ordinairement des voyages d'affaires après m'avoir donné des instructions si claires que l'homme le plus inhabile, rien qu'en les suivant de point en point, s'en tirerait avec succès.

Cependant, ma bonne mère, quand le soir tu récites tes prières au coin du feu, pense à ton fils absent et demande au bon Dieu de lui continuer sa protection.

J'ai déjà visité les principales villes manufacturières de l'Angleterre ; grâce à lord Brightman je suis accueilli comme un égal par les riches industriels ses compatriotes. J'en profite pour m'instruire, selon le conseil de M. Paul. Je suis maintenant assez accoutumé à l'anglais pour m'entretenir avec les ouvriers, la familiarité toute française avec laquelle je les aborde gagne leur confiance, et ils m'expliquent leurs travaux avec un empressement qu'ils ne montrent point à tous leurs visiteurs.

J'écris un mot à Paul Duraincy. Soyez assez bonne pour le lui remettre, il sera heureux de savoir ce qui se passe en Angleterre.

Adieu, ma bonne mère, je vous embrasse ainsi que papa, Ursule et mes frères, du meilleur de mon cœur.

Votre fils soumis et dévoué,

PIERRE.

A Paul Duraincy.

J'ai promis, mon cher Paul, de vous raconter ce que je verrais d'intéressant dans mon voyage, et je viens tenir ma parole pour vous prouver d'abord qu'elle est solide, pour vous montrer aussi que je ne vous oublie pas. Je retourne bien des fois près de vous chez M. Grandguillot assister par le souvenir aux conférences de mon maître bien-aimé. Je voudrais savoir si Nicolas a fini par mettre dans sa tête le nom de l'*oxygène*, vous le lui demanderez de ma part en lui souhaitant le bonjour. Je vous remercie de donner de l'ouvrage à la petite Suzanne ; j'espère que vous en serez content. Dites-lui que si elle continue d'être laborieuse et gentille nous lui ferons apprendre un état ; M. Paul en a déjà parlé.

J'ai pensé, mon cher Paul, qu'il vous serait agréable de savoir comment on fabrique une aiguille, ce petit objet délicat et si important que nos couturières perdent et cassent avec insouciance. On en fait beaucoup près de Manchester, et j'ai consacré une après-midi à examiner ce travail : pourquoi n'étiez-vous pas avec moi ! Ce regret m'est venu bien souvent.

Vous saurez d'abord que c'est une femme qui a l'honneur d'avoir inventé l'aiguille à coudre. Cela vous semble tout naturel, n'est-ce pas ? Quel est son nom? je l'ignore. Il n'est point venu jusqu'à nous.

Ce qui va bien vous étonner, c'est qu'une aiguille a besoin de passer entre les mains de quatre-vingts ouvriers pour être parfaite.

D'abord dans le premier atelier on change le fil d'acier en *aiguilles brutes*, on choisit les fils, on les calibre, on les décrasse, on les passe deux fois à la filière, on dévide le fil en écheveaux ; on coupe les écheveaux en deux pour en faire deux bottes ayant à peu près 0,66 centimètres de long ; il y a cent fils dans chaque botte, — suivez bien, — on coupe les faisceaux de cent fils en petits morceaux longs comme deux aiguilles.

Ici laissez-moi interrompre mon énumération pour vous dire que, chaque cisaille frappant 21 coups par minute, on coupe en dix heures 400,000 *bouts de fil*, c'est-à dire 800,000 aiguilles. N'est-ce pas merveilleux !

Je continue : on redresse ensuite les bouts de fil ; on en aiguise des deux bouts 50 ou 60 à la fois sur les meules de *dégrossissage* ; on coupe en deux ces fils aiguisés, on aplatit la tête des aiguilles et on les fait recuire ; un enfant perce chaque tête avec un poinçon, la retourne et la marque en frappant un second coup ; un autre enfant casse le petit morceau d'acier qui y reste ; un *évideur* fait la cannelure de la tête ; puis, d'un tour de main, on range plusieurs milliards d'aiguilles dans la boîte ; on *estampille* une marque sur chacune selon sa qualité, on les redresse une à une, et enfin on les replace dans la boîte. L'aiguille brute est terminée, elle a passé dans les mains de vingt ouvriers.

Nous allons voir à présent le *trempage* dans le second atelier.

Des paquets de 13 kilogrammes contenant 250 ou 500,000 aiguilles sont placés dans des boîtes : on en prend une poignée pour les ranger sur une plaque de tôle nommée *platine* ; cette plaque de tôle est ensuite posée sur le foyer d'un fourneau chauffé au charbon de bois, puis le même ouvrier jette les aiguilles dans une cuve d'eau, quelquefois dans un bain de plomb, dès qu'il les voit arriver au rouge cerise.

Un autre ouvrier les replace dans une boîte, il les

décrasse en les roulant en paquet sur la table et on les recuit. On les remet dans une boîte, on les redresse pour les ranger encore dans la même boîte.

Le *trempage* est fait.

Entrons dans le troisième atelier, nous y verrons le *polissage*.

Les aiguilles mêlées avec de petites pierres sont roulées dans un linge mouillé. On place ces rouleaux sur une table et au dessus, on fait tourner une table mobile chargée d'un poids de 50 kilos. Les aiguilles, ainsi tournées entre deux tables pendant dix-huit ou vingt heures, sont alors reportées à la fabrique.

Là, on les délie, on les met dans un tonneau plein de sciure de bois, lequel tonneau tourne jusqu'à ce que les aiguilles soient dégraissées. On les jette ensuite dans un vase de cuivre, puis un autre ouvrier les vanne pour faire partir la sciure de bois.

On les remet encore dans une boîte, on fait de nouveaux rouleaux qu'on tourne entre les deux tables, puis on les dégraisse et on refait ainsi huit à neuf fois les rouleaux pour tourner les aiguilles et les dégraisser ensuite ; enfin, aux derniers rouleaux, on remplace les pierres par du son, puis au bout de quelques heures, le *poli* est terminé et on délie les rouleaux. Mais ce n'est là que le *poli* ordinaire.

Prenez patience. Nous allons voir le *poli fin* ou *anglais*.

On recommence à faire des rouleaux d'aiguilles en y mêlant, cette fois, non des pierres ou du son, mais de l'*émeri*, quelquefois mêlé avec de la poudre de silex. — L'émeri est une poudre de fer très-dure. — On fait encore passer neuf fois ces rouleaux entre les tables, mais les trois dernières fois on remplace l'émeri et le silex par du son.

Est-ce tout ? Vous n'y êtes pas !

On délie les rouleaux, on essaie les aiguilles une à une sur un linge, on les sèche dans le tonneau avec la sciure de bois et on passe dans un autre atelier, l'atelier de *triage*.

Dans ce nouvel atelier on *affine*. Voici comment : 1° on *détourne* les aiguilles, c'est-à-dire qu'on met toutes les têtes du même côté. On les étale sur une table pour ôter celles dont les têtes sont brisées ou les pointes cassées. On redresse au marteau celles qui restent et on les sépare par longueurs.

Enfin on arrive au dernier atelier. Il s'agit de *faire les paquets*.

Un ouvrier pèse un petit tas d'aiguilles qu'on affine sur une petite meule. Un autre ouvrier coupe des carrés de papier bleus ou violets. Un enfant plie ces papiers en trois et en forme le premier pli ; un troisième ouvrier compte les aiguilles par cent et les met dans un papier qu'on achève de plier. Les paquets sont placés dans une boîte.

Un ouvrier déplie les paquets, prend les aiguilles, les bleuit et les affine encore sur une meule très-douce.

On les replace dans les papiers. On écrit sur chaque paquet un numéro à l'encre blanche, on timbre un de ses bouts et l'on réunit dix paquets en un seul qu'on lie avec du fil blanc ou du fil rouge.

Quand ce sont des aiguilles anglaises, on met sur les paquets des empreintes dorées, on les range par cinquante paquets dans quatre enveloppes ; on écrit sur la dernière quelle espèce d'aiguilles y sont renfermées et on y appose la marque du fabricant.

Quand il s'agit de les expédier, on les place par paquets de 50 mille dans des boîtes de fer-blanc bien soudées, lesquelles boîtes sont enfermées dans des tonneaux goudronnés.

Qu'en pensez-vous, mon cher Paul ? Un pareil travail n'est-il point capable de nous inspirer un profond respect pour l'aiguille ; j'avoue qu'après avoir suivi toutes les opérations qu'elle doit subir, je n'en rencontrerai plus une seule par terre sans la ramasser avec un grand soin.

Il est temps d'achever cette longue lettre, écrivez-moi un mot, j'aurai du plaisir à apprendre toutes les nouvelles du pays et aussi celles des champs et de la filature. Je vous serre la main avec amitié et suis

Votre toujours bien dévoué,

PIERRE DUMONT.

CHAPITRE LXII.

NOUVELLES DE MÉRANS.

Gabrielle Demérans à Pierre.

Nous avons eu Henri quelques jours et voilà pourquoi, mon cher Pierre, je ne t'ai pas répondu tout de suite. Mon frère a beaucoup grandi, il a pris aussi une tournure martiale, un air plus sérieux et une expression assez grave qu'on est très-étonné de rencontrer sur son joyeux visage.

Papa en est très-content, il dit qu'Henri devient un homme et que cette expression un peu sévère sur sa physionomie annonce qu'il a lutté contre lui-même pour dominer par sa volonté les emportements de son ardente nature. M. Paul aussi est très-heureux de ce changement. Il dit qu'un homme ne vaut que par son caractère et que le caractère doit être trempé comme l'acier, c'est-à-dire avoir une solidité à toute épreuve. Henri a voulu revoir ses soldats, il les a tous embrassés et nous avons eu un goûter superbe dont votre très-humble servante a fait les honneurs, et où vous manquiez, M. Peter (1), car nous nous sommes beaucoup amusés.

Je crois que tous ont été frappés de l'air sérieux d'Henri, peut-être aussi de sa grande taille, car j'ai observé que ses soldats, tout en l'aimant comme autrefois, lui parlent avec un grand respect, malgré la familiarité avec laquelle il les traite toujours.

Henri m'a confié que tes lettres et ton amitié l'aident beaucoup à réformer son caractère et à le régler; cela me fait bien plaisir, mais il y a une chose qui me tourmente: si vous continuez tous les deux à devenir si sages et à *mûrir*, comme dit papa, moi qui ressemble encore beaucoup à une petite fille, je finirai par n'être plus à votre hauteur, et la pauvre Gabrielle restera toute seule en arrière.

J'oubliais de te dire que les *de Balley* sont encore venus au moment où nous allions faire une promenade à cheval. Henri, cette fois, a été très-poli, même aimable pour ces dames et pour Arthur. Mon cher et bon petit frère! Quand la visite a été partie, papa l'a embrassé avec un bonheur qui a consolé Henri de ses efforts et nous a encouragés tous deux à devenir patients.

(1) Nom anglais de Pierre.

Nous t'aimons bien, va, papa et moi, pour la grande part que tu as dans les qualités d'Henri. On pourrait presque les appeler des vertus, ses qualités, puisqu'il a beaucoup de peine à se tenir calme et à dompter ses premiers mouvements, et que vertu veut dire force en latin.

Nous avons souvent parlé de toi avec notre cher Saint-Cyrien ; M. Paul nous a dit que tu es demeuré aussi humble et aussi modeste qu'autrefois à Polhay, que ta belle position et la grande société que tu vois ne t'ont pas un instant étourdi. Cette réflexion a fait sourire Henri, ce qui nous a fait penser qu'il est très au courant de tes pensées.

Papa a répondu que ta simplicité est à ses yeux une grandeur préférable à celle que donnent la fortune et la naissance et qu'il t'estime beaucoup plus que bien des nobles et des riches, très-fiers de leur nom ou de leur fortune. Et toi, ma fille ? a-t-il demandé.

J'ai déclaré qu'Henri et moi étant de très-mauvais juges dans ta cause ne devions pas être consultés.

Mais je parle toujours de nous comme une égoïste et j'oublie de te dire qu'Ursule va entrer au Sacré-Cœur la semaine prochaine. C'est papa qui a choisi cette pension parce que la supérieure est une de nos cousines. Cette bonne rencontre a fait grand plaisir à Marianne.

— Autre chose maintenant : mais il ne faut pas que tu en sois satisfait, car la vengeance est un vilain péché que le bon Dieu punit sévèrement tôt ou tard ; je te fais cette recommandation parce que j'ai failli moi-même être très-contente d'un grand malheur qui est arrivé à Mme Richard. Henri aussi a eu toutes les peines du monde à ne pas en rire. Heureusement il s'est souvenu qu'il est chrétien et que l'Évangile nous dit de pardonner.

Qu'est-ce donc, me diras-tu, après une si longue préface ? M'y voici : M. Edmond qui, depuis six mois, est devenu premier clerc dans son étude, s'est enfui vendredi dernier, emportant de très-grosses sommes. Impossible d'exprimer la confusion de sa mère et le chagrin de M. Richard. Quinze jours auparavant, ce dernier suppliait mon père de confier la caisse de la filature à son fils, parce que M. Hamon, le premier caissier, vient de partir. Elle eût été en bonnes mains !

Le pauvre M. Richard se souvenant de cette prière craignit que papa ne le crût capable d'avoir demandé cela de complicité avec M. Edmond, pour aider ce malheureux à commettre un vol plus considérable. Il est venu au château tout troublé ; papa lui a dit qu'il n'avait point eu de lui cette mauvaise idée et qu'il ne songeait point à le remplacer.

Mais le plus beau de tout cela, c'est que M. Paul, dès qu'il eut appris la fatale nouvelle, s'en alla tout droit chez M. Richard pour le consoler et l'aider de ses conseils dans cette triste affaire. Tu sais combien Mme Richard déteste notre ami et tout ce qu'elle a mis de méchancetés en circulation sur son compte, et le procès Rapin qui les a tant humiliés. Eh ! bien, M. Paul vient de se venger en se montrant leur premier ami ! Quant aux gens de Polhay, ils sont enchantés d'être enfin débarrassés de ce *petit scélérat d'Edmond*, et ils rient de *cette pierre tombée sur le nez de M. Richard.* Émile et Robert me l'ont répété, papa le savait déjà par Éloi.

La visite de M. Paul a produit cependant un grand effet sur les hommes de ses conférences ; ils comprennent qu'il faut aimer tout le monde, même ceux qui ne sont pas très-bons, et surtout pardonner. M. le Curé dit que M. Paul est un admirable chrétien, il fait tout simplement des actions que les autres trouvent héroïques. Oh ! combien nous voudrions le voir heureux ! mais il semble sous le coup de malheurs de famille dont il ne parle jamais et auxquels nous ne pouvons rien.

Adieu, mon cher Pierre, ne dis pas à miss Mary que je suis si bavarde, elle croirait que les petites Anglaises valent mieux que nous et je suis sûre que c'est le contraire.

Ton amie,

GABRIELLE.

CHAPITRE LXIII.

UN AMI.

Il n'y eut pendant plusieurs années d'autres relations entre Pierre et ses amis que des lettres fréquentes ; même le voyage d'Angleterre tant de fois promis et sérieusement résolu ne put avoir lieu, il fut empêché par une maladie du général qui vint passer à Mérans le temps de sa longue convalescence, ayant besoin, disait-il, plutôt d'affection que de remèdes.

Puis vinrent les malheurs de la France, les angoisses et les désolations qu'ils causèrent dans toutes les familles. Les élèves de l'école militaire ne furent pas les derniers à voler au secours de la patrie en danger, et parmi ces nobles jeunes gens, Henri Demérans brilla au premier rang.

« Oh ! cette fois, écrivait-il à son père en lui demandant sa bénédiction avant de courir au péril et peut-être à la mort, cette fois, cher papa, je lâche la bride à tous les emportements de mon indignation, de ma colère, de ma douleur ! je vais combattre de toutes mes forces, tant qu'il me restera un souffle de vie et, je le sens, malheur à qui se trouvera sur mon chemin. Car aujourd'hui ce n'est point pour la gloire que nous prenons les armes avant le temps, c'est pour la France notre chère patrie.

Prie pour ton frère, ma Gabrielle bien-aimée, et s'il succombe, console papa ; au moins il pourra se souvenir de son fils avec fierté, je serai digne de mon nom. Plusieurs de mes camarades et moi avons passé une partie de la nuit chez notre aumônier, il nous dira demain la messe de bonne heure. Nous *sommes prêts* et je vous assure que nous serons terribles. Pierre m'écrit qu'il arrive, n'en dites rien à sa mère. »

Après les désastres inouïs de cette malheureuse guerre, le noble jeune homme rentrait à Saint-Cyr décoré et portant la cicatrice d'une glorieuse blessure. Pierre, son frère d'armes, l'avait reçu dans ses bras sur le champ de bataille et s'était ensuite battu *pour deux*, selon sa vigoureuse expression, mais, lui, ne fut point blessé, et après un court repos à Polhay il retourna en Angleterre, c'est à cette époque que nous reprenons notre histoire.

Pierre à Henri Demérans,

Mon cher ami, oui, notre amitié a vieilli et s'est fortifiée sur les champs de bataille, et puisque *tu* crois que l'expression en sera plus cordiale si je supprime le *vous*, il y aurait mauvaise grâce à n'y point consentir.

CHAPITRE LX.

MISS MARY.

Les jours suivants furent consacrés à la visite des principaux monuments de Londres. Le nouveau palais de Westminster excita l'admiration de Pierre ; ce vaste édifice, chef-d'œuvre d'architecture gothique, a coûté 75 millions. Malheureusement il est situé sur le bord de la Tamise, dans un des bas-fonds de la ville et l'humidité détériore cette merveille de l'art. On pourrait ajouter que les émanations malsaines et fétides qui montent du fleuve pendant l'été ne doivent pas laisser que de gêner beaucoup messieurs les membres du Parlement. Les anciennes églises catholiques livrées au culte protestant parurent à Pierre d'un froid glacial, malgré leurs magnifiques vitraux et leur belle architecture.

Miss Mary, blonde petite fille de 13 ans, voulut faire elle-même à l'hôte de son oncle les honneurs de Hyde-Park (1). C'est le bois de Boulogne des Anglais. La nièce de lord Brightman l'affectionnait particulièrement, car elle rencontrait là plusieurs enfants de son âge avec qui elle pouvait jouer pendant de longues heures.

(1) Hyde-Park est un parc magnifique situé aux portes de Londres comme le bois de Boulogne aux portes de Paris.

Pierre se promena dans les somptueuses allées d'Hyde-Park au milieu des riches ladies et des élégants gentlemen, il n'osait comparer à cette promenade royale les humbles bois de Mérans ni même la majestueuse forêt de Malmifay. Cependant il eût donné toutes les richesses de Londres pour retrouver les innocentes joies de son enfance et la douce retraite où se cachait sa vie d'autrefois.

Quand il rejoignit miss Mary, la petite fille était fort occupée d'une partie de cache-cache à laquelle prenaient part de charmantes compagnes toutes blondes comme elle, avec des joues roses et fraîches et des yeux bleus, doux et souriants.

— Il faut que je vous fasse connaître mes amies, monsieur Pierre, dit la petite. Tenez, celle-ci c'est Eveline, elle a 11 ans, son père est notre voisin de campagne. Voici Anny, Betzy, Kate, et toi, Paulina, viens donc ! celle-ci est notre favorite, elle a 7 ans. Croiriez-vous, master Peter, qu'elle n'a point de pays ? Je veux dire qu'elle n'est pas anglaise.

— Je suis du pays de papa, dit la petite en regardant Mary d'un air peu satisfait.

— Oui, mon ange, mais ton papa est de Paris et tu es née à Londres, et ta maman est américaine, n'est-ce pas Eveline ?

L'enfant ainsi appelée en témoignage fit un signe d'assentiment. Mary continua : Paulina parle très-bien le Français. Dis quelque chose à Monsieur, ma chérie, il est Français comme ton père.

La petite regarda Pierre avec amitié.

— J'aime beaucoup la France, dit-elle d'une voix douce, et beaucoup les Français ; j'ai un cher grand-père que j'irai voir un jour et qui sera bien content d'embrasser sa petite Lina.

Lord Brigthman, toujours pressé, par la raison qu'il s'imposait le travail de quatre personnes, n'avait ni le temps ni le goût de faire des cérémonies, et une chose qui venait de le charmer dans ce qu'il croyait avoir deviné du caractère de Pierre, c'est que le jeune homme ne paraissait point attacher plus d'importance que lui aux politesses de pure forme dont l'usage semble faire une loi.

« Qu'il se considère ici comme chez lui, pensait le noble lord, et qu'il s'y accoutume tout de suite, voilà ce que je désire. »

— Un domestique vint bientôt frapper à la porte de Pierre.

— Milord m'ordonne de dire à Monsieur qu'il sera dans son cabinet jusqu'à l'heure du dîner. Si Monsieur veut bien me donner ses ordres, c'est moi qui ai l'honneur d'être attaché à son service.

— Comment vous appelle-t-on ?

— Tony, s'il plaît à Monsieur.

— Eh bien, Tony, dites à milord que dans un moment je serai près de lui.

Le domestique s'inclina et sortit.

Pierre changea ses habits de voyage et se fit conduire au cabinet de lord Brightman. Celui-ci lui montra un siége.

— Ainsi vous êtes le fils de mon ami, M. Paul ?

— Son fils adoptif, milord, son élève, tout ce qu'un homme de cœur peut être à l'égard du plus noble et du plus généreux des bienfaiteurs.

— Vous a-t-il dit tout ce que je lui suis, moi ?

— Non, milord ; il m'a parlé de votre courage sur le champ de bataille, de vos généreuses entreprises pour améliorer le sort des ouvriers, de l'estime toute particulière qu'il a pour vous, mais de rien autre chose.

— Je veux pourtant qu'on le sache, moi ! s'écria le riche Anglais, en frappant sur la table ; je le dis à tout le monde ! Regardez, jeune homme, ce tableau.

Le tableau représentait une bataille : un régiment anglais faisait une charge désespérée. Un médecin français, intrépide sous les balles, relevait avec l'aide d'un soldat un capitaine blessé que les chevaux allaient fouler aux pieds.

— Ce capitaine c'est moi, voyez-vous ! Il m'a relevé sous les pieds des chevaux et emporté sur ses épaules à son ambulance. Je lui dois la vie ! Rien que cela ! Et il refuse de partager ma fortune, il ne veut pas même venir ici passer quelques mois chaque année près de son vieil ami, quoi qu'il soit comme moi sans enfants.

— Des enfants, milord, il en a ; je lui en ai laissé deux, mademoiselle Demérans et son frère Henri qui l'aiment comme un second père.

— Qu'il soit heureux alors ! dit lord Brightman. Il le mérite, et personne ne le désire plus que moi.

La cloche du dîner se fit entendre, lord Brightmann se leva sur-le-champ, ponctuel en cela comme en toutes choses. Il présenta Pierre à sa nièce miss Mary et à l'institutrice de la jeune fille, dame française d'une trentaine d'années, et on se mit à table.

et rien ne lui fera oublier que vous êtes sa première protectrice, qu'il vous doit son éducation, sa fortune, l'amitié d'Henri, tout ce qu'il a de bonheur en ce monde. Qu'il vous plaise donc aussi de vous souvenir de tout cela et de ne point commencer aujourd'hui à lui parler comme à un étranger.

Que je vous conte deux aventures arrivées le même jour à Victor Desbruyères :

Nous passions devant un *work-house* ; c'est une maison de refuge pour les pauvres ; ils y sont très-maigrement secourus, mais enfin, faute de mieux !... Un pauvre vieillard se présentait hâve et décharné à la porte de cette maison, un gardien le repousse avec dureté, et lui montrant une grosse voiture qui passait :

« Vous feriez mieux, lui dit-il brutalement, d'aller vous faire écraser sous les roues de cette charrette. »

L'infortuné dans son désespoir allait suivre ce conseil lorsque Victor indigné l'arrête, tombe à coups de canne sur le gardien qu'il assomme en lui prodiguant les épithètes les plus méritées d'ailleurs et dont je vous épargne la citation. Puis il emmène son vieillard, le fait manger, intéresse à lui le riche propriétaire de l'hôtel qu'il peint, obtient une petite rente de M. Brightman et, en quelques jours, fait passer cet homme d'une misère horrible à un bien-être relatif. Le vieillard est assuré d'une somme égale à 30 sous par jour ; il est bien heureux.

Le soir de sa rencontre avec le vieillard du *work-house*, Victor passait nonchalamment dans une rue à côté de laquelle se trouvait un escalier qui conduit à une autre rue très-basse. Tout à coup un chien se précipite sur lui et lui enfonce ses crocs dans les jambes. Notre Parisien vous attrape l'animal par la peau du cou et le lance par dessus le parapet qui sépare la rue de l'escalier. Je ne sais quelle loi permet aux chiens de mordre les hommes sans laisser à ceux-ci le droit de se défendre, toujours est-il que Victor eut un procès-verbal pour ce *mauvais traitement* infligé à un chien qui l'a mordu.

— En voilà un pays ! disait notre Parisien, et des lois ! Est-ce la Chine ou l'Angleterre ?

Tandis qu'il s'exclamait de la sorte, un vieillard lui posa la main sur l'épaule :

— Mon jeune ami, lui dit-il, je suis membre de la *Société protectrice des animaux*, permettez que je la justifie... Nous allons nous entendre, j'en suis sûr :

Il vous déplaît, n'est-ce pas, de voir un charretier brutal, à moitié ivre souvent, maltraiter de pauvres chevaux qui succombent sous une charge écrasante et les accabler de coups parce qu'ils ne peuvent plus marcher. Vous trouvez ce spectacle immoral, cruel ; votre cœur et votre raison réclament à la fois contre la férocité de l'homme qui rend une bête innocente victime de son aveugle colère. Me suis-je trompé ?

— Non, Monsieur, la barbarie me révolte ; je trouve que l'homme qui maltraite un animal sans défense mérite une punition sévère. Bien plus, je pense, comme les Spartiates, que cet homme est un être méchant dont la société n'a rien de bon à attendre. Mais le chien que j'ai jeté par-dessus la rampe m'avait bel et bien mordu, j'en ai la preuve sur ma jambe...

— Je vous crois sans preuve. Mais dites-moi, n'eût-il pas mieux valu vous défendre par les moyens légaux plutôt que d'invectiver contre une *institution* que non-seulement vous approuvez, mais à laquelle vous donnez toutes vos sympathies. Vous serez condamné à 25 fr. d'amende. Voulez-vous que je vous les rembourse ?

— Non, Monsieur, je puis encore donner 25 fr. par amitié pour les animaux.

— Alors, permettez que je sois votre témoin dans le procès, car cette amende serait injuste.

— J'accepte bien volontiers, Monsieur, je serai trop heureux que cette petite affaire me procure l'honneur de faire votre connaissance.

— Ah ! jeunes gens ! dit le vieillard, la tête est vive, mais le cœur est bon.

C'est ainsi que Victor a obtenu l'amitié de lord Seymour, membre du Parlement, un des hommes les plus respectables des trois royaumes.

Miss Mary devient une grande demoiselle qui ne joue plus à cache-cache dans Hyde-Park, elle commence à parler assez bien le français. Dans quelques jours lord Brightman l'emmènera à Longhill'stone et je resterai seul à Londres. A bientôt une plus longue lettre. La voiture m'attend.

Votre à jamais dévoué,

PIERRE DUMONT.

Lettre de M. Paul à Pierre.

Mon cher enfant. Je ne réponds pas à chacune de tes lettres, mais elles me font toujours plaisir, continue de m'écrire avec la même régularité. Continue non-seulement de me dire ta vie extérieure, mais de me découvrir ton âme et ton cœur comme par le passé. Ta docilité jointe à ma vieille expérience pourra t'épargner bien des faux pas, bien des douleurs aussi.

Je ne devine pas le motif de ton antipathie pour le jeune Greenwood, il ne faut point te persuader cepen_ dant qu'elle n'a point sa raison d'être. C'est une erreur de croire qu'on s'aime ou qu'on se hait à première vue sans savoir pourquoi.

Notre intérêt toujours est plus ou moins en jeu dans ces attraits presque instinctifs et dans ces répulsions. Il importe d'en connaître la cause, si cachée soit-elle, et nous pouvons la découvrir après un examen sincère. Une fois la cause découverte, il faut la juger, et si on la trouve injuste, arracher impitoyablement de son cœur les sentiments qu'elle y excite.

M. Greenwood ne t'a fait que des politesses, mais il tranche du grand seigneur, parle sans cesse de son vieux manoir pour rappeler l'ancienneté de sa race, change de gants trois ou quatre fois par jour, fait le connaisseur en industrie et en chevaux, deux choses très-chères à lord Brightman, et enfin paraît avoir à cœur d'éblouir la société par ses traits d'esprit. Tout cela te déplaît, cherchons pourquoi. Ne serait-ce pas le secret dépit de n'avoir rien à opposer au manoir de Greenwood, ou de te voir un peu éclipsé, toi l'homme aux sérieuses pensées, par les saillies brillantes, les bons mots, la mise recherchée de ce jeune élégant ? Quand une antipathie se déclare sans motif, il faut toujours la mettre au compte de notre amour-propre. Or, mon enfant, il ne faut pas que l'amour-propre soit en rien ton guide, il ne tarderait pas à te pousser hors du droit chemin. Sois un homme, c'est-à-dire une âme forte et noble qui n'obéit qu'à la voix de Dieu et à la voix de sa raison.

M. Greenwood paraît vouloir s'immiscer dans la confiance et dans les affaires de lord Brightman plus qu'il ne te convient, mais puisque cela ne change en rien ta position, qu'à Londres comme à Longhill'stone tout le monde continue de voir en toi l'*alter ego* du noble lord, laisse faire M. Greenwood, et, comme tu n'es point chargé de corriger ses défauts ni ses travers, traite-le comme un indifférent à l'égard duquel on est tenu de se montrer très-poli et même obligeant.

Voilà, mon enfant, les plus sages conseils que je te puisse donner ; souviens-toi qu'on ne perd jamais rien à se montrer bon et bienveillant pour les autres. La grande loi de charité inscrite à toutes les pages de l'évangile est l'unique secret de la sagesse et du bonheur de notre vie.

Aimons donc le prochain comme nous-même, les fruits de cette conduite et de cet amour sont infiniment doux.

Adieu, mon enfant.

Henri Demérans à Pierre,

Mon cher ami, j'ai quitté Saint-Cyr et me voici enfin officier pour tout de bon ; mes rêves d'enfant sont réalisés, ceux de mes petits camarades, devenus des hommes et bientôt des soldats, le seront aussi, je l'espère ; ils désirent vivement d'entrer dans ma compagnie et mon oncle leur promet sa protection pour l'accomplissement de ce dessein.

Tu trouveras bien des choses nouvelles autour de nous quand tu reviendras. Papa vient d'acheter quelques coins de terre autour de son moulin de Beaupré, et, sans détruire le moulin, on restaure les bâtiments de la vieille ferme qui est à côté, pour en faire des remises et servir d'écurie à une grande filature dont M. Paul dirige la construction. Cette filature est destinée aux ouvriers des villages voisins que papa ne pouvait occuper à Mérans. Ceux de Polhay sont bien contents parce qu'il y aura une école à Beaupré et un asile pour les petits enfants. M. Paul et papa ne sont pas les moins heureux. Ce cher papa nous répète qu'on n'a pas le droit de jouir de sa fortune en égoïste et qu'il faut l'employer pour le bien des autres, aussi met-il bien en pratique ce noble précepte.

Il y a déjà à Beaupré un joli jardin dans lequel M. Paul a placé des ruches. On lui a fait construire un petit pavillon où il y a quatre pièces. La plus grande lui sert de bureau. Il appelle ce pavillon sa maison de campagne, mais je crois qu'il préfère de beaucoup habiter la maison de Polhay), parce qu'elle domine toute la vallée et qu'il aime avoir un vaste horizon.

On va faire un grand chemin, le plus droit possible, entre le bois et la rivière pour relier les deux filatures, et peut-être établira-t-on un petit télégraphe afin d'éviter beaucoup de courses. Papa et M. Paul ont de grands projets, ils les réaliseront, j'en suis sûr. Ils sont encouragés d'ailleurs par la reconnaissance et la joie des ouvriers qui viennent souvent visiter la nouvelle construction. Ainsi tu vois que Mérans est très-animé en ce moment. Les jours passent vite, et paraissent trop courts même pour moi qui ne fais pas grand-chose.

Tu n'auras aujourd'hui que ce billet, mais Gabrielle t'écrira demain.

Adieu, mon ami.

CHAPITRE LXV.

LA NOUVELLE FILATURE.

Un groupe de paysans stationnait au bas de l'abrupte montagne qui mène à Polhay ; non loin d'eux, en face du tertre élevé sur lequel repose le calvaire du village, des jeunes gens endimanchés causaient gaiement.

— Ah ! le voici, enfin ! dit tout à coup Grandguillot l'aubergiste, en apercevant un homme en blouse qui arrivait d'un pas pressé, tu nous as fait bien attendre, Nicolas !

— Bonjour les amis ! répondit le nouveau venu, je suis en retard, c'est vrai, et vous m'en voyez tout fâché. C'est bien honnête à vous de m'avoir attendu.

En disant ces mots, Nicolas rajusta son bonnet de coton, dont la pointe ornée d'une bouffette élégante s'obstinait à voltiger sans cesse du côté de son nez. Et, de fait, il eût été dommage que la bonne et franche figure de Nicolas et ses petits yeux vifs, tout pétillants d'innocente malice, eussent été longtemps cachés par le vénérable appendice de son *casque à mèche*. On lisait toutes sortes d'excellentes choses sur ce visage d'honnête homme.

Les villageois traversèrent une petite plaine onduleuse, coupée par un ravin, et descendirent un sentier escarpé qui les conduisit rapidement à Beaupré. Au moment où ils entraient dans le grand chemin, laissant à droite un chêne centenaire, ils se trouvèrent face à face avec M. Paul, le directeur de la filature de Mérans.

Toutes les casquettes furent tirées et M. Paul, ôtant son chapeau, leur dit en riant :

— Vous venez voir à quoi nous en sommes et si nos constructions avancent, c'est bien, mes amis ; je ne serai pas fâché de savoir ce que vous en pensez.

— Sans vous contredire, M. Paul, reprit Mathurin, nous venons surtout pour autre chose, mais puisque vous le permettez, ce sera avec plaisir que nous visiterons ces grands bâtiments.

Tandis que les hommes pénétraient l'un après l'autre dans les vastes ateliers de la nouvelle filature, la jeunesse qui les suivait à distance s'en alla tout droit vers la porte du jardin, et après avoir franchi une longue allée bien sablée et de chaque côté bordée de fleurs, arriva enfin dans une prairie où elle fit halte.

Cette prairie enclose de haies vives est arrosée par une rivière profondément encaissée et sillonnée en tous sens par des ruisseaux limpides où s'ébattent de joyeux canards. Des arbres fruitiers couverts de fleurs promettent pour l'automne une abondante récolte. Les saules penchent sur la rivière leurs rameaux échevelés, et, sur l'autre rive, une longue rangée de peupliers tristes livrent au vent leurs feuilles tremblantes dont le bruissement fait une sourde musique.

— Asseyons-nous près de la *fontaine des moines*, dit un grand jeune homme, ils seront peut-être longtemps à venir.

Chacun prit place sur l'herbe nouvelle. Quelques gamins s'amusèrent à descendre les marches usées de la fontaine pour boire dans le creux de leur main l'eau pure de la source.

Cette fontaine se trouvait autrefois dans le réfectoire d'un vieux monastère dont on voyait encore les ruines il y a cinquante ans. Aujourd'hui, sauf les murs épais de la maison qui ferme le jardin à gauche, il ne reste plus rien de l'antique monument ; les pierres elles-mêmes ont été vendues et dispersées. On en retrouve dans tous les villages voisins. Si vous regardez à fleur de terre au-dessus des fondations d'une chaumière, vous apercevrez souvent quelque pierre blanche ornée de moulures qui se détache par son éclat disparate dans la muraille de torchis. C'est une pierre de l'abbaye encadrée là par le goût bizarre d'un paysan, peut-être aussi par une inspiration meilleure.

Les moines de Cîteaux anciens possesseurs du monastère, étaient la providence des malheureux. Le souvenir de leurs bienfaits s'est perpétué dans le souvenir du peuple comme aussi la mémoire des fêtes splendides qu'on célébrait dans la grande église.

Les vieillards de la contrée racontent avec enthousiasme les belles processions qu'ils suivaient dans leur enfance, vêtus d'habits de fête, au bras de leur mère. Et les Noël joyeux dont ils faisaient retentir les rues quand la cloche sonore de l'abbaye annonçait la fête populaire ! Et la messe de minuit solennelle, douce et grave, où il y avait tant de monde que Polhay restait désert, éclairé seulement par le pâle reflet de la bûche de Noël enterrée sous la cendre. Que de fois ces récits ont captivé nos jeunes oreilles ! Les vieillards ont une manière de conter qui me charme toujours. Les scènes qu'ils décrivent prennent vie sous leur parole. Le spectacle s'anime. Les acteurs sont des hommes dont la famille vous est connue. Les moindres détails sont pleins d'exactitude, on sent que l'historien était là et qu'il jouait un rôle. Combien de légendes du vieux couvent ont fait la joie de nos soirées d'hiver !..

Mais il n'est plus temps de songer aux légendes, voici M. Paul et sa compagnie qui viennent à nous.

— C'est surtout pour vos mouches que nous sommes venus, disait Mathurin, nous ne sommes pas bien au courant de la manière dont il faut administrer ce petit monde-là et quelques-uns de nous ont des paniers.

M. Paul. — Entre autres Paul Duraincy, qui a la cruauté de faire mourir ses abeilles pour s'emparer de leur miel. Que pensez vous d'un tel moyen employé par un homme intelligent ?

Nicolas. — Ça ressemble un peu à un particulier de notre pays qui abattait ses arbres pour cueillir leurs pommes. Le pauvre diable ! Il ne faut pas trop en rire, car sa tête déménageait. Mais nous, Monsieur, si nous faisons pareil, c'est faute de savoir mieux !

M. Paul. — Alors je suis bien aise de pouvoir vous enseigner une méthode à la fois plus lucrative et plus douce de tirer parti de vos abeilles.

Voulez-vous que je commence par l'histoire de ce laborieux insecte ? Il est toujours bon de connaître ceux qu'on doit gouverner.

Nicolas. — Vous avez bien raison, Monsieur ; m'est avis qu'on devrait mettre cette parole-là dans le journal pour que les gouvernements la lisent et en fassent leur profit.

Paul Duraincy. — Si Nicolas se met à parler politique, ça ne sera pas fini tout de suite !

M. Paul, *riant*. — Nicolas a donc ses idées sur la politique ?

Paul Duraincy. — Je le crois bien ! Monsieur ; depuis la faillite de M. Filand, il ne veut plus gouverner que des honnêtes gens, il faudrait envoyer tous les autres à Cayenne. Dieu sait s'il y en aurait !

François. — Ma foi! Nicolas est bien payé pour souhaiter qu'on débarrasse la France de tous les voleurs!

M. Paul. — Que lui est-il donc arrivé?

Mathurin. — Un mauvais tour qui mettrait tout le monde en colère à sa place. Nicolas avait 3,000 francs de placés chez M. Filand, le notaire. On croyait cet homme-là bien riche: chevaux, voiture, chiens de chasse, il faisait un embarras!.. Bref, à force d'éblouir le monde, il a attrapé de la confiance, l'argent est venu, et, quand la somme lui a paru assez forte, le Filand a filé, et ce pauvre Nicolas en est pour ses 3,000 francs. On ne peut pas dire que c'est agréable!

M. Paul. — C'est au contraire un grand malheur, et je plains sincèrement Nicolas d'être une des victimes de ce misérable.

Nicolas. — Si j'étais gouvernement, Monsieur, j'obligerais tous ces scélérats de banqueroutiers à porter sur la tête un bonnet vert, qu'ils n'auraient jamais le droit de quitter même dans l'été. Ce serait le signe de leur confrérie et un avertissement pour les ignorants comme moi qui se font souvent plumer par ces beaux Messieurs de la ville.

Cette idée-là n'est pas de moi, mais elle vient d'un paysan qui a de l'esprit, lui, puisqu'il écrit dans un journal.

M. Paul. — Cette idée n'est pas mauvaise quoiqu'elle soit difficile à exécuter. En punissant par la honte, on ranimerait dans le cœur des hommes le sentiment de l'honneur qui s'affaiblit et se dénature. Mais vous ne verrez point de sitôt, Nicolas, le bonnet vert sur la tête des banqueroutiers.

On arrivait à un verger entouré de haies vives. Des parfums s'échappaient de partout. Les prés verts formaient un immense bouquet varié des plus riches couleurs et des myriades d'abeilles prenaient leur vol vers ce champ fleuri qui leur offrait une abondante moisson.

CHAPITRE LXVI.

CAUSERIE.

Le rucher de M. Paul était à l'est du verger. De la sorte, ses abeilles n'avaient à redouter ni les ouragans du nord, ni les trop grandes chaleurs du midi. Une trentaine de ruches placées à une petite distance les unes des autres au bord d'une allée couverte de sable se présentèrent aux regards curieux de nos paysans.

— Mon banc ne suffira point pour nous tous, mes amis, dit M. Paul. La jeunesse peut s'asseoir sur le gazon, mais auparavant, allez, mes enfants, prendre une grosse planche parmi celles qui sont dressées contre le mur de la filature, et apportez-là ici. Nous l'appuierons d'un bout sur le banc, et de l'autre sur quelques-unes des grosses pierres que vous voyez là.

Les gamins coururent et rapportèrent bientôt sur leurs épaules la planche demandée. Chacun prit place sur le siége rustique et M. Paul allait commencer son récit lorsque des cris lamentables se firent entendre, c'était la voix d'un petit garçon. Une troupe d'oies effarouchées y répondait par les plus forminables *can ! can!* Médor, le chien de basse-cour, crut nécessaire de joindre sa voix à ce concert. Mathurin se leva pour aller faire une reconnaissance à l'endroit du tapage, mais un gamin de huit ans, Camille, fit tout à coup son entrée dans le jardin, tenant d'une main la jambe de son pantalon déchirée en trois parties et de l'autre frottant ses yeux pleins de larmes.

— Qu'y a-t-il, Camille ? dit un jeune homme.

— C'est *Michel*, répondit le gamin en pleurant de plus belle, il a voulu m'empêcher de passer et il m'a mordu et déchiré.

Ce disant Camille montra sa jambe où Michel avait fait plaie. Il faut dire ici que ce scélérat de Michel était un grand *jar* qui détestait particulièrement les petits garçons, parce que deux ou trois gamins avaient jeté des cailloux à ses oies.

Nous punirons Michel en l'emprisonnant de l'autre côté de la prairie, dit M. Paul en souriant, mais aussi, à la première occasion, nous lui livrerons les petits mauvais sujets qui l'ont rendu méchant. Qu'en dis-tu, Camille ?

Camille rougit et baissa les yeux, il n'aurait jamais pensé que le grand jar le reconnaîtrait.

— Ne le punissez pas, monsieur, implora timidement le pauvre Camille, *Michel* saurait que c'est à cause de moi qu'il est en prison, et il me mordrait encore plus fort une autre fois. Je vous promets de ne plus lui jeter de cailloux.

— Je consens à pardonner à Michel qui n'a point appris dans le catéchisme à rendre le bien pour le mal, mais souviens-toi, Camille, que les enfants qui s'amusent à faire du mal à des animaux sans défense sont aussi cruels que lâches et méritent d'être pincés à leur tour comme tu viens de l'être tout à l'heure, sans exciter la pitié de personne.

Tandis que M. Paul admonestait le repentant Camille, Henri Demérans était arrivé et avait pris place parmi les auditeurs. Il fut bientôt en conversation avec Nicolas dont il aimait les réparties vives et originales.

— Je ne peux pas croire cela ! c'est impossible ! disait Nicolas en secouant la tête d'un air incrédule.

— De quoi s'agit-il ? demanda M. Paul.

— J'expliquais à Nicolas que la reine des abeilles, qui est d'un tiers plus grande que les autres, n'arrive à cette taille et ne devient reine que parce qu'on lui donne dans son enfance une nourriture particulière et plus recherchée que celle des autres abeilles. N'est-ce pas que cela est vrai ?

— Parfaitement vrai, vous pouvez le croire, mon bon Nicolas.

— Comment, monsieur! s'écria Mathurin, mais alors, si le petit ver qui doit devenir une reine-abeille était nourri comme les autres vers destinés à peupler la ruche de ces travailleuses qu'on appelle *ouvrières*, est-ce que ce ver royal ne deviendrait aussi qu'une ouvrière ?

— Certainement, mon ami, le ver royal élevé en ouvrière manquerait à sa destinée. Chez les abeilles, je vous le raconterai tout au long, c'est l'éducation qui fait la royauté, ce qui pourrait prouver en passant que chacun doit être élevé pour les devoirs qu'il lui faudra remplir.

Nicolas. — C'est bien vrai ce que vous dites là, monsieur ; aussi, quoique je n'aie pas beaucoup d'esprit, votre idée m'est venue quand il s'est agi de choisir un état pour mon fils. Les uns me disaient : « Vous avez 20 mines de terre, Nicolas, et votre garçon en aura 40 après les grands parents, il faut le mettre en pension à la ville pour qu'il apprenne des talents et qu'il ait l'air d'un monsieur. » — Bêtise ! que je me suis dit. Lucien est un garçon de bon sens, bien membré, capable de vous bousculer une roue de voiture comme pas un, il aime les chevaux, laboure déjà aussi bien que moi ; si je le mets en pension, il prendra goût aux habits fins, au beau langage et sera tenté de se faufiler dans un bureau ou de se mettre employé quelque part, ou de se fourrer clerc de notaire, tous métiers où l'on n'est pas libre et où l'on vit esclave.

Mon Lucien sera charron comme son grand-père ou laboureur comme moi, et pour ça il n'a pas besoin de savoir le latin ou le grec, ai-je dit, n'est-ce pas vrai, Mathurin ?

MATHURIN. — Très-vrai. Même tu as répondu à ce monsieur Merluche qui a une pension à Montsouris, que le maître d'école de Mérans est aussi savant que lui,et le citoyen s'est en allé tout en colère en nous appelant : « Tas de paysans ! »

M. PAUL. — Vous avez raison, Nicolas, rien n'est plus honorable que l'état de laboureur. L'homme des champs, quand il est honnête et vaillant comme vous, mes amis, a la vie la plus libre et la plus heureuse. Il travaille au grand air et au soleil, dans la douce lumière du ciel, robuste et joyeux, semant et cultivant de ses nobles mains le pain dont il nourrira la grande famille humaine. Vous êtes le cœur de la France, sa première richesse, sa plus grande force.

PAUL DURAINCY. — Je suis content de vous entendre parler comme cela devant nos garçons, monsieur Paul, quelques-uns s'étaient fourrés dans la tête qu'on vit à rien faire à Paris, et ça les tentait ; ils en voient revenir de temps en temps quelques camarades, ceux-là portent des habits fins et parlent français mieux que nous, c'est vrai, mais je dis qu'ils n'en sont pas plus heureux ; et tenez, je vais vous achever ma pensée :

quand je vois de grands gaillards de vingt ans, debout derrière, un comptoir, à auner du ruban ou à peser du sel, c'est plus fort que moi, je me mets en colère et je dis qu'ils font un métier de femme. Parlez-moi de labourer la terre au grand air, de faucher, de moissonner ou bien encore de faire marcher vos grandes machines de la filature ! à la bonne heure ! c'est la place d'un homme de cœur, il faut de la force et de bons bras à ce travail-là, et on ne perd ni sa bonne santé, ni la fraîcheur de la jeunesse. Je suis content que M. Paul soit de mon avis.

La conférence, ce jour-là, se passa à peu près tout entière en conversations de ce genre, mais il fut décidé qu'aussitôt la filature de Beaupré terminée on reprendrait sérieusement les savants entretiens interrompus par l'hiver.

CHAPITRE LXVII.

LA CHASSE.

Pierre Dumont à Henri Demérans.

Mon cher Henri, je viens de faire une rencontre bien singulière : Vous souvient-il d'une petite Paulina que m'a présentée miss Mary la première fois que je suis allé à Hyde-Park ? — Eh! bien, je l'ai retrouvée. Je crois qu'il m'est impossible de me promener avec Victor sans qu'il nous arrive quelque aventure.

Lord Brightman s'imagina l'autre jour que j'avais la

figure fatiguée, que j'allais devenir malade, parce qu'un grand travail m'avait absorbé depuis plusieurs semaines au point de ne me laisser aucun loisir pour la promenade ;il me remmena de Londres à Longhill's stone et on organisa une chasse gigantesque. Ses voisins de campagne et leurs amis, les directeurs et sous-directeurs de ses fabriques, grand nombre d'invités de la ville, et parmi ces derniers Victor Desbruyères, y vinrent avec empressement. Miss Mary et ses compagnes s'y rendirent avec un certain nombre de dames.

On partit avec une armée de piqueurs, de laquais, de grooms. Nous étions aussi une armée de chasseurs. Victor, étranger à cette brillante société, ne me quitta point ; la matinée était splendide et nous invitait à toute autre chose qu'à poursuivre de pauvres bêtes inoffensives, du moins nous le sembla-t-il. Nous fîmes de la chasse une promenade, et la conversation nous emporta vers notre cher pays. Victor en a assez de l'Angleterre, il en prend, dit-il, toutes les maladies et particulièrement le *spleen*. Il lui manque tant de choses à Londres ! ses amis d'abord, ses journaux, son portier, son esprit surtout, son esprit qu'il a laissé à Paris avec tout le reste. Pauvre Victor, avec quel regret il songeait à la patrie absente ! On aurait pu croire qu'il était en Chine dans l'impossibilité de revoir jamais la France.

Tandis que je prêtais à ses plaintes une oreille compatissante, nos chevaux, la bride sur le cou, se rapprochaient de la chasse. Tout à coup, dans l'allée qu'ils venaient de prendre, nous entendons le bruit d'un galop effréné.

— C'est un cheval emporté, dit Victor en saisissant les rênes du sien.

— Plaçons-nous de chaque côté du chemin, lui dis-je, nous pourrons peut-être l'arrêter.

Bientôt nous aperçûmes l'animal qui arrivait à fond de train ; il était monté malheureusement ; une pauvre femme échevelée s'attachait avec désespoir à sa crinière, la selle s'était dérangée, quelques minutes plus tard elle allait être précipitée, peut-être traînée par le cheval furieux.

Le danger vous donne des inspirations qui ne viendraient point en d'autres moments. Je me précipite, coupant l'allée en ligne droite, et je donne à mon cheval une secousse si prompte, si précise, qu'il s'arrête juste en face de l'autre. D'un bond Victor fut à mon côté. Il saisit la bride du cheval emporté et je reçus dans mes bras la pauvre femme presque évanouie. Nous la déposâmes sur l'herbe. Victor courut chercher de l'eau pour lui en baigner le front. Pendant ce temps des chasseurs accouraient et au milieu d'eux le mari de la jeune femme.

— Mon Ellen ! s'écria-t-il en se précipitant auprès d'elle.

A ce cri d'angoisse elle rouvrit les yeux, sourit et assura son mari qu'elle n'avait point eu d'autre mal qu'une grande frayeur.

— Remercie pour moi ceux qui m'ont sauvée, dit-elle en nous cherchant dans le cercle qui l'entourait.

— Ce sont les Français, dit une voix.

Le jeune chasseur nous tendit la main et nous témoigna sa reconnaissance avec cet accent chaleureux qui nous eût révélé tout de suite un compatriote quand même il n'aurait point parlé notre langue.

Nous échangeâmes des cartes avec promesse de nous voir et on envoya chercher une voiture.

Les petites filles vinrent aussi avec quelques dames;

et bientôt une charmante enfant se jeta en pleurant d'inquiétude au cou de la jeune femme encore étendue par terre, c'était Paulina.

Quand elle fut calmée, son père la prit par la main, et l'amenant vers nous :

— Remercie ces messieurs, ma fille, lui dit-il, ce sont eux qui ont sauvé ta mère.

Paulina nous regarda, et me désignant à son père :

— Celui-là, je le connais, dit-elle, c'est mon ami, le Français de Hyde-Park qui voulait savoir le nom de grand-papa. Pourquoi n'êtes-vous pas revenu, me dit-elle ? mais vous avez sauvé ma chère maman et je suis bien contente.

Elle me tenait la main et ses grands yeux pleins d'innocence fixés sur les miens laissaient voir toute son âme.

— Invite ces messieurs à venir nous voir, ma Lina, dit encore le père.

— Oh ! papa, il y a longtemps que Monsieur m'avait promis de dîner un jour à la maison, mais...

Elle fit une jolie moue en me jetant un regard de reproche.

— Mais cette fois-ci, répondis-je, je ne manquerai plus à ma parole.

La voiture arriva, on y fit monter la mère et la fille qui retournèrent à Longhill's stone, et la chasse continua.

Je cherchai la carte du mari d'Ellen et je lus... Georges de Saint-Genet. Que penses-tu de ce nom ? mon ami, n'est-ce point celui que porte le malheureux jeune homme dont les lettres vous ont si vivement intéressés ?

Je me promets bien d'accepter ses invitations, et si j'apprends quelque chose de nouveau je te le dirai.

Adieu, mon cher Henri, — mille bons souvenirs de Victor. Annonce à M. Paul l'envoi d'une petite caisse d'instruments de chirurgie, les plus beaux, les plus parfaits qu'on puisse trouver. Lord Brightman en a surveillé lui-même la fabrication chez un de ses amis. Mes respects à M. Demérans, à mademoiselle Gabrielle et au Général.

PIERRE DUMONT.

CHAPITRE LXVIII.

M. DE SAINT-GENET.

Pierre Dumont à M. Paul.

Cher et vénéré maître et ami,

J'ai suivi vos conseils à l'égard de M. Greenwood et peut-être au-delà, mais il fallait refouler profondément la mauvaise impression que j'éprouvais contre ce jeune homme. Vous avez raison, il y avait dans mon cœur un peu de jalousie. J'enviais, sans oser me l'avouer la grande position de Greenwood, je comparais du regard sa noblesse, sa fortune, la considération qui s'attache à un homme de son nom, pourvu de vastes domaines, avec ma vie laborieuse, mes devoirs modestes, mon humble famille... Pardonnez-moi ce misérable sentiment ! Si votre doigt n'avait touché la blessure cachée, elle se serait peut-être agrandie, je serais devenu malheureux et insensé comme tant d'autres qui détournent les yeux des biens qu'ils possèdent pour se plaindre et souffrir des biens qu'ils n'ont pas.

Greenwood, malgré son caractère frivole, semble pourtant s'intéresser aux diverses industries de lord Brightman. Il a témoigné l'autre jour le désir de visiter l'usine et de se rendre compte des divers procédés de la fabrication du fer. Sur l'approbation de votre ami, je me suis offert à l'accompagner. L'étonnement qui se peignit sur sa figure prouva clairement que mes intentions malveillantes à son égard s'étaient trahies malgré moi.

Je me souvins alors d'une de vos paroles: «il est plus facile d'étouffer dans son cœur un mauvais sentiment que de l'y cacher longtemps sans qu'il se manifeste de quelque manière. » Vous aviez raison, j'espère m'en souvenir mieux une autre fois.

M. Greenwood accepta néanmoins ma proposition, ajoutant avec grâce qu'il lui serait difficile de trouver un guide meilleur et plus capable de lui faire trouver à la fois plaisir et profit dans sa promenade métallurgique.

Miss Mary me sourit d'un air de satisfaction et lord Brightman, répondant à Greenwood, lui dit :

— Vous avez raison, mon jeune ami, d'apprécier la société de M. Dumont ; chimiste de premier ordre et mathématicien hors ligne, il vous analysera un morceau de fer atome par atome et vous rendra compte de tous les éléments qui le composent et de leurs proportions, en moins de temps que vous n'en mettriez à parcourir une page du *Times*.

J'ajouterai, à son éloge, qu'il est à la fois savant et praticien. Depuis qu'il est ici, je l'ai vu se mêler aux ouvriers, prendre note de leurs observations, mettre lui-même la main à l'œuvre dans tous les ateliers, persuadé que celui qui commande un travail doit savoir l'opérer. De tout cela il résulte qu'il est devenu en quelques années un industriel habile et m'a procuré la satisfaction de pouvoir me reposer sur lui de la direction de mon industrie. Vous voyez, jeune homme, à quoi mène le travail, je vous recommande de réfléchir à la noble conduite de M. Dumont.

Ce long panégyrique que je vous renvoie, mon cher maître, parce que je vous dois tout ce que je suis et que les éloges de lord Brightman vont droit à vous, me parut une leçon indirecte adressée à Greenwood. Le jeune homme s'inclina en signe d'acquiescement et nous fixâmes l'heure de notre visite à l'usine.

Je ne vous dirai rien de ses questions pendant que nous examinâmes les différents travaux ; ce qui le surprit beaucoup, c'est la confiance et le respect que me témoignent les ouvriers. Rien de servile dans leur empressement, mais un air de satisfaction, d'intelligence et d'honnêteté qui donne du charme à leur conversation. Peut-être ne vous ai-je pas dit que lord Brightman, à qui j'ai raconté la manière dont vous gouvernez Mérans, se modèle sur vous. Les ouvriers qui fêtent la saint Lundi, les caractères paresseux et brouillons, les révoltés qui ne veulent pas obéir au règlement, sont chassés sans miséricorde. Nous ne conservons que des hommes probes et laborieux. Ils sont assurés d'une bonne paie et traités avec égard. Lord Brightman dit que votre principe : « Respectez pour qu'on vous respecte » mérite d'être écrit en lettres d'or. Il fait plus que de l'écrire, il le pratique et en parle à ses amis comme d'un rouage nouveau et excellent pour le gouvernement des ouvriers.

Mais il faut que j'arrive au plus intéressant, qui ne date encore que d'hier.

J'étais seul dans ma chambre, occupé de lettres et de comptes, lorsque Tony entre et me prévient que milord voudrait bien causer un instant avec moi. Je descends aussitôt. Lord Brightman me montre un siége, ordonne à son domestique de ne laisser entrer personne, et, avec sa franchise habituelle, entre en matière sans préambule :

« — Mon jeune ami, vous connaissez ma fortune, du moins les capitaux engagés dans l'industrie. Joignez-y mon hôtel de Londres et deux châteaux dans le Lincolnshire avec une forêt dans le voisinage. Vous aurez un total raisonnable que je ne serais pas fâché de voir en bonnes mains après ma mort.

« — D'ici là, milord, vous avez le temps d'y penser.

« — L'homme sage ne compte point sur le temps. J'ai, d'autre part, une raison péremptoire d'y compter moins que les autres. Mon père et mon grand'père sont morts d'apoplexie ; mon frère et mon oncle ont perdu la vie subitement : il serait insensé d'espérer un meilleur sort après de tels avertissements.

« J'ai donc résolu de faire mon testament. Mais il y a un point qui m'inquiète et même qui m'afflige extrêmement, c'est le sort de mes ouvriers après le départ de leur ancien maître. Ces braves gens me regardent comme leur père, monsieur Dumont, et en vérité ils ont raison, car je les considère comme mes enfants. Il n'y a pas entre eux un différend dont je ne sois l'arbitre. Leur confiance en moi est sans bornes, et je me trouve aujourd'hui dans la situation d'un père de famille qui ne sait comment s'y prendre pour assurer le bonheur de ses enfants quand il ne sera plus.

« — Il me semble, milord, que de telles inquiétudes sont prématurées ; vous n'êtes point d'âge à songer à la mort, et votre belle santé vous promet encore de longues années de vie.

« — Croyez-moi, monsieur Dumont, c'est très-sérieusement que je parle. Je ne crains pas de mourir, ayant fait ce que j'ai pu pour rendre ma vie utile aux autres ; mais la prudence veut que je songe à l'avenir ; si je mourais *ab intestat*, comme disaient les vieux Romains, je serais plus coupable qu'un autre.

« Je vais tout à fait vous ouvrir mon cœur comme à l'homme que j'estime le plus, au fils adoptif de mon vieil ami : vous voyez depuis quelque temps, non sans vous étonner peut-être, tous ces jeunes gens qui papillonnent autour de moi, cherchant à me plaire par un air sérieux, causant métallurgie, physique, chimie, mécanique, avec autant d'empressement qu'ils en mettent ailleurs à parler de bals, de courses, de chasse et de tous les plaisirs de leur âge ! Eh bien ! ils rêvent ma succession, et qui sait ! mon héritage.

« Quelques mots me sont échappés dans le monde sur les pensées qui me préoccupent en ce moment. Ils se sont dit :

« — Voilà ce vieil original de lord Brightman qui cherche à se faire remplacer à la tête de ses ouvriers. C'est une bonne affaire. Mettons-nous sur les rangs et tâchons de lui plaire. Ils sont venus; mais le bonhomme est difficile, et il y voit clair !... Que pensez-vous de ces étourdis ?

« — Il y en a qui ont bonne volonté, un caractère aimable ; ceux-là pourraient se croire quelques droits à votre estime, milord.

« — Ce n'est pas toujours Greenwood, ni Ashley, ni Crowmarth, qui peuvent se croire des droits à mon estime ; leur valeur m'est connue, et je vais leur donner congé, trouvant inutile qu'ils me dérangent plus longtemps avec des politesses et des empressements dont je ne suis nullement touché. D'ailleurs, les hommes sérieux ne font point tant d'embarras, et c'est un homme sérieux qu'il me faut.

« Qu'importe à mes ouvriers, monsieur Dumont, que leur directeur sache monter à cheval, faire de la musique, chanter et danser, si la caisse de secours est mal administrée, si personne ne veille sur le travail et les travailleurs pour mettre à la porte les mauvais sujets qui montent des grèves, apaiser les querelles, écouter les plaintes, donner un conseil, soutenir les malades, inspecter l'école; en un mot faire ce que vous et moi faisons tous les jours, mon ami, parce que les ouvriers sont notre famille.

« Je commençai de trembler croyant commencer de comprendre. Puis, l'ambition soudain s'éveilla dans mon cœur; je me vis d'un coup d'œil à la tête des vastes établissements de lord Brightman, le chef de ses milliers d'ouvriers, riche, estimé, influent. Mais l'image de mon pays natal et des chers amis qui l'habitent écarta promptement ce rêve orgueilleux. Le bonheur n'est point dans la fortune ni dans le pouvoir; c'est par le cœur qu'on est heureux, et mon cœur, cher maître et bienfaiteur, ne vous a point quitté. Je l'ai laissé à Polhay et à Mérans dans l'humble vallon qui a vu s'écouler mon enfance au milieu des joies les meilleures.

« Lord Brightman continua :

« — Vous comprenez que nos jeunes écervelés ne me donnent là-dessus aucune garantie. Il faut en finir pourtant. Quelque chose me dit de me hâter. Voyons monsieur Dumont, quelles sont vos idées ?

« — Je vous trouve difficile, milord, et je songe malgré moi à ce vieux Diogène qui cherchait un homme avec sa lanterne. Les hommes sont rares... et il n'y a pas deux lords Brightman...

« — Je ne suis peut-être si difficile que... Mais pourquoi diable un honnête homme prendrait-il tant de détours pour exprimer des sentiments honorables ? Si je vous proposais de continuer l'œuvre de votre vieil ami, monsieur Dumont ?

Lord Brightman me regardait avec anxiété ; je me sentis pâlir. Une lutte violente se livrait en moi. Je voyais d'un côté toutes les séductions de la fortune, l'influence d'une grande situation, la joie des ouvriers qui m'aiment et me respectent, enfin la gloire d'être préféré à tous mes rivaux par un homme tel que lord Brightman ; de l'autre, il fallait renoncer à la France pour toujours ; quitter ma famille ou la forcer de s'expatrier pour venir me rejoindre ; sacrifier le rêve si longtemps caressé de retourner vivre à Polhay près de vous, mon second père, dans l'heureuse obscurité d'autrefois, mais dans la douce paix de mes premières années, non, cela me parut impossible !

« — Milord, m'écriai-je, pardonnez-moi ! J'ai là-bas une patrie, une famille, des amis, autant de liens qui ne se briseront qu'avec ma vie ; ici, il me faudrait rester seul privé de vos conseils et de votre affection...

« — Voilà ce que je craignais ! dit lord Brightman en m'interrompant. N'en parlons plus, mon ami ; vous avez un noble cœur et je respecte trop les raisons qui vous attachent à la France pour essayer de les ébranler. La pensée de vous mettre à ma place me souriait. Il faudra chercher ailleurs. A cela aussi vous m'aiderez.

Il me serra la main tout ému et nous nous quittâmes ; je remontai dans ma chambre l'âme bouleversée ; des mouvements fébriles m'agitaient tout le corps ; mon cœur battait des coups insensés. Qu'avais-je donc, grand Dieu ! et qu'ai-je encore ?

Le suprême effort de ma volonté suffit à peine à contenir pendant le dîner la tempête soulevée dans mon sein. Je me retirai de bonne heure et je me sentis malheureux. J'ose à peine vous le dire, mais il faut, je le veux, que toutes les pages de mon âme s'ouvrent à vos regards. Lisez donc et sachez tout. Le petit mendiant de Polhay, comblé de bienfaits par la Providence, appelé malgré sa condition obscure à recevoir une éducation brillante et solide, traité par vous comme un ami, comme un fils, eh bien ! il se révoltait contre Dieu. Il l'accusait de ne pas lui avoir encore assez donné. Cette fortune, qu'il venait de refuser, lui causait mille regrets ; il eût voulu pouvoir en recueillir les avantages sans en accepter les devoirs. Il enviait les titres de lord Greenwood, son vieux château et sa noblesse. Il rêvait d'être riche, puissant, respecté, et de revenir dans son pays jouir de son bonheur en le faisant partager à ceux qu'il aime si tendrement. Ingrat et orgueilleux, n'est-ce pas ?

L'ambition fausse le jugement en même temps qu'elle torture le cœur. Cette passion ne m'est plus inconnue.

Que pensez-vous de moi, cher et vénéré maître? Est-ce votre élève, l'enfant dont vous avez si soigneusement développé la raison, qui parle et pense comme un insensé ?

N'allez pas croire pourtant que je regrette mon refus d'habiter l'Angleterre en y continuant l'œuvre de lord Brightman. Non, s'il est quelque chose d'arrêté dans mon esprit, c'est la résolution de retourner en France. Je ne puis ni ne veux accepter les offres généreuses du noble lord. M. Demérans trouvera moyen de m'occuper utilement dans sa filature, et je vivrai près de vous, plus content et meilleur dans mon obscurité que dans ce brillant exil.

« Et maintenant, cher et généreux ami, pardonnez-moi et écrivez-moi ; une parole de vous me rendra à la raison et au devoir. En attendant, je souffrirai peut-être des folles images et des rêveries qui troublent mon cœur ; mais ma volonté ne consentira point à un désir, même à une pensée que vous puissiez désapprouver.

« Veuillez ne point dire à Henri qu'un nuage a passé sur mon front ; il est de ceux que vos regards seuls doivent pénétrer. Je vous remercie de vos bontés pour tous les miens, pour Ursule en particulier. Agréez avec mon éternelle reconnaissance l'expression de mon tout filial respect.

« PIERRE D. »

CHAPITRE LXIX.

UN PORTRAIT DE FAMILLE.

Henri Demérans à Pierre Dumont.

« Mon cher ami,

« Rien de plus beau que la filature de Beaupré ; tout y est vaste, bien disposé ; l'air, le soleil et la lumière y entrent de toutes parts. Il nous tarde à tous de te la montrer ; bien plus, nous voudrions t'y voir et papa est tout prêt à faire construire pour toi un autre pavillon pareil à celui de notre ami. Gabrielle demanda l'autre jour à M. Paul s'il pourrait se passer d'un sous-directeur et conduire à la fois Mérans et Beaupré. Il sourit.

« — Vous avez peut-être quelque protégé à me recommander, lui dit-il ; je ne prendrai personne sans vous consulter.

« Autre chose de plus sérieux. J'ai raconté l'autre jour à table l'histoire du chien de Victor, celle de son vieillard et enfin cette chasse malheureuse où Mme de Saint-Genet a failli périr. J'observai pendant ce temps le visage de M. Paul. Il était en proie à une vive émotion. Pas une parole ne sortit de ses lèvres, malgré les exclamations de Gabrielle, qui se persuade que ton M. de Saint-Genet est l'auteur des lettres que le juge d'instruction nous a lues.

« Je racontai ensuite ta première rencontre avec la gentille Paulina, son amour pour la France et pour ce *cher grand'père* qu'elle ne connaît pas. Une larme brilla dans les yeux de notre ami ; mais il continua de garder le silence. Tout le reste de la journée, il a paru triste, et nous nous sommes demandé s'il n'y aurait point quelque lien de famille entre M. Paul et Georges de Saint-Genet. Papa lui-même est porté à le croire ; mais comme c'est peut-être un lien douloureux, il faut s'efforcer de le découvrir d'une manière aussi habile que délicate.

« Tâche donc de te lier avec cette famille et de nous donner des renseignements ; n'en parle pas à M. Paul ; il est inutile de lui rappeler des souvenirs qui paraissent lui être si pénibles.

« Gabrielle me charge de t'annoncer que l'école de Beaupré s'ouvrira la semaine prochaine. Suzanne apprend à repasser chez une lingère. M. Vatou s'est donné une entorse la veille d'une chasse. Il y avait de quoi se pendre. Adieu, ce billet ne compte pas.

Pierre à Henri Demérans.

Mon cher Henri. Je suis allé bien vite chez M. de Saint-Genet qui m'a reçu avec la plus cordiale amitié, la petite Paulina est enchantée de ma visite et des promesses que j'ai dû faire de la renouveler. Sa mère est la plus gracieuse et la plus charmante femme qu'on puisse voir, une seule exceptée. Nous avons causé comme de vieux amis ; elle est américaine, pleine de droiture et de grandeur d'âme. Un instant j'ai été sur le point de lui tout révéler, mais les lettres de Georges contiennent des secrets si terribles qu'il n'est point facile d'oser dire qu'on les connaît.

Un caprice de Paulina me vint en aide et je pus attaquer le mystère par un autre côté. La petite voulant me montrer une grande poupée qui parle, m'emmena dans sa chambre et je vis là, au crayon, un portrait de jeune fille qui me rappela immédiatement la belle peinture de M. Paul.

— Oh ! m'écriai-je, voici une jeune dame que je connais !

— Non, répondit Paulina, elle est morte il y a longtemps. N'est ce pas, maman, que Monsieur ne peut pas connaître tante Jeanne ?

— Je ne sais, dit Mme de Saint-Genet, Monsieur Dumont paraît bien jeune en effet pour avoir connu Jeanne, il y a longtemps qu'elle est morte. M. Georges étant rentré sur les entrefaites, elle lui demanda s'il croyait possible que j'eusse connu la jeune fille.

— Possible ? oui, mais alors vous étiez bien jeune.

Ma pauvre Jeanne aurait aujourd'hui trente ans. Nous l'avons perdue à dix-neuf. Pardonnez l'émotion que me cause ce cruel souvenir, dit M. de Saint-Genet dont la voix tremblait.

— Je voulais dire seulement, Monsieur, que j'ai rencontré ailleurs cette belle et douce image.

— Une ressemblance peut-être... observa Mme de Saint-Genet en voyant le regard plein d'angoisse et de prière que son mari jetait sur moi.

— Voulez-vous faire avec moi un tour de parc, demanda Georges en remarquant l'air curieux de Paulina qui s'était rapprochée et prêtait une oreille attentive à notre conversation.

Je le suivis.

— Monsieur, me dit-il d'une voix agitée, le portrait de ma sœur, le seul qui ait été fait de son vivant, est une peinture où elle est représentée assise devant un gros chêne, à côté d'une table qui porte une corbeille de fleurs. Jeanne a la tête nonchalamment appuyée sur sa main droite, de l'autre main elle tient un livre à demi fermé, son regard plonge dans l'espace. A ses pieds...

— Attendez ! m'écriai-je en l'interrompant. Quelle que soit ma réponse et l'impression que vous en ressentirez, pouvez-vous m'accorder assez de confiance, pour être assuré de mon dévouement à vos intérêts et du zèle que je mettrai à les servir ?

Il me tendit la main.

— Soyez mon ami, Monsieur ; je compte sur vous !

Je continuai :

— Eh ! bien, aux pieds de la jeune fille deux tourterelles blanches becquettent des miettes de pain. C'est exactement ce portrait-là que j'ai vu. Il appartient à un homme qui m'est profondément cher et à qui je dois tout. Il est juste, Monsieur Georges, que je vous raconte mon histoire, il peut être bon que vous la connaissiez.

Je commençai alors le récit de toute ma vie depuis ma rencontre avec Mlle Gabrielle jusqu'à l'arrivée de M. Paul. Je peignis mon éducation, les jours heureux de Mérans et de Polhay partagés entre le travail et l'étude ; j'arrivai à l'assassinat commis à Malivaux sur la personne d'un Anglais.

— Oui, un malheureux qui a peut-être été victime de son affection pour moi, interrompit M. Georges ; il n'avait point de famille, la nouvelle de sa mort n'a été connue que plusieurs mois après, et encore les journaux ne le nommaient point ; autrement je serais allé moi-même à Malivaux pour lui faire rendre au moins les honneurs funèbres et l'accompagner jusqu'au tombeau. Monsieur Pierre Dumont, ajouta-t-il en s'arrêtant pour fixer sur les miens ses grands yeux noirs empreints d'une sombre mélancolie, depuis déjà longtemps il m'est impossible de ne pas penser que je porte malheur à ceux qui m'aiment.

— Cela n'empêchera point, répondis-je, ceux qui vous aiment de rester fidèles, et je vous prie de me mettre au premier rang.

— Noble jeune homme ! Oui au premier rang, mais continuez, je vous en supplie.

Je parlai du procès Rapin, des conférences de M. Paul aux habitants du village, de notre affection pour lui, de Mérans, de vous tous, mais n'osai dire un seul mot des lettres de Georges.

— Est-ce donc tout ? s'écria M. de Saint-Genet, l'homme bienfaisant dont vous faites un si parfait éloge, ne savez-vous point son nom, au moins quelque chose de sa vie ?

— Rien, lui répondis-je. Il a gardé sur tout ce qui le concerne un silence absolu, comme s'il voulait oublier des années dont le souvenir lui est amer.

— Et il vit seul ?

— Absolument.

— Ce ne peut être lui, dit M. de Saint-Genet en se parlant à lui-même.

— Il n'y a chez lui que ce tableau dont vous parlez, aucun autre ne vous a frappé !

— Frappé ! non. Mais il y a encore un grand tableau représentant une femme plus âgée, vêtue de velours noir, les bras nus, une belle et imposante figure.

— La reconnaîtriez-vous ?

— Parfaitement.

Il tira de son sein une chaîne d'or, ouvrit un médaillon et me montra une miniature, grande comme celle de Mlle Gabrielle.

— C'est elle ! répondis-je.

— Ma mère !... s'écria M. Georges, ma pauvre mère! Elle est morte avant l'âge, victime du chagrin que lui a causé son indigne fils... Mais Dieu a pitié de moi, puisqu'il vous a envoyé sur ma route. Pardonnez mon agitation, Monsieur. Il est des souvenirs cruels....

— Je lui pris la main, il la serra un instant dans les siennes.

— M. Pierre Dumont, me dit-il enfin, votre bienfaiteur est mon père ! Mais moi, je n'ose plus me dire son fils. Des erreurs de jeunesse, qui ont empoisonné ma vie, brisèrent à jamais le bonheur de ma famille. J'ai fui le toit paternel, coupable comme Caïn, maudit comme lui ; j'ai souffert, j'ai erré de pays en pays, traînant partout le poids déchirant de mes remords, offrant ma vie à tous les périls sur terre et sur mer. Dieu la réservait à l'expiation. Il m'a pardonné, Lui, je le sais. Il a fait plus ; de peur sans doute que mon courage ne défaillît, il m'a donné deux anges : mon Ellen dont le noble cœur partage toutes les souffrances du mien, ma Paulina dont l'innocence est une prière continuelle pour son malheureux père.

Et maintenant que la Providence vous a choisi pour me donner une nouvelle preuve de sa miséricorde, vous plaira-t-il d'achever votre œuvre ? aiderez-vous le fils maudit à obtenir le pardon de son père ?

— Pouvez-vous en douter ? m'écriai-je en me jetant dans ses bras aussi ému que lui. Mon cœur n'a point de plus cher désir.

Nous allâmes rejoindre Mme de Saint-Genet.

— Il sait tout, lui dit son mari, et grâce à lui j'ai retrouvé mon père.

— Je vous serai à jamais reconnaissante, M. Pierre, me dit-elle avec une profonde expression de bonheur. Cela est bien plus que de m'avoir sauvé la vie !

Mais il est temps d'achever cette longue lettre. J'ai dit à M. de Saint-Genet qu'il trouverait de chauds amis à Mérans, et pour l'en persuader, il a bien fallu parler des lettres trouvées sur le pauvre M. John. Donc il n'y a plus de mystère.

Nous avons songé qu'il vaudrait mieux mettre Madame de Saint-Genet et la petite fille en relation avec M. Paul, avant de lui faire connaître qui elle est. Il sera impossible à notre ami de ne point s'attacher à cette noble femme et à cette ravissante enfant. Nous ne ferons rien avant ta réponse. Tenez conseil et bénissons Dieu.

Adieu, mon cher ami.

CHAPITRE LXX.

LA PETITE MALADE.

Henri Demérans à Pierre,

Un mot seulement pour te dire la résolution du *conseil*. Décide Mme de Saint-Genet à venir s'installer à Mérans avec Paulina. Nous lui donnerons le petit pavillon de l'aile gauche qui a vue sur l'étang. Elle s'appellera Mme Ellen ou d'un autre nom que nous choisirons ensemble. Papa dit que tout s'arrangera vite. Il est très-heureux, et nous donc ! Mme de Saint-Genet doit avoir reçu une lettre d'invitation de mon père à laquelle Gabrielle joint un mot pour assurer Paulina de sa bienvenue au château de Mérans. Ne perds point de temps. Nous sommes impatients de la voir. Le Général va mieux ; à bientôt !

HENRI.

Pierre n'eut point de peine à décider Mme de Saint-Genet.

— J'irais au bout du monde, disait la généreuse femme, pour assurer le bonheur de Georges.

Les préparatifs furent bientôt faits. Paulina ne se possédait plus de joie. On lui avait depuis si longtemps promis un voyage en France ! Pierre écrivit à Mérans pour annoncer l'arrivée d'Ellen. Mme de Saint-

Genet joignit à cette lettre un mot de remercîment et d'acceptation, et quelques jours après, M. Demérans allait attendre au chemin de fer en compagnie de Gabrielle les deux voyageuses qu'ils ramenèrent au château avec une véritable joie.

Mme de Saint-Genet prit le nom de sa mère et s'appela lady Livingstone. Nous ne dirons point que tous ses soins, tous ses efforts tendirent à se concilier les bonnes grâces de M. Paul. Elle y réussit. Paulina surtout, secrètement inspirée par Gabrielle devenue tout de suite son amie, Paulina fut bientôt la favorite du directeur ; elle le suivait partout, même à Polhay, s'invitait à dîner chez lui sans cérémonie et il la laissait faire. Quelquefois son regard pensif s'arrêtait sur cette frêle et gracieuse enfant, on eût dit qu'elle lui rappelait des images lointaines qui le faisaient soupirer, quelquefois aussi, quand la petite fixait sur lui ses grands yeux bleus qui reflétaient son âme comme un miroir, M. Paul semblait fasciné.

— Appelez-moi Lina, lui dit-elle un jour, tous ceux qui m'aiment m'appellent Lina,

— Et tu crois que je t'aime, mignonne ? dit M. Paul en souriant.

— Certainement, puisque je vous cueille des fleurs, je vous chante des romances, même j'ai joué du piano déjà deux fois uniquement pour vous faire plaisir. Pour toute réponse le directeur la serra dans ses bras. La grâce de l'enfant, son innocence, sa gentillesse s'étaient emparées du cœur de M. Paul et le dominaient.

La santé délicate de Lina ne lui permettait pas de faire sans fatigue une promenade un peu longue. Il fallait toujours se reposer à mi-chemin de Polhay ; jamais le directeur n'attendait que sa petite amie le priât de s'asseoir, il ôtait son paletot et lui en faisait un coussin, puis il lui racontait une histoire, et tous deux gravissaient ensuite cette *vilaine montagne qui faisait battre le cœur de Lina.*

M. Demérans voyait grandir la tendresse de son ami pour cette petite fille, et il se félicitait du succès de son plan. La Providence, dont les voies sont impénétrables, lui vint en aide d'une autre manière : un accident qui leur causa d'abord une vive inquiétude ne servit en réalité qu'à précipiter les choses.

Nous avons dit qu'une ravine profonde séparait le jardin de M. Paul d'une colline onduleuse dont l'autre versant fermait la vallée de Beaupré. On pouvait revenir de Mérans en suivant cette ravine. Elle tournait derrière le village, et des sentiers presque à pic la coupaient de toutes parts. Il fallait grimper le plus ardu pour entrer chez M. Paul par le jardin.

Lina eut un jour la fantaisie de passer par là. Elle y trouva une moisson de fleurs sauvages, des bouquets de bois, de grands arbres, ce fut un bonheur de s'ébattre au milieu de ces choses nouvelles, un autre bonheur de se reposer en écoutant une histoire.

Mais, pendant l'histoire, des nuages s'amassèrent dans un coin du ciel et la foudre, éclatant soudain par un épouvantable coup, déchira les nuages qui versèrent à l'instant des torrents d'eau.

Lina terrifiée se jeta dans les bras de M. Paul. En une seconde les vêtements légers de l'enfant, malgré le renfort que le directeur s'était empressé d'y ajouter en dépouillant son paletot, ruisselaient de pluie. Il ne fallait point songer à s'abriter sous un arbre, le danger eût été plus grand ; les chemins défoncés par la pluie étaient glissants et boueux. Sans plus délibérer, M. Paul prit Lina dans ses bras et courut vers sa demeure. Il escalada l'abrupte sentier, ouvrit le jardin, et apercevant Marianne :

— Vite ! lui dit-il, déshabillez l'enfant et enveloppez-la d'une couverture, tandis que je vais bassiner le lit dans la chambre de Pierre.

Quelques minutes après, Lina reposait bien chaudement sous de moelleuses couvertures en face de Marianne qui lui souriait et s'efforçait de cacher les boucles blondes de sa chevelure sous un mouchoir de mousseline dont elle la coiffait à la manière du village. L'ami, redevenu médecin, préparait un cordial, et la petite recevait tous ces soins d'un air enjoué, s'amusant avec *Margot* qui sautillait près de la fenêtre, et répondant aux regards inquiets de M. Paul en lui passant le bras autour du cou pour le forcer de baisser la tête et l'embrasser comme elle eût fait à son père.

On envoya un messager à Mérans pour chercher d'autres vêtements et prévenir que la petite coucherait à Polhay. Marianne devait passer la nuit auprès d'elle. Mais le lendemain matin M. Paul fit demander la calèche avec l'ordre au cocher de n'amener personne. La petite fille se plaignait d'une vive douleur de côté qui l'empêchait de respirer. Le médecin redouta une pleurésie, et ne pouvant offrir l'hospitalité de son humble maison à madame Livingstone, il reconduisit l'enfant au château. Lina, enveloppée chaudement de ses couvertures, à demi-couchée sur les genoux de Marianne et la tête appuyée sur l'épaule du directeur, arriva sans fatigue à Mérans.

Gabrielle, prévenue, avait annoncé à la mère une légère indisposition.

Pauvre Ellen ! Elle se rassurait en voyant sa fille lui sourire et raconter *l'affreux orage* de la veille. Mais l'oppression devint plus violente, la respiration si pénible que des larmes de douleur venaient aux yeux de l'enfant. M. Paul avait pris l'air impassible qui l'aidait à cacher ses alarmes pendant la maladie d'Henri. Silencieux, infatigable, répondant à peine par un sourire aux regards de sa chère Lina, il la soignait avec tout son art, tout son cœur, toute son âme.

La petite toux sèche qui déchirait par intervalles la poitrine de l'enfant ouvrit les yeux à sa mère. Elle devina le terrible mal, elle murmura à l'oreille du médecin le mot de *fluxion de poitrine*. Il détourna la tête et ne répondit point. Alors elle tomba dans les bras de Gabrielle et fondit en larmes.

Gabrielle l'entraîna hors de la chambre et fit appeler son père.

— Oh ! Monsieur, s'écria la malheureuse mère, mon enfant est perdue ! Georges avait raison dans son désespoir, la malédiction de son père nous poursuit. Ma douce, mon angélique Lina !... Et lui, mon pauvre Georges, quel coup terrible et qui le lui annoncera ?

— Personne, madame, je l'espère ; comptez sur M. Paul, comptez sur la Providence. Les fautes de M. Georges ont été expiées par une vie de douleurs. Dieu pardonne au repentir, et cette maladie de Lina servira seulement à lui donner sur son grand-père plus d'empire qu'auparavant. N'est-ce donc pas déjà un bienfait de Dieu que cette affection si vive de M. Paul pour l'enfant ?

Certes, la *voix du sang* parle à son cœur de père, on ne saurait le nier, mais les longues souffrances de votre époux, ses vertus, ses pieux désirs et votre héroïque dévouement, madame, ont désarmé la justice d'en Haut. Lina guérira. Elle vivra pour être l'ange de la réconciliation et la joie de sa famille.

— Oh ! croyez-le, Madame! dit Gabrielle en embrassant la pauvre mère, papa dit la vérité. Nous avons tant prié pour obtenir le pardon de M. Georges, et son père lui-même en sera si heureux ! Espérez ! Espérez !

— Merci, Monsieur, de vos bonnes paroles, et vous, chère enfant, de vos prières, dit Ellen en pressant la jeune fille dans ses bras, et toutes deux retournèrent près de la petite malade.

Julie et M. Paul lui faisaient une application de sangsues. Pas un mot ne fut prononcé ; on eût dit que le médecin n'apercevait pas madame Livingstone. Mais Lina voyant les yeux rouges de sa mère murmura :

— Ne pleure pas, maman, les petites bêtes piquent un peu, mais c'est fini tout de suite, et elles me guériront.

Pauvre petite Lina ! Elle eut bien de la peine à prononcer ces paroles, l'air sifflait dans sa poitrine haletante avec un bruit déchirant. M. Paul avait envoyé deux domestiques à la ville l'un après l'autre, il calculait sur sa montre le moment de leur retour, et tenait dans la sienne la main brûlante de l'enfant. De temps en temps il lui mettait dans la bouche quelques gouttes d'une potion destinée à calmer cette toux âpre et violente qui faisait tant de mal à entendre, et la douce malade le remerciait du regard.

— Vous ne me quitterez que pour dîner, lui dit-elle d'un ton suppliant.

— Non, répondit-il, je ne vous quitterai pas du tout ; et Valentin servit M. Paul dans la chambre de Lina.

Le soir on mit un canapé pour la mère au pied du lit de la petite, mais à minuit le médecin renvoya madame Livingstone. Trois longues journées se passèrent ainsi, journées d'agonie pendant lesquelles aucune lettre de Mérans ne partit pour l'Angleterre. Enfin le danger disparut et l'allégresse fit battre les cœurs. Il y avait une lettre de Londres pour M. Paul, elle contenait ce qui suit :

CHAPITRE LXXI

UN HOMME.

Mon cher bienfaiteur,

Depuis ma dernière conversation intime avec lord Brightman, il s'est passé plusieurs semaines, et nous avons, je vous assure, bien employé le temps. Je me dévouais à initier M. Harlow (un favori de milord), à tout ce qui concerne les affaires de l'usine et des fabriques, ne doutant point qu'il ne fût l'élu de votre ami et le prochain époux de sa nièce. J'avais deviné juste. Mais les événements se chargent quelquefois de réaliser nos projets par des moyens tout à fait imprévus. C'est ce qui vient d'arriver, et Victor Desbruyères est encore le héros de l'histoire. Un insurmontable ennui s'est emparé du cher Parisien. Vingt fois par jour il envoie au diable la peinture, l'Angleterre et les imbéciles qui, pour gagner un peu plus d'argent, abandonnent leur pays natal.

Quand le *spleen* assombrit par trop le cœur et l'esprit de Victor, il jette là ses pinceaux et s'en va tout droit devant lui, flânant à droite et à gauche, conversant avec le premier venu, en quête d'aventures et de distractions pour *tuer le temps* et oublier sa nostalgie.

Un soir qu'il dînait chez M. Brightman, quelqu'un lui demanda ce qu'il avait fait ou vu d'intéressant pendant la journée.

— Je suis allé regarder la Tamise parce que je m'ennuyais de ne pas voir la Seine. De là je suis revenu par mille détours devant la taverne de Wild Boar et je m'y suis reposé.

— Où cela ? mais c'est en pleine *cité*.

— Parbleu ! où irais-je donc ? J'en ai assez du West-end, tous les pavés sont pareils ! La *cité*, au contraire, c'est mouvant comme les vagues d'une mer houleuse. On en voit, là, des figures à caractère, et des types de toutes les races, sans compter ce qu'on y entend...

— Fi donc ! M. Victor, vous commencez à donner dans la mauvaise compagnie !

— Ma foi ! ce serait un malheur, car je n'ai le plus souvent que la mienne !

— Pourrait-on savoir ce qui vous attire en cet endroit de la *cité* ?

— Un amour d'artiste : une belle figure noble et fière, découverte là par hasard, il y a quelque temps ; des yeux bleus, profondément doux, mais qui s'allument d'une flamme généreuse et par moments lancent des éclairs ; un front pur, vaste comme celui d'un homme de génie ; enfin tout ce qu'une tête humaine peut exprimer de beauté morale est réuni là. Je suis épris de cette image.

— C'est un tableau ?

— Oui et non.

— Est-ce un homme vivant ou un portrait ? Vous êtes bien mystérieux !

— C'est un homme, oui certes ! et vivant.

— Et cet homme est ?

— Mon ami.

— Quel ami ? M. Victor, vous en avez beaucoup à Londres.

— Je n'en ai qu'un comme celui-là ; c'est une découverte, vous dis-je, un *homme* que j'ai trouvé il y a six semaines, et pourtant je n'avais point de lanterne...

— Une découverte ! M. Victor ! Voyons ! soyez clair.

— Oui, et une fameuse encore ! Je l'apprécie davantage tous les jours.

— Qu'avez-vous donc trouvé de si rare ?

— Je vous l'ai dit : un *homme*, la chose n'est point commune ; je sais quelqu'un qui se donne bien de la peine pour en trouver un pareil et qui ne réussit point.

Lord Brightman sourit.

— Allons, M. Victor, expliquez-vous ! Ce doit être bien amusant votre découverte.

— Amusant ! c'est admirable ! Figurez-vous un ouvrier plein de cœur, intelligent et courageux comme M. Dumont, noble et dévoué à tous ceux qui souffrent comme lord Brightman, travaillant le jour pour soutenir sa mère infirme et ses deux sœurs, étudiant la nuit pour s'instruire, luttant contre la pauvreté et trouvant encore moyen de secourir ses camarades.

Un jour son frère aîné, marié depuis longtemps, revint estropié par l'explosion d'une chaudière. Graham ne souffrit point qu'on le mît à l'hôpital. Il chercha du travail à sa belle-sœur, emmena les enfants, et durant deux années suffit à nourrir toute cette famille. Le frère mourut. Les sœurs se marièrent. Graham put croire que ses charges diminuaient. Il n'en fut point ainsi.

Sa mère devint plus malade, et une voisine qui la soignait tomba en paralysie. Mon ami dut payer quelqu'un pour soigner sa mère, et la bonne voisine ne fut pas délaissée. Dès son retour il renvoyait la garde malade, et plus d'une fois ses robustes mains retournèrent avec précaution le mauvais lit des deux vieilles femmes, s'efforçant de le rendre moins dur à leurs membres endoloris.

Quelquefois il manqua d'argent ; le découragement venait l'assaillir, mais alors il prenait sa bible, relisait les épreuves de Job et de Tobie, les promesses que Dieu a faites aux hommes justes et pieux qui mettent son espérance en lui, et il reprenait courage. Ce qu'il a souffert est inexprimable ; eh bien ! sa constance ne s'est jamais démentie. Jamais il ne s'est plaint, jamais il ne me confia les traits admirables de sa générosité, j'appris tout par des étrangers.

J'eus beaucoup de peine à découvrir la mansarde où il cachait sa misère et son dévouement ; j'y parvins cependant, et, un matin, quand tout le quartier du West-end dormait encore, assuré que Graham venait de partir, j'escaladai un escalier noir qui mène jusque sous les toits ; j'entrai et j'eus un spectacle qui me navra. Je vous épargne la description de ces tristes lieux, de ce lamentable dénûment. Je ne sais ce que je dis aux deux pauvres femmes qui étaient là étendues sur leur grabat. Je redescendis tout d'un trait, me jetai dans une voiture et arrivai chez moi.

Là je pris mon portefeuille, et sans délibérer, oubliant que j'étais à jeûn, je me mis en quête d'un petit logement modeste mais sain. Je le trouvai bientôt grâce à mon intelligent cocher, et du même coup, presque sans reprendre haleine, je le fis meubler : des lits bien simples mais pourvus de matelas, des chaises, une table, un bureau pour mon ami, bref le strict nécessaire, mais avec du feu dans un bon poêle que je fis allumer sur-le-champ.

Je déjeunai ensuite, puis je procédai au déménagement des deux vieilles femmes ; ce fut le plus difficile. Mais on vient à bout de tout en de tels moments. J'ordonnai à la garde de préparer un bon dîner, et le soir je me promenais avec impatience depuis une heure à la porte de l'usine Harris et Cie, lorsqu'enfin parut Graham.

— Vite ! lui dis-je, en voiture !

Il me suivit machinalement, et au bout de quelques minutes, je l'introduisis dans son nouveau logement. Quand il vit ses deux malades dans de bons lits, et la flamme du foyer, et le dîner servi sur la table nue, mais si propre, et ce petit intérieur si confortable, il comprit enfin, il tomba dans mes bras, et lui que le malheur avait trouvé inébranlable, lui qui avait tout souffert sans verser une larme, eh bien ! il pleura comme un enfant.

Puis, apercevant sa bible sur son bureau :

— Oh ! mon ami, s'écria-t-il, laissez-moi remercier Dieu !

Pour la première fois il m'appelait son ami, jusque-là il s'en était défendu, se trouvant d'une position trop inférieure à la mienne pour accepter ce nom.

Je n'ai pas besoin de vous dire que je n'aurais pas donné ma journée pour le château de Longhill'stone et pour toutes les terres qui l'entourent.

Mais le lendemain j'empruntai 600 francs à M. Pierre Dumont, et il me dit en me les remettant :

— Tu as encore fait quelque folie, Victor !

C'était cette folie là, Pierre !

Ma main se rencontra avec celle de lord Brightman

pour serrer la main de ce cher Victor. Tout le monde était attendri.

— Vous m'amènerez demain votre ami, M. Victor, dit lord Brightman, je veux absolument le connaître.

— Je serais même bien content de vous le donner, milord, car vous découvririez vite quel trésor se cache sous la blouse de cet ouvrier, mais c'est impossible.

— Pourquoi impossible, s'il mérite à ce point votre estime!

— Parce qu'il est sous la griffe de M. Harris et qu'il y restera longtemps.

Je ne comprends pas.

— C'est bien simple pourtant: Harris et Cie, les patrons de Graham, lui ont avancé près de 4,000 francs pour subvenir aux dépenses que lui a occasionnées l'accident de son frère aîné. Depuis ce temps, ils rentrent dans leurs fonds par une retenue mensuelle sur la paie de leur ouvrier.

Rien de plus légitime; mais cette paie n'est point la moitié de ce que mérite Graham qui fait en ce moment le travail d'un contre-maître. Il faut néanmoins que mon ami subisse cette injustice parce qu'il n'est point en état de rembourser ses patrons. Voilà pourquoi il ne pourra les quitter de longtemps.

— M. Victor, je veux voir votre ami, faites-moi le plaisir de l'amener demain, mes guinées ont aplani déjà bien des obstacles, nous verrons si celui-là est irrésistible.

Le lendemain Victor amena *son homme*. Lord Brightman le retint longtemps dans son cabinet et me l'envoya. Il va rembourser à la maison Harris l'argent qui lui est dû par Graham, et assure à ce dernier une existence honorable.

L'ami de Victor reçoit ces bienfaits avec dignité et

une reconnaissance sincère. Le peu que j'ai vu de lui annonce véritablement un homme supérieur, il est fort instruit, la flamme du génie brille dans son regard; lord Brightman en est sincèrement épris, et il n'y a plus d'espoir pour Harlow qu'il avait jusqu'ici encouragé.

Le digne homme veut à toute force un successeur. Depuis quelque temps il a des vertiges, des étourdissements, des maux de tête. Ces légères indispositions ne laissent point de l'alarmer beaucoup à cause des nombreuses morts subites qu'il y a eu dans sa famille. Il songe aussi à miss Mary qu'il voudrait marier. On prétend qu'il donnera, comme Alexandre, sa nièce et son héritage *au plus digne*. Lord Brightman étudie Graham, il l'occupe aux travaux les plus divers, il est content de son caractère.

Nous verrons peut-être un matin le mariage se faire *ex abrupto*, au très-grand étonnement des deux époux qui n'auront point le temps d'acheter des habits de noce ; cette prévision fait le bonheur de Victor qui se promet d'être le premier témoin du marié.

Les lettres de Mérans sont en retard ou vous m'oubliez. Encore deux jours de ce silence et le spleen me prendra comme Victor.

Adieu, mon cher bienfaiteur et ami. Le mariage que je rêve, s'il avait lieu, me permettrait d'aller passer quelques semaines près de vous.

Votre reconnaissant et respectueux

PIERRE DUMONT.

Quinze jours après M. Paul recevait encore la lettre suivante :

Cher Maître et Ami,

Je vous écris sous l'impression d'une grande douleur. Ce pauvre M. Brightman ! l'honnête homme par excellence, le père des ouvriers ! il n'est plus !.. Il est tombé, comme il l'avait dit, sous le coup d'une foudroyante apoplexie. Peut-être aurions-nous pu la prévenir si nous avions pris ses craintes au sérieux, mais sa belle santé nous rassurait. Pourtant ses vertiges et ses maux de tête auraient dû nous avertir. Une saignée faite à temps nous l'eût peut-être conservé. Ces inutiles regrets ne font qu'augmenter notre douleur. Je suis allé immédiatement à *Longhill'stone*, les ouvriers m'ont supplié d'y ramener le corps de leur bienfaiteur. Miss Mary y a consenti. Nous avons pu voir combien lord Brightman était aimé. Ces milliers d'hommes partagés en différents corps, suivant leurs travaux respectifs, accompagnaient en pleurant le char funèbre où reposait leur maître. On eût dit une seule famille dont tous les cœurs ne faisaient qu'un dans la douleur et les regrets.

Miss Mary est dans la désolation ; ce coup terrible brise sa dernière affection. Elle n'a plus sur la terre un seul membre de sa famille. Heureusement lord Brightman a pu la marier avant de mourir, et celui qu'il a choisi est précisément l'ami de Victor, ce Graham si intelligent que le Parisien a *découvert* devant la taverne de *Wild Boar*. Cette découverte est véritablement un coup du ciel. Le nouveau lord ne fera point oublier la perte du premier, mais il continuera son œuvre. Généreux, simple, laborieux, éprouvé par la souffrance, l'oppression et de rudes travaux, il sera juste et bon. L'usine et les fabriques sont bien *mariées,* et Victor a vraiment trouvé *un homme.*

Lord Graham, persuadé qu'il doit sa fortune à mon ami, fait les derniers efforts pour le retenir à Londres, mais le peintre ne songe qu'à Paris, je doute fort que l'éloquence de son ami triomphe des liens qui l'attirent là-bas.

Le lendemain des funérailles nous retournâmes à Londres pour ouvrir le testament du défunt. Il laisse à sa fille adoptive la majeure partie de sa fortune à la charge de fonder à Longhill'stone un hôpital pour les ouvriers malades. Suivent plusieurs legs particuliers très-généreux dont les sommes se trouvent dans sa caisse de réserve.

Par une clause spéciale, lord Brightman donne à son ami, M. Paul, un de ses châteaux du Lincolnshire, au choix, avec la moitié de la forêt y attenant ; il espère que son noble ami, respectant la dernière volonté d'un mort, daignera accepter ce faible témoignage d'affection et de souvenir.

Enfin une autre clause est ainsi conçue :

« Ma volonté expresse est que M. Pierre Dumont, mon collaborateur et mon ami, entre en possession immédiate des valeurs dont le détail suit : etc.»

Ces valeurs sont l'équivalent d'une somme de cinq à six cents mille francs. Il me lègue en outre un intérêt dans son industrie; j'ai voulu le refuser, mais Graham, me pressant la main :

— Vous me désobligeriez personnellement, a-t-il dit. Laissez-moi vous supplier de respecter jusque dans les moindres détails la volonté suprême de mon bienfaiteur, et, si je n'ai pas démérité de votre estime, vous me ferez la grâce de rester non-seulement mon associé, mais encore mon ami. Lady Graham vous en prie comme moi.

On ne résiste point à de telles paroles. J'acceptai. Enfin lord Brightman terminait en nous donnant à tous sa bénédiction.

Maintenant, je suis libre de retourner en France près de ma famille et près de vous. J'ai promis à Graham de revenir après un séjour de deux mois à Polhay. Il souhaite de conserver toutes les vieilles traditions du passé et veut là-dessus mon témoignage et mes conseils.

Adieu, cher et vénéré ami, et à bientôt.

PIERRE.

CHAPITRE LXXII.

L'ACTION DE GRACES.

Lina entrait en convalescence. On lui permettait de se promener dans le parc, et plus que jamais elle faisait de M. Paul l'esclave de tous ses caprices. La volonté du directeur pliait continuellement devant celle du charmant petit despote qu'il venait de sauver. Elle lui disait tout simplement : « Je veux ceci, je veux cela. » Et s'il paraissait faire un peu d'opposition à ses désirs : « Ne me faites pas de chagrin, disait-elle, cela me rendrait encore malade. »

Les enfants ont une intuition merveilleuse pour découvrir la mesure de leur influence. Lina connaissait très-bien son pouvoir absolu, elle en usait avec une plénitude qui ne laissa point d'altérer quelque peu la douceur de son caractère. Gâtée par tout le monde, aimée, caressée, elle se montra bientôt volontaire et impérieuse. Ces petits défauts dont riait le Général et qu'Henri trouvait charmants finirent par inquiéter la mère. Elle songea sérieusement à les réprimer.

— M. Paul gâte ma fille, disait Ellen, Lina devient insupportable.

— Patience! Madame, répondait M. Demérans; laissez faire encore ce joli démon; la tête est légère, un peu vive parfois, mais le cœur est sûr. Nous redresserons plus tard ce qui dévie. Aujourd'hui songeons au but.

Le but approchait. Une lettre de Pierre annonça son retour prochain. Il ramenait Georges impatient de son isolement. Il fallut hâter le dénoûment. Georges ne pouvait rester longtemps dans l'*incognito* chez M. Demérans et Lina était trop jeune pour lui confier le secret de sa présence.

Ellen se chargea de frapper le grand coup et de préparer sa fille à se faire sans le savoir l'instrument de son dessein. Depuis longtemps déjà Gabrielle dispose M. Paul à la clémence. Par ses conversations, par les histoires qu'en sa présence elle raconte à Lina ; par les conseils évangéliques qu'elle donne à la petite fille et les belles pages qu'elle lui fait lire dans l'Écriture-Sainte, elle entoure le directeur d'une atmosphère de miséricorde et de douceur qui ne peut que l'incliner à recevoir son fils repentant, à lui accorder enfin ce pardon qui rendra le bonheur à tous.

Un matin, Ellen emmena sa fille sitôt après le déjeûner. C'était l'heure de la promenade de Lina et le temps que M. Paul pouvait lui consacrer.

— Je vais revenir tout de suite, dit l'enfant à son

vieil ami, attendez-moi au banc de la charmille, sous le massif ; nous attraperons des papillons.

Et elle courût sur les pas de sa mère. Dans la chambre de celle-ci, il y avait des caisses à demi remplies, des piles de linge sur des chaises, des robes en désordre, tous les indices d'un départ immédiat. La petite jeta sur les malles un regard stupéfait.

— Ellen l'embrassa, lui parla à voix basse pendant un quart d'heure, puis la laissa partir le cœur gros et les yeux gonflés. Lina ne fit qu'un bond jusqu'au banc de la charmille et tomba en sanglotant dans les bras de M. Paul.

— Qu'y a-t-il, mon ange, lui dit le directeur en baissant cette blonde tête désolée qui semblait chercher sur son cœur un asile.

— Je suis une petite fille bien malheureuse ! oh ! oui, bien malheureuse ! répondit-elle en versant un torrent de larmes.

— Dis-moi ton chagrin, mignonne, je pourrai peut-être le consoler. Et il l'enveloppait d'un regard d'affection et d'attendrissement qui brisait encore plus le petit cœur de Lina.

— Je ne sais pas, si je puis le dire. Maman ne l'a pas défendu, mais... c'est peut-être un secret tout de même. Gabrielle dit qu'il faut souffrir toutes les peines que le bon Dieu envoie.

— Mais le bon Dieu ne défend point de partager ses peines avec des amis. Gabrielle sait bien cela.

— Oui, elle me l'a dit aussi. Alors, je vais vous confier tout et vous aurez aussi du chagrin de quitter votre petite Lina qui vous aime tant.

— Quitter ma petite Lina ! Mais Mme Livingstone n'a point encore parlé de son départ. Tu te trompes certainement, chère petite.

— Non, les malles sont descendues, et j'aurais pu rester et faire ici ma première communion, mais... un grand malheur nous arrive...

— Un malheur !

— Oui, je vais vous le dire tout bas : « J'ai en France un grand-père que j'aime de tout mon cœur et que j'espérais trouver, mais mon papa n'a pas été sage quand il était petit et mon grand père ne l'aime plus, il ne veut pas lui pardonner, quoique il y ait bien longtemps que papa a été méchant et ce pauvre papa pleure et moi aussi parcequ'il m'avait promis un grand' père et qu'à présent il faudra partir sans l'avoir vu.

M. Paul n'entendait plus, il serrait l'enfant sur son cœur et demeurait immobile, pâle, presque défaillant, la tête appuyée sur le front de Lina, livré à toutes les émotions dont la douleur et la joie puissent agiter un cœur d'homme. La douce voix de la petite fille le rappela à lui-même.

— Je le savais bien, que cela vous ferait de la peine aussi, murmura-t-elle en lui passant les deux bras autour du cou pour essayer de le consoler par ses caresses.

— Mon enfant chérie, tu ne me quitteras plus ! Non, jamais ! Ah ! Georges ! Georges !

Un bruit se fit derrière la charmille; M. de Saint-Genet tomba aux pieds de son père. M. Paul ouvrit ses bras et l'enfant prodigue s'y précipita. Une longue étreinte pendant laquelle on n'entendit que des soupirs étouffés et les mots : Mon père !... Mon fils !... prononcés à travers des larmes, mit le sceau à cette réconciliation.

La petite fille ouvrait de grands yeux étonnés ; quand elle vit Ellen se jeter à son tour dans les bras du directeur en l'appelant aussi : « Mon père ! » alors elle comprit tout, et tirant le bras de son vieil ami pour se faire une place sur ses genoux, elle lui dit en le couvrant de baisers : « Oh ! si j'avais su que c'était vous mon grand-père !... »

— Qu'aurais-tu fait, mignonne? demanda-t-il, en lui rendant ses caresses.

— Je n'aurais pas tant pleuré et je vous aurai dit tout de suite le nom de mon papa. Je savais bien que vous n'auriez pas voulu me laisser partir.

— Et les amis? dit la voix de M. Demérans qui s'approchait, y a-t-il pour eux une petite part de joie?

— Une grande, cher ami, et pour vous aussi, mes enfants, ajouta M. Paul, en voyant les radieuses figures de Gabrielle et d'Henri.

— Et pour moi? dit une autre voix. En même temps Pierre tombait à son tour dans les bras de son bienfaiteur.

— C'en est trop! s'écriait M. Paul, il faudrait mourir après de pareilles joies.

Venez, mes enfants, allons tous rendre grâces à ce Dieu puissant et bon qui daigne se souvenir de nos souffrances et les consoler par des bonheurs dignes de son Paradis.

Tout le monde se leva pour suivre la pieuse inspiration de M. Paul. L'âme humaine a des émotions qui ne peuvent s'épancher que devant Dieu. De douces larmes coulèrent encore dans la vieille église de Mérans, tandis que de ferventes prières montaient vers le ciel offrant à l'Auteur de tout bien le juste tribut d'une profonde reconnaissance.

On retourna au château recevoir les félicitations du Général, et la journée s'écoula pleine de joie. Vers six heures, Gabrielle se leva majestueusement.

— Messieurs, dit-elle de l'air solennel qu'elle prenait

autrefois quand il y avait à faire une grave communication, on ne dînera qu'à sept heures. Ils reviennent à deux ; nous avons tué le veau gras.

— Ah ! Mademoiselle ! s'écria Georges, ne confondez point avec moi M. Pierre Dumont.

Les industriels des trois royaumes prendraient sa défense même contre vous, et ils seraient soutenus par un bon renfort d'aristocratie.

— Qui ne me sauverait pas, dit Pierre en riant, si Mlle Gabrielle me croyait coupable.

Inutile de dire que le dîner fut très-gai, on y raconta le mariage de miss Mary. On parla des traits d'esprit et du bon naturel de Victor, du désir souvent exprimé par M. Graham de retenir son ami en Angleterre où il lui ferait épouser quelque aimable miss qui le consolerait de la France. Enfin on parla de tout. Gabrielle raconta ce qui s'était passé à Mérans et à Polhay depuis le départ de Pierre ; elle lui donna des nouvelles de tout le monde, même de Margot qui vivait encore. *Caro* vint lui-même apporter les siennes et se montra aimable. Tous les souvenirs d'autrefois se réveillèrent l'un après l'autre, la conversation fut longue, animée, intarissable. On oubliait de manger, aussi le dîner ne se termina qu'à la nuit.

Lorsque tout le monde fut au salon, Gabrielle ayant causé un instant avec Pierre s'approcha de M. Paul.

— Vous souvenez-vous encore, lui dit-elle, qu'un jour vous m'avez promis de ne point prendre de sous-directeur pour Beaupré sans me consulter ?

— Assurément ; et je n'ai pas que je sache manqué à ma promesse.

— Eh ! bien, si vous me consultiez aujourd'hui ?

— Je ne demande pas mieux. Vous allez me proposer l'un de mes fils et ce ne sera point Georges, n'est-ce pas ?

— Non, c'est Pierre, car nous ne voulons plus qu'il s'en aille et vous-même en seriez très-affligé.

— Alors, ma chère enfant, Pierre sera sous-directeur à Beaupré s'il n'y met point d'opposition.

— Je serai tout ce que vous voudrez, mon bon et cher maître, pourvu que je ne vous quitte plus ! s'écria Pierre en serrant les mains de M. Paul.

C'est ainsi que Pierre Dumont revint dans sa patrie, après dix années de séjour en Angleterre.

TABLE DES MATIÈRES

Chapitres.		Pages.
I.	Gabrielle Deméraus.	5
II.	Les idées d'une petite fille.	11
III.	Histoire du président Lincoln.	15
IV.	Réflexions.	20
V.	L'attaque du fort d'Ivry.	22
VI.	Une leçon de botanique.	27
VII.	Monsieur Edmond.	32
VIII.	Un incident.	38
IX.	Le chien de l'aveugle	41
X.	L'ange de Mérans.	44
XI.	Le cadeau de jour de naissance.	48
XII.	Les perles fines.	50
XIII.	La première communion.	54
XIV.	Les familiers de Gabrielle.	58
XV.	Histoire du siége d'Orléans.	61
XVI.	Monsieur Paul.	69
XVII.	Ce que nous respirons.	73
XVIII.	La maison de M. Paul.	77
XIX.	L'orage.	81
XX.	Un abri.	84
XXI.	La mère Louison.	91
XXII.	Tentation.	93
XXIII.	La lettre décachetée.	96
XXIV.	L'influence d'un bon cœur.	99
XXV.	La fête du village.	104
XXVI.	Ali-Bey.	109
XXVII.	L'aveu.	114
XXVIII.	La revue.	115
XXIX.	Un souvenir d'Afrique.	119
XXX.	L'incendie.	124
XXXI.	La fièvre.	131
XXXII.	M. Rapin.	136
XXXIII.	La circulation du sang.	142
XXXIV.	Harvey.	146
XXXV.	Le retour du sang.	153
XXXVI.	Les ruines.	156
XXXVII.	Fénelon et le petit ramoneur.	164
XXXVIII.	La dénonciation.	169
XXXIX.	La respiration.	171
XL.	Le procès.	181
XLI.	Le jugement.	185
XLII.	Les importuns.	189
XLIII.	Les vers à soie.	195

Chapitres		Pages
XLIV.	Suzanne.	201
XLV.	L'intérieur d'une humble famille.	207
XLVI.	Les gendarmes.	212
XLVII.	Un bon conseil.	217
XLVIII.	Les arbres respirent.	220
XLIX.	Les œuvres de Dieu.	224
L.	L'assassinat.	230
LI.	Une lettre de Georges	234
LII.	La seconde lettre.	247
LIII.	L'épidémie.	255
LIV.	Le baromètre.	260
LV.	Lavoisier.	267
LVI.	Le départ.	275
LVII.	Les adieux.	286
LVIII.	Le voyage.	291
LIX.	L'arrivée.	292
LX.	Miss Mary.	297
LXI.	Les aiguilles à coudre.	299
LXII.	Nouvelles de Mérans.	305
LXIII.	Un ami.	309
LXIV.	Échange de lettres.	314
LXV.	La nouvelle filature.	321
LXVI.	Causerie.	326
LXVII.	La chasse.	330
LXVIII.	M. de Saint Genet.	334
LXIX.	Un portrait de famille.	342
LXX.	La petite malade.	349
LXXI.	Un homme.	355
LXXII.	L'action de grâces.	364

2021. — Abbeville. Imp. Briez, C. Paillart et Retaux.

www.ingramcontent.com/pod-product-compliance
Ingram Content Group UK Ltd.
Pitfield, Milton Keynes, MK11 3LW, UK
UKHW012008240726
13965UKWH00001B/239